新版

詳解 | 国税徴収法

滞納処分

解体

KAITAISHINSHO

新書

税理士
三木信博
著

清文社

新版発刊にあたって

　本書を上梓してから、約4年が経過しました。その間にはコロナ禍があり、この2～3年で社会的な影響が表れています。大きなものはキャッシュレスの本格化と、働き方の変化です。また、滞納を巡る状況ではコロナ禍の中で77兆円近くの政府支援がされ、令和4年度の滞納発生は前年比95.6％に減少しました。それが令和5年度は前年比111％と増加に転じ、また、実質無利子・無担保のいわゆるゼロゼロ融資の返済が今年の4月から始まり、滞納者を取り巻く環境は厳しくなっています。その中で自粛気味だった滞納整理も本格始動していますが、政府は今年の3月に「再生支援の総合的対策」を発表し、それらを踏まえた滞納整理が求められています。

　こうした状況下での滞納整理に資するものとして、改訂では次の事項を重点的に見直しました。

1．働き方の変化に伴い、フリーランスや派遣社員などの個人滞納が増えています。そうした者の生活保障からは、生活費となる給与や収入の差押えが問題になりますが、国税徴収法は約70年間ほとんど変化がなく、時代とのギャップがあります。そこから裁判所も適法と認めても、やり過ぎには制限をかける傾向があり、徴収実務に影響を与えています。

2．急速な進展をみせるキャッシュレスですが、支払手段が多種類あり、また、取引の安全性から資金決済法や割賦販売法など強い法規制がされています。そうした中で、決済を集約する利便で一般化している決済代行業者はかなり複雑な取引環境を構築し、それが徴収実務に影響を与えています。

3．令和8年目途に消滅が見込まれる手形に代わる電子手形（電子記録債権）ですが、スムースな移行にはなっていません。その代替としてファクタリングが登場していますが、売掛債権の流動化を目的にした民法等

の改正も合わさって、徴収実務に影響を与えています。

4．同じく滞納整理を行う地方税ですが、対象になる滞納者の違い（個人が中心）や保有する財産情報の違いがあり、国税とは違った徴収実務がされています。その点からの考察はこれまで余りされていませんでしたが、本書は地方税を踏まえた検討をしました。

＊　　　　　　　　　＊

以上のような滞納者を巡る環境の中で、国税及び地方税の滞納整理に従事する担当者が、国税徴収法という法律をどうやって使うかを、あるいは一般の企業家や税理士等の実務家の皆さまが滞納処分に直面する場合を想定して、テーマを限定して書いてみましたので、参考になれば幸いです。

最後になりましたが、本書刊行にあたって始終ご協力と強力なサポートを頂きました㈱清文社編集局の皆さまに心から謝意を表します。

令和6年10月

三木　信博

Contents

新版発刊にあたって

凡例

Chapter **2**

債権差押えの基本的事項

Q2 　**債権差押えの基本ルール**
　　　弁済禁止効、その範囲　　　　　　　　　　　　　　37

Chapter 3

債権譲渡（ファクタリング取引）と滞納処分

Q3　債権譲渡と差押えの競合　77

Chapter 5

働き方の多様化と滞納処分

Chapter 8

公売…買う人が留意すべきこと

Chapter 9

M&A（事業再生）と滞納リスク

Q9　M&A（事業再生）と滞納税金の追及　　305

Chapter 10

徴収共助条約（海外資産からの税の徴収）

＊本書の内容は、令和 6 年10月 1 日現在の法令等によっています。

【凡 例】

* 本書本文中に（　　）内で使用している参照法令等については以下のとおりの略称を用いています。

憲	憲法
通	国税通則法
通令	国税通則法施行令
通規	国税通則法施行規則
通基通	国税通則法基本通達
徴	国税徴収法
徴令	国税徴収法施行令
徴規	国税徴収法施行規則
徴基通	国税徴収法基本通達
地税	地方税法
所	所得税法
法	法人税法
消	消費税法
消基通	消費税法基本通達
措置法	租税特別措置法
措置法令	租税特別措置法施行令
相	相続税法
会	会社法
民	民法
民執	民事執行法
民執令	民事執行法施行令
民執規	民事執行法施行規則
民訴	民事訴訟法
行訴	行政事件訴訟法
刑訴	刑事事件訴訟法
国賠	国家賠償法
滞調法	滞納処分と強制執行等との手続の調整に関する法律
厚年法	厚生年金法
国年法	国民年金法
電記	電子記録債権法
電記令	電子記録債権法施行令
行固保	行政機関の保有する個人情報の保護に関する法律
実特法	租税条約等の実施に伴う所得税法、法人税法及び地方税の特例等に関する法律
出資法	出資の受入れ、預り金及び金利等の取締りに関する法律
資金決済法	資金決済に関する法律
風営法	風俗営業等の規制及び業務の適正化等に関する法律
信	信託法
投信法	投資信託及び投資法人に関する法律
保振法	社債、株式等の振替に関する法律
商	商法
資産流動化法	資産の流動化に関する法律
資産流動化令	資産の流動化に関する法律施行令
特定商取引法	特定商取引に関する法律
破	破産法
一括清算法	金融機関等が行う特定金融取引の一括清算に関する法律

* 文中（　）内表示例：国税徴収法第79条第1項第1号→徴79①一

Chapter 1

滞納処分のための調査権限

　納税者の財産や取引状況を調べる「税務調査」は、個人情報に立ち入る最たるものです。しかも、その調査の対象は、納税者本人はもとより、周辺の取引相手にまで及びますから、手続の透明性が求められます。そうした観点で、平成 25 年から課税調査は大幅な見直しがされて、事前連絡や調査結果の開示などが整備されました。

　しかし同じく税務調査ながら、滞納処分のための調査は見直しの対象にはなっていません。

　将来に向けての負担増になる課税調査とは違い、既に額が確定した滞納税金を徴収するためのものであること、滞納者の財産確保が目的なので、事前予知はかえって弊害になることが影響したものと考えます。しかし、国税徴収法（以下、徴収法）に規定する調査権限は、徴収法が滞納処分を中心にする法律であることから、時間的・調査対象の 2 点において制限があります。そうした意味で、万能とはいえない調査権限になります。

Q1　質問検査…取引先調査の必要性

　税務署から取引先のことについて、「滞納処分のため…」と書かれたお尋ね文書が来ました。その取引先とは十年来の関係があるし、社長もよい人柄で個人的な付き合いもあります。今後のことも考えると回答したくないのですが、そのまま放置しておいても大丈夫でしょうか？

A　「滞納処分のため」の財産調査として質問検査権が行使された場合には、滞納者と取引関係のある者は回答する義務があります。故意に回答をせず、または虚偽の回答をした場合には、罰則の適用がされる場合もあります。

　税務署は「税務調査」といって、個人情報の最たるものである金銭や保有資産の状況、商売をしていれば取引先との関係から、場合によっては家族関係のことまで調べます。納税義務は憲法で定められた義務の一つなので、その適正な義務の履行を担保するため、申告が不適切と想定される者に対しては、公権力を行使して、そうした個人情報に立ち入る権限を持っています。

　とはいっても、必要性がある以上に個人情報を集めることは許されませんし、そうした情報を集めるにあたっては、納税者本人はもとより周辺の取引相手にまで調査の対象が及びますから、一定の手続の透明性が求められます。そうした観点から、平成25年1月に施行された税制改正では、課税調査については大幅な見直しがされて、国税通則法（以下、通則法）74条の2以下で制度が整えられました。ところがその際に、同じく税務調査でありながら、滞納処分のための調査は見直しされていません。

　新たに税負担を課すための調査と、既に決まっている税負担を徴収するための調査とでは、納税者側の負担の結果が異なります。また、税という

金銭債権を強制的に実現（自力執行）するためには、滞納者の財産把握が前提になることを考慮すると、両者を同列に扱うことはできないと考えます。しかしながら、調査を受ける側から見れば、「同じ税務調査」なのに、どうして手続が違うの？　という疑問が生じるかもしれません。そうした違いを意識しつつ、滞納処分のための調査を見ていくことにします。

1　「滞納処分のため…」というお尋ね文書が来ましたが、これの意味することは

　以前は3年一巡という慣習的な言い回しもありましたが、事業をしていれば、申告した所得金額が適正かどうかのチェックとして、一度くらいは税務署の調査を受けたことがあると思います。そのときに、会社に備えられた帳簿を見る「本人調査」では終わらなくて、取引先などの第三者を調べる「反面調査」をされた経験がある方もいると思います。

　反面調査がされると税金の申告で何か間違ったことをしているのではないか、といった疑念を取引先に与えてしまう可能性があります。また、調査を受ける側には、その手間もあります。したがって、反面調査を受けた取引先も、調査を受けた納税者本人にとっても、あまりいい気持ちはしません。ところが、それが「滞納処分のために…」ということになると、与信の関係で不安になります。なぜなら、そうしたお尋ね文書が来るということは、調査の対象者が、①税金を滞納していること（税金を払えないくらい資金繰りが悪い？）、②近いうちに差押えがされるかもしれない？　ことを意味しているからです。

2　課税調査の基本ルールとは

　本書は、課税調査を受けたときの対応を解説するものではありませんが、滞納処分の調査との違いを知るため、少しだけ前置きをしておきます。

　課税調査とは、いったん申告などの確定手続により金額が決まった納税義務について、事後的に税務署の職員が調査し、仮に間違っていれば適正な納税義務に導くために行います。調査した結果により、修正申告を勧奨されるか、更正や決定といった処分がされて納税額が変更されます。そうした申告納税制度を担保するには、任意に出された資料のみでは真実を発見できないことから、一定の範囲で、「質問検査権」という権限が納税地を管轄する税務署の職員に与えられています。

　誰が調査するのか？　…税務署の課税を担当する「当該職員」(通74の2①等) です。一般的に税務署は担当が個人、法人 (源泉)、資産及び諸税に分かれていて、その担当が所掌する税目について調査をします。なお、当該職員であれば、税法上は税目による調査権限の制限はありませんから、税務署の中には税目横断的に調査を行う担当もいます。また、調査部所管法人のように国税局の職員が調査を行う場合もあります。

　調査の対象は？　…調査対象の税目について、納税者本人はもとより、取引先 (金銭や物品の授受があると認められる者)が対象になります。

　調査の手法は？　…調査の相手方への質問、事業に関する帳簿書類等の検査及

びその提示・提出であり、応じなければならない受忍義務は
ありますが、威力を使っての強制はできない「任意調査」に
なります。なお、租税刑罰を科す犯則事件を調査する場合に
は、別途に規定する「強制調査」の権限があります（通131
以下）。

3　滞納処分のための調査における質問／検査

　申告納税制度を正しく維持するために行われる課税調査に対して、滞納
処分のための調査は、滞納となっている税金を強制的に徴収する滞納処分、
つまり一般的には「差押えをする財産」を探す目的で行われます。

　滞納者の財産には、家財道具などの動産類のほか、預金や売掛金等の債
権、自動車や不動産など多様な種類がありますが、徴収法は動産執行を基
本に置いた古い法律なので、居宅内に立ち入って家財道具を見つけるため
の強制調査（捜索）を認める、かなり強い調査権限が付与されています。

誰が調査するのか？　…納税地を管轄する税務署の「徴収職員」が行います（地方
税では「徴税吏員」といいます）。税務署の徴収担当の職員
には、別途に「徴収職員」としての身分証書が交付されてい
るので（徴規 2 ①）、その所持の有無で権限がある者かどう
かを判別することができます。なお、徴収の引継ぎ（通43③）
がされた場合には、税務署ではなく国税局の職員が徴収職員
になります。

調査の対象は？　…滞納者本人のほか、「滞納者の財産を占有している者等」及
び「滞納者に対して債権・債務があった、若しくはあると認め
られる者」「滞納者から財産を取得したと認められる者」が対
象になります（徴141各号）。調査時には滞納者との間で取引
関係がなくても、取引があったと「認められる」場合には、調
査の対象になります。

調査の手法は？　…調査の相手方への質問、財産に関する帳簿書類の検査があ
ります。課税の調査と同様に「任意調査」ですが、その他に
「滞納処分のため必要があるとき」は、相手の拒否を排除し
て（威力をもって）直接の強制を行う「強制調査…捜索」の

権限が与えられています。

4　滞納処分の調査では、課税のような手続はあるのか

　税務調査については、平成25年1月施行の税制改正以降に行われた一連の「納税環境の整備」の法改正で、いくつか実施上の取扱いが定められましたが、滞納処分のための調査はすべてそれら改正の範囲外です。

（1）調査手続法で定められた手続

　課税調査をする際に求められる手続で大きなものは、次の二つがあります。

① 調査に先立ち、課税当局が原則として、事前通知を行うこと　　通則法74の9

事前通知の内容

実地の調査の開始日時
調査の場所
調査の目的
調査の対象税目
調査の対象期間
調査の対象となる帳簿等
調査の当事者(納税者及び調査担当者)(通令30の4①)

事前通知の相手方

調査対象となる納税義務者
税務代理人たる税理士

② 調査が終了した場合には、その結果を書面で通知すること

申告内容に誤りがない場合　　更正決定等をすべきであるとは認められない旨の通知（通74の11①）

申告内容に誤りがある場合

調査結果の説明（通74の11②）　→　更正決定等の通知

修正申告等の勧奨（通74の11③）　→　修正申告等

　平成27年４月に施行された、行政手続法36条の２の行政指導に対する中止等の求めは税務にも適用されることから、調査後にされる「修正申告書等の勧奨」に対しては、中止要請ができると書かれたものを見ます。

　しかし、調査とは、特定の納税者に対して課税内容を把握する目的で行う質問検査権に基づく行為です。その調査の結果に基づいて、納税者が非違を自認して自ら修正申告書を提出できることを説明はしますが、その提出を「指導している」ものではなく、仮に納税者が自主的に提出をしなければ、税務署長による更正・決定などの課税処分を行うという整理です。それに対して、提出された申告書に計算誤りや記載漏れなどがあった場合には、修正申告書の提出を要請する行政指導が行われます。これらは、ケースとして分けて考える必要があります（国税庁「税務調査手続に関するFAQ（一般納税者向け）」問２参照）。

（2）　「滞納処分のための調査」は、どうして別なのか

　調査手続の透明性と納税者の予見可能性を高めるなどの観点から導入された税務調査手続ですが、これら規定は条文を見ると、滞納処分のための調査を対象にしていません。そのため、滞納処分のための調査は原則、無予告で行われますし、調査の対象やタイミングも担当する徴収職員の判断で行われます。また、調査の結果についての説明もありません…それは差押えといった結果でわかることになります。さらには、税務代理している税理士への通知もありません。

　滞納処分のための調査に、課税調査における透明性と同じものが必要か考えてみると、滞納処分は「既にある滞納税金を徴収すること」が目的で、課税のような「新たな納税義務を課すること」ではありません。そのことから、調査という負荷を負っても仕方がないという、受忍義務とのバランスがあると思われます。そして、滞納処分のための調査は財産差押等が目的ですから、事前予告したのでは財産を隠されてしまう恐れもあり、課税調査のような透明性を持たせることには無理が生じます。さらには、差押

えは滞納者の全財産が対象なので（徴47①）、どの財産からといった予見
可能性も必要ないと考えられます。そうした内容の違いから、課税調査と
手続の統合はしなかったのだと思われます。

課税のための調査　　　　　　　　　　滞納処分のための調査

質問検査の規定（通74の2）　　　　　質問検査の規定（徴141）

税務署等の当該職員は、所得税、法人税、地方法人税又は消費税に関する調査…　　徴収職員は、滞納処分のため滞納者の財産を調査する必要があるときは…

適用なし

事前通知の規定（通74の9）

税務署長等は、当該職員に納税義務者に対し実地の調査において第74条の2…の規定による質問検査等を行わせる場合には…

5　滞納処分の調査はどのように行われるのか

　税務調査の仕方を見ると、課税調査は選定したものから順番に、基本的
には担当者が事案を1件ずつ処理していきます。それに対して滞納処分
のための調査は、1人の担当者が数百件も所掌する事案を同時並行的に
処理していくという違いがあります。

　また、課税調査で必要な情報は、調査を行う過去の年分が対象ですから、
税務署内に蓄積された情報を活用できます。しかし滞納処分では、過去の
情報は参考にはなりますが、現在の滞納者の財産状況がわからなければ意

少　←　時間的な効率性　→　大

官公署調査　金融機関調査　臨宅調査　取引先調査

味がありません。そのため、滞納処分の調査はまずは効率性が重視されて、短時間で多数の調査が可能なものを中心に、市区町村が保有する財産資料の調査や照会文書による金融機関等への調査が行われます。その上で、概括的に把握した財産情報を基礎にして、ポイントを絞ったところで滞納者の臨宅調査や取引先に対する文書照会及び臨場による調査が行われます。

（1）官公署調査と守秘義務

　固定資産の課税台帳や住民税等の課税情報（給与支払報告書）は、地方団体が保有していますが、そうした情報は滞納者の財産や勤務先等を把握する上で有効な資料になります。また、地方税から見れば、税務署の保有している課税や徴収に関する情報は有用です。しかし、これらの情報は個人情報に該当し、各自治体が定める「個人情報保護条例」の対象になるとともに、行政庁の職員には一般的な守秘義務（国家公務員法100①、地方公務員法34①）が課せられています。税務に関しては、それに加重する守秘義務（通127、地税22）もありますから、最近は行政機関どうし（あるいは同じ役所内の他部署間）であっても、情報を交換することにナーバスになっています。

　課税については、他の官公署に対して参考事項の情報提供を受ける規定（通74の12①）が先に作られ（昭和59年）、滞納処分については「国と地方団体との税務行政運営上の協力について」（平9.3.21）、いわゆる「三税（国、県、市町村）協力通知」により運用されていました。しかし、個人情報の取扱いに対する流れから、明文の規定がなければ回答できない旨の状況が生じ、そのため情報を交換できる法的根拠が求められて、平成18年4月施行の税制改正で協力要請規定が作られました（徴146の2）。

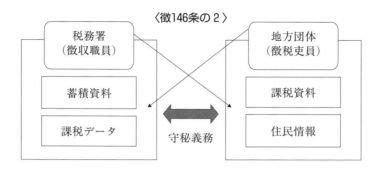

〈徴146条の２〉

〈地方税法20条の11と滞納処分のための調査〉

　滞納処分に関して他の官公署に情報提供の協力を求める規定が、徴収法146条の２です。この規定は、「国税徴収法に規定する滞納処分の例」で徴収する地方税にも適用されますが、ほぼ同様の規定が地方税法20条の11にあり、使い勝手がよいので昔から地方税の徴収では広く使われています。

　この両者は令和５年度改正で、「滞納処分に関する」と「地方税に関する」の違いだけで、内容は同じになりました。国税庁や一部の金融機関は、徴収に地方税法20条の11は不適用と考えているようですが、規定が地方税法の中で独立していること、不適用とする積極的な理由がないなどの中途半端さがあります。

　そこで、地方税法20条の11の制定経緯を見てみると、同タイミングの昭和59年に国税は、現在は通則法74条の12の官公署の協力規定を作りますが、こちらは課税調査に限定され、国税の徴収には使えません。どうして国税のほうがそうなったかというと、それは情報は自ら収集するという徴収法のスタンスにあったと思います。令和元年に国税側が「事業者」を追加すると、翌年に地方税も同じ追加がされるなど、両者には関係性があるので、本書の改訂前はその線で説明していました。

　しかし昭和59年時の検討を見ると、国税は課税を前提にしますが、地方税のほうは国会審議でそうした限定をしていません。ですから地方税法20条の11が徴収にも適用ありは、あながち間違いとも言い切れません。

　しかし両者のすみ分けは必要なので、地方税法20条の11にある「特別の

定め」に徴収法146条の2がなるとして、徴収法が対象にしない部分…滞納処分ができないときなどの情報収集に限り使うことになると考えます。

Q1-1 徴収法 146 条の 2 に基づく情報提供の要請がされた場合に、それを受けた行政機関は必ず情報を提供しなければならないのでしょうか？

A 情報提供の要請を受けた場合には、提供により自らの行政目的が阻害されない限り、要請に応じるべきです。

　徴収法146条の2の協力要請は、相手方の官公署に協力義務を課すものではなく、また、守秘義務を解除するものでもないと解されています（『国税徴収法精解』（令和6年改訂版）大蔵財務協会966頁）。そのため、同条による協力要請がされた場合に、それに対して応じるか否かは、要請を受けた官公署が自らの行政目的を阻害する恐れがあるかどうかを案件ごとに判断して、情報を提供することになります。

　これについては、地方公務員に課せられた守秘義務（地方公務員法34①）や地方税法22条の加重規定を理由に、情報提供には応じられない旨の回答をする例が見受けられます。守秘義務と秘密の漏えいは、実質的に全体としての法秩序に反するかどうかというバランスの問題ですから、税の徴収という公共性とその情報を提供することで自らの行政目的が損なわれるかという天秤の判断をします。原則として、この徴収法146条の2の協力要請には応じるべきと考えますが、情報提供することで行政目的が阻害されると要請を受けた行政機関が判断したときには、その理由を明らかにした上で、相手方に対して提供を留保することになります。

※行政機関個人情報保護との関係

　　行政機関が保有する個人情報は、法令で定める所掌事務の遂行に必要なものに限られるので（行個保3）、他の行政機関への提供は本来の目的ではありません。しかし、他の行政機関の法令で定める事務（徴税事務）の遂行に必要で、その利用に相当の理由があるときは、提供可能です（行個保8②三）。

Q1-2 国民健康保険料や地方自治体の分担金、使用料などの強制徴収公債権（地方自治法231の3）は、「地方税の滞納処分の例」により徴収することから、地方税と同様に税務署に情報の提供を求めることはできるでしょうか？

A 税という共通した債権ではない強制徴収公債権については、提供したことによる納税者等の理解が得られるかわからないとして、税務署は情報提供をしていません。

　そもそも徴収法146条の2は、要請先の官公署でなければ保有し得ない情報を取得する際に、相手方が回答できる根拠となるものを提供するためのもので、徴税機関同士がそれぞれ保有する情報の共有を目的とするものではありませんし、また、いわゆる三税協力通知の了解事項は、同じ税の徴収機関同士での情報共有が前提で情報交換をしています。

　ですから、国民健康保険料などの強制徴収公債権は、三税協力通知のような了解事項がないので、税務署側からは回答することはしていません。

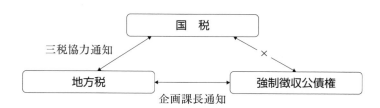

〈地方自治体内での情報交換〉

　国から地方への税源移譲（三位一体の改革）の流れの中で、地方税の徴収対策が求められ、「地方税の徴収対策等の一層の推進に係る留意事項等について」が出されています（平19.3.27 自治税企第55号）。その中で、国民健康保険料は徴収法141条が適用され、それに基づき把握した情報は滞納者との関係では秘密に当たらないので、守秘義務に関し、地方税と国民健康保険料を一元的に徴収するため、滞納者の財産情報を利用することは問題ないという考え方が示されています。

〈強制徴収公債権と国の情報交換〉

　国民健康保険料などの強制徴収公債権を徴収するため、徴収法146条の2により税務署に対して情報提供を求める要望があります。しかしこれについては、情報提供により税務行政に与える影響と、情報提供により得られる公益を勘案して判断するところ、「十分に納税者等の理解が得られると判断できる状況にない」として消極の考え方が示されています（平成30年地方分権改革に関する提案に対する財務省回答）。

(2) 事業者に対する協力条項

　令和5年度改正で、徴収法146条の2（官公署等への協力条項）に「事業者」が追加されました（令和6年1月施行）。改正の理由は、官公署と同様に調査を行う明文の規定がなく、円滑な協力が得られないための措置とされています（令和5年度『税制改正の解説』財務省643頁）。狙いは、令和4年7月総務省の「郵便局データの活用とプライバシー保護の在り方に関する検討会」で示された、滞納者の転居先情報の開示を日本郵政会社に求める根拠にするためと思われますが、課税に関する同様の規定（通74の12）からは、もう少し積極的な使い方ができると考えます。

昭和59年に導入された通則法74条の12（当初は所235②等）は、不動産譲渡や相続財産の脱漏を把握するために、納税者を特定せずに、登記情報を法務局から一括入手する目的で作られた経緯があります。現在の滞納処分における財産調査は、滞納者を個別に指定して取引先から回答を得るやり方ですが、改正法を利用すれば課税と同様に、滞納者を特定しない財産情報の取得が可能になります（徴収法141条は「滞納者の財産を調査…」なので、滞納者を特定しないと行使できませんが、徴収法146条の2は「滞納処分に関する調査…」なので、滞納者を特定することは求められていません）。

　また、預金調査をした際に、滞納者の口座に取引先から売掛金等が振り込まれた事実を発見しても、その金銭の振込みをした銀行（仕向銀行）は滞納者と取引関係にないので、徴収法141条の調査対象外でした。しかし、徴収法146条の2は「滞納処分に関する調査…」なので、滞納者と取引関係がなくても情報提供の協力を求めることができます。

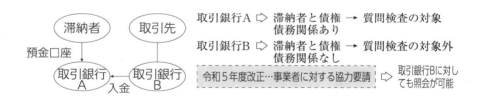

(3) 臨宅調査（臨宅）

　徴収職員が滞納者の居宅や事務所に臨場し、滞納処分を行うことを前提に、差押えの対象となる財産があるか、その財産が滞納者に帰属しているか、換価したときの金銭的価値がどの程度かなどを確認するために行う調査です。

　基本的に、滞納処分として行う臨宅調査は、いつも日中不在で、予約しておかないと会えない相手でなければ、たいていは無予告で行われます。課税調査で無予告での臨宅がされた場合には、理由もなく調査を拒否することはできませんが、「税理士に連絡するので待ってください」、「今日は

予定があるので別の日にしてください」といった対処法が取られることをよく見かけます。

　しかし、滞納処分の場合は、事前通知に関する規定（通74の9）の適用がないこと。任意調査に応じなければ、そのまま強制調査に移行することも可能な、強制執行という手続の前段階という、即時即行性（時間を空けると財産を隠されてしまう恐れがある）があるので、そうした対処法は効果がありません。

任意調査

　税務署による調査は、一般的には「任意調査」という言い方をしていて、それに応じるか否かは納税者の自由意思に任されています。なので、調査を拒否するのも自由と思っている方もいるかもしれませんが、最高裁はこの「任意調査」の意味について、「あえて質問検査を受任しない場合にはそれ以上直接的物理的に右義務の履行を強制しえない」と述べていて、結局のところ「質問検査に対しては、相手方はこれを受任すべき義務を一般的に負う」としています（最判昭48.7.10）。

　要するに、「任意」といいつつも、あえて拒否すればそれ以上は物理的な強要がされないだけで、結局のところは調査を拒否することはできない「強制的なもの」です。

〈徴収法に規定する調査権限の限界〉

　滞納税金を徴収する事務…滞納者の財産を強制的に金銭化して滞納税金を徴収すること＝滞納処分と区別して、より広い事務として「滞納整理」という言い方をしますが、それを行うためには種々の情報が必要です。そうした情報を集める明文の規定は、徴収法での調査権限しかありませんが、徴収法という法律の目的からは、「時間的・調査対象」において制限を受けます。というのは、徴収法の基本プランは、滞納は滞納処分で徴収する。滞納処分ができないときは停止を行い、滞納処分よりも容易に徴収できるときは猶予

する、です。すなわち徴収法は、滞納処分を中心に組み立てられた法律ですから、滞納処分をするに必要な範囲でしか法律に規定できず、調査権限もそれに従うということになります。

　したがって、滞納処分ができない段階…督促状を発してから10日を経過していない場合には、原則として徴収法の調査権限は行使できません。また、滞納処分は財産に対して行うので、財産以外の情報取得（例えば家族関係の情報）には使えないということになります。

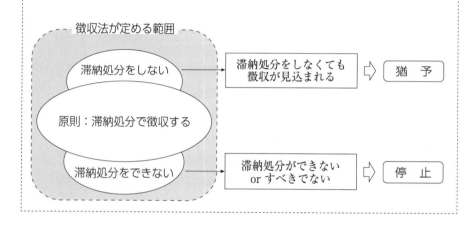

　このような制限がある一方で、実務的には督促前に財産情報を取得したい、あるいは納税義務の承継のため家族関係を調べたいということがあります。こうした情報は、行政調査権という明文の規定なく行使できる権限で取得は可能ですが（宇賀克也『行政法概説Ⅰ［第8版］』有斐閣168頁）、やはり明文の根拠が欲しいとして、徴収法141条を拡張して使えないかという意見があります。課税要件についての実体法は、新たな義務を課すものなので法律に従う租税法律主義がありますが、手続法は効果の実現が目的なので、拡張解釈の余地があります。しかし徴収法141条は、答えなければ罰則が適用されるので（同法188）、拡張はできないと考えます。

┌─────────────────────────────────────┐
〈電子帳簿保存法と調査〉

　令和6年1月から、電子取引データの保存義務化が始まりました（電子帳簿保存法）。会社の取引記録は原則紙ではなく、パソコン内の電子記録として保存されることになりますが、そうなると滞納処分のために調査に行っても、請求書や領収書などの書類が紙という形で保存されていなければ、目視による「検査」で大量にあるデータをパソコン画面でチェックすることになります。

　課税では、過去年分に遡って調べるときにその場での目視による把握が困難なので、帳簿等を借用する取扱いがあり、そうした「提示・提出」の手続を平成23年に導入していました。ですから、USB等にデータをダウンロードしての持ち帰りが可能ですが、滞納処分は現在ある財産の発見が重要なので、その場で書類等を調べれば足りるとして、持ち帰りは考慮していませんでした。しかし、電子帳簿保存法の施行に伴い状況が変化したことから、令和6年1月からは、課税と同様に「提示・提出」ができるようになりました。

（注1）　課税調査でパソコン内のデータを調べるときは、提示はディスプレイの画面上での目視によること、提供は内容のプリントアウトか調査担当者が持参したUSB等へのダウンロードを"任意"に求める取扱いです（国税庁「税務調査手続に関するFAQ（一般納税者向け）」問5参照）。しかしながら、電子帳簿保存法の適用においては、完全対応ができない場合の「宥恕措置」を受けるときは「ダウンロードに応じなければならない」となったので（国税庁「電子帳簿保存法取扱通達」4-14）、実質的には任意ではなくなりました。電子帳簿保存法で課税と徴収の区別はないので、滞納処分のケースでもダウンロードは可能です。

（注2）　提示・提出を受ける対象は、帳簿等以外に電子データも含まれます。データセキュリティから、国税では事前に用意したUSB等にデータをダウンロードして持ち帰りますが（留置き：徴141の2）、そのデータは調査の終了後に遅滞なく返還しなければなりません（徴令51の2）。USB等自体は国税側のものなので、データ抹消をすることで返還に替える取扱いになります。
└─────────────────────────────────────┘

滞納処分のための調査には、相手方が拒否してもそれに制約されずに、直接に調査を行うことができる「捜索」があります（徴142）。「突然に予告もなく訪ねてきた税務署員が、裁判所の令状もなしに、勝手に家の中に上がり込んできて、戸棚や机の中を調べていった」といった苦情を聞くのですが、捜索とは、何かの事実を確認するための行為ではなくて、本来は物理的に差押財産を徴収職員の占有下に置くために必要な行為です。もしそれが任意でということになると、滞納者が拒否すれば差押えができませんし、裁判所から令状を取って捜索するとなると、その間に財産を隠匿されてしまう可能性もあります。差押えという強制執行の実現を担保するための手続ですから、民事執行法も同様に執行官による捜索を規定しています（民執123②）。

〈憲法35条（住居不可侵）と捜索〉

住居、書類及び所持品について、裁判所の令状がない限り侵されず（憲35）、その法益を保護するのが刑法130条の住居侵入罪です。最高裁判決（昭58.4.8）は、住居の居住者は誰の立ち入りを認めるかの許諾権があり、この許諾権を侵すものが住居侵入罪に該当する（新住居権説）としています。したがって、この滞納者の許諾拒否を強制的に解除するのが徴収法142条の役割になります。すなわち、許諾なく滞納の住居（建物だけでなく、立ち入りを阻止する目的のフェンス等で囲われた敷地内を含む）に立ち入る際には、捜索権の行使が必要であり、見積価額算定を目的にした強制的な建物の内覧や、フェンス内の敷地にある自動車のタイヤロックをする場合も、捜索調書の作成は必要と考えます。

〈オートロックマンションの捜索〉

　集合住宅などでは、いわゆるオートロックが一般的になっています。そうした集合住宅内にある、滞納者が専有している居住部分は捜索できるのですが、閉じられたオートロックを開けて、居住部分のところまで入れるのかは、別の問題になります。

　集合住宅の共用部分は、住居侵入罪（刑法130）の住居に該当し、居住者の意思に反してまで立ち入る正当な理由がなければ、同法での処罰に当たるとする判決があります（東京高判平19.12.11）。徴収職員には捜索の権限があるので、滞納者に関してはオートロックを理由に建物内への立ち入りを拒否することはできません。しかしマンションには他の居住者もいるので、それらの者に対しては捜索の権限はないことから、不法侵入になる可能性があります。居住者を代表する管理組合の同意を得た上で、オートロック内に立ち入るようにすべきです。

〈パソコンの捜索〉

　滞納処分のために行う検査・提示の対象は「電磁的記録」が含まれるので（徴141①）、滞納者が使用しているパソコン内のデータも調査できます。また、パソコンが滞納者の「物」であり、その物に保存されたデータで債権等の差押えをする前提からは、パソコンも捜索の対象になります（徴142①）。しかし、捜索で想定されるのは「滞納者の協力が得られない」ときなので、ロック解除をしないと必要なデータにアクセスできません。第三者による電子機器のパスワード等の取得は不正アクセス禁止法の対象ですが、不正アクセスとは電気通信回線（ネット）を通じて行う行為を対象にしています。単にパスワードをツールで解除するのであれば錠の除去と同様に（徴基通142-8）、必要な処分として可能だと思いますが（徴142③）、それでパソコンがネット環境に繋がってしまうと処罰の対象になる可能性があります（同法2④二）。

Q1-3 税務署の徴収職員が来て、いきなり事務所内に上がり込んできました。どのような権限で、何を調べたいのか聞いても「滞納処分のため必要だから」というだけで要領を得ません。こうした場合に、調査を拒否することはできるのでしょうか？

A 滞納処分のための強制調査は、その調査の必要性を含め徴収職員の判断で行われます。それを受ける納税者は、原則として拒否することはできません。

　任意調査である質問・検査と区別するために、捜索を行う際には徴収法142条の権限に基づく調査である旨を、捜索の相手方に伝える（文書によることはなく、口頭でも構わない）べきです。しかし、その旨の説明がなくても、滞納処分の調査が事前通知の手続を求められていないことからすれば、それをもって捜索を拒否する理由にはならないと考えます。

　なお、徴収職員が調査権限を行使する際には、その権限を持つ徴収職員であることを示す証票（徴収職員証票（徴規2①））を携帯し、調査の相手方から請求がされたときは、その証票を呈示しなければなりません（徴147①）。調査権限は徴収職員という身分に付与されたもので、証票は執行令状のような許可状とは違いますから、仮に不携帯であったとしても違法な調査にはなりません。しかし、求めても徴収職員証票の呈示がされない場合には、調査の権限があるか不明ですから、調査を拒否する正当な理由があると解されます（最判昭27.3.28）。

（4）金融機関調査

　銀行などの民間企業は、行政機関のような法令による守秘義務は課せられていませんが、「商慣習や契約において、顧客との間に守秘義務を負う」（最判平19.12.11）ので、みだりに顧客情報を外部に出すことは許されませ

ん。しかしこの守秘義務は顧客に対するものですし、徴収法は「滞納者に対し債権若しくは債務」があると認められる者に質問検査ができる旨を明示していますから（徴141三）、金融機関は徴収職員からの質問に対して拒む「相当な理由」はありません（最判昭48.7.10）。

なお、個人情報保護法は、保有する情報について、本人の同意なしに、「必要な範囲を超えて、個人情報を取り扱ってはならない」（同法18①）ので、国の機関等が法令の定める事務を遂行するに必要な協力については、適用除外になっています（同法18②四）。

イ　調査の目的

事業や生活を営むためには、お金のやり取り（決済）が必要です。現金ですべての取引をするのでない限り、必ず金融機関を通じて決済がされます。滞納処分での金融機関は、預金という財産の相手方（第三債務者）であると同時に、そうした資金決済に関する情報を持つ相手方（調査対象）になります。

金融機関調査の目的

残高調査 → 預金残高があれば、債権として差押え
※預金の差押えが目的。ただし、反対債権があれば相殺

入出金調査 → 資金決済は、銀行口座を経由する
※滞納者の資金繰り状況や納付資力を把握（猶予調査）
※滞納者の取引先や金融資産等の端緒を把握
※滞納者からの多額な資金流出先の解明（課税原因との連動）

その他調査
※貸金庫や差入担保の把握

ロ　調査の対象

金融機関は、債権（預金）を差し押さえる際の第三債務者という限定し

た見方をすれば、現在の預金残高さえ把握できれば十分です。しかし、滞納者がどのような入出金をしてその残高になったかは、特に給与の振込口座を差し押さえる際には重要です（⇨ Chapter 5 ・176頁）。

　また、滞納者に属する資金を原資に他者の名義で預金がされている場合や、売上入金があればその取引先を把握できる場合もあるので、金融機関が持つ取引履歴の情報や入出金伝票なども、必要に応じて調査の対象にします。

ハ　貸金庫の捜索

　金融機関の支店内にある貸金庫も調査の対象になるかは、いろいろと議論が分かれているところです。貸金庫の開閉は契約者しかできないため、税務調査のためとはいえ、管理している金融機関にすれば、了承もなく開扉に応じれば契約者からクレームを受けるためです。古くは、貸金庫は収納スペースを貸している、いわばアパートの貸室と同様との考え方から、徴収実務では捜索できる場所として示されていました（平成19年改定前の徴基通142-5）。平成11年11月29日の最高裁は、利用者が銀行に対して有する（内容物が特定されていない）動産の引渡請求権を差し押さえて、内容物の引渡しを求めることができるという判断をしています。その前提として「内容物全体について一個の包括的な占有がある」としていますから、徴収法58条3項の第三者が占有する動産の差押えの規定が視野に入ります。そうなると、捜索に関する徴収法142条2項1号の「滞納者の財産を所持する第三者」にも銀行が該当することが考えられます（現行の徴基通142-5（注））。

〈銀行調査のオンライン化〉

　政府の「デジタル・ガバメント実行計画」（令和 2 年12月閣議決定）に基づき、令和 3 年10月から、全国の税務署等では金融機関への預貯金照会がオンラインに移行しています（令和 5 年10月19日「納税環境整備に関する研究会」第 1 回目国税庁資料「関係機関への照会等のデジタル化」）。金融機関等では事務経費の合理化から、窓口業務の縮小や各種手数料の徴収が進んでいますが（その最たるものが、紙だった支払手形の電子化です）、その一つとして人的作業が大きい行政機関による預金照会業務があります。オンライン照会は調査する側からは、それまでは照会先支店に開設された口座しか回答がなかったものが、名寄番号（CIF コード）に紐づけされた全口座を抽出できるメリットがあります。

　しかし一方で、サービス提供会社（pipitLINQ 等）に手数料を支払う負担が生じることになりました。ですが、デジタル化による合理化は政府の方針ですから、今後は生命保険会社等を含めて、照会業務のオンライン化が進むと思われます。

(5) 取引先調査

　税務に関する調査には、納税者本人に対する調査（本人調査）とは別に、納税者本人と一定の関係がある者（取引先）に対する調査（反面調査）があります。調査を受けた側にすれば、突然に税務署が来社したので驚いた、自分のところでない調査に時間を取られたくない、情報を提供したことでトラブルになったらどうしようといった心配もあり、安易に調査に応じてしまってよいものか、疑問に思っている方もいるかもしれません。そこで、この反面調査（滞納処分では「取引先調査」といいます）を受ける側の立場から、説明します。

イ　課税における反面調査

　課税における反面調査は、通則法74条の 2 第 1 項 1 号ハなどで規定さ

れていますが、その目的は、所得課税であれば、納税者本人が行った申告が正しいかどうかを把握するため、第三者である取引先を調べる補完的なものです。その反面調査をそれを受けた側から拒否できるのかは（調査の必要性）、調査対象とする税目や年分などを示して納税者に予測可能性を与える「事前通知」の規定が（通74の9①）、反面先には適用されないことをどのように考えるかだと思います。

| 課税の納税者調査 | ⇨ | 調査対象の開示（事前通知） |
| 課税の反面調査 | ⇨ | 上記のような手続を予定していない |

　事前通知をする目的は、調査の対象を特定して、そこに非違を想定しているとあらかじめ示すことですから、いわば調査の必要性を提示するようなものです。それを反面先にしないということは、そもそも必要性の有無を示す相手ではないと考えているからです。実務的な取扱いとしては、反面調査である旨を明確にし、原則として事前に反面調査を行う対象者に連絡すれば足りるとしています（国税庁「税務調査手続に関するFAQ（一般納税者向け）」問23）。相手の都合もあるので、事前に連絡するという礼儀は行いますが、事前通知とは趣旨が違うものです。反面先が何かの理由を付けて、課税のための調査を忌避することはできません。

ロ　滞納処分における取引先調査

　滞納処分でも、滞納者本人の取引先への調査が行われます（徴141三）。照会文書の形で質問を受けたり、直接に徴収職員が臨店して質問したり、資料を検査したりするのは課税の場合と同じです。しかも、礼儀としてのアポイントはしますが、課税のような手続としての事前通知はありません。
　また調査の対象も、滞納者に「債権若しくは債務」があると認められる者…金銭債務であるかは問わないので、ガス会社やインターネットのプロ

バイダーなどの役務提供をする者も含まれます（『国税徴収法精解』（令和6年改訂版）946頁）。同様に、税理士や弁護士などの職業専門家も、滞納者に役務を提供する関係ですから、それぞれの守秘義務を理由に徴収職員からの質問を拒否することはできないと考えられます。課税の調査が「金銭又は物品の給付」に限定しているのと比べて、対象がかなり広くなっています。

〈調査相手方の拡張〉

　令和5年度の改正で、取引先調査の相手方は、それまでの「債権若しくは債務がある者（現在形）」が拡張されて、「あった者（過去形）」＋「あると認める相当の理由のある者」になりました。徴収法の目的である滞納処分は、現在に存在する財産が対象ですから、過去に取引があった者は関係ないとして対象にしていませんでした。しかし第二次納税義務などでは、過去の取引事実を理由に決定するので、今回の拡張がされています。

　なお、本来の対象の「ある者」は「あると認める者」に含まれると解しますが、少し読みにくくなりました。

Q1-4 当社に取引照会が来たので相手先（滞納者）に確認したところ、税務署とは納税の話をしている最中なので、回答は控えてほしいといわれました。それでも回答すべきでしょうか？

A 滞納処分のため必要とされた調査には、理由の如何を問わず、質問の相手方は回答する義務があります。

滞納処分のための取引調査は、事業活動に影響を及ぼすことから、事前に滞納者の納付意思等を確認した上でなければ実施できないとする見解があります。取引先に対する滞納処分のための調査は、確かに影響が大きいので、むやみにすべきではありませんが、滞納者の過去からの納税に対する誠意などを勘案して、差押えすべきと判断したときには必ず行います。

現在において、滞納者が税務署と納税に関する話し合いをしていても、法律で定められた猶予などの措置に結びつかない限りは、税務署側は滞納者に納税に対する誠意（⇨ Chapter 2・41頁）があるとは判断しません。要するに、話し合いをしていれば納付意思があり、だから財産調査や滞納処分を阻止できるということにはなりません。

┈〈給与照会の回答拒否〉┈

給与債権は雇用主を調査しますが、差押えを受けると辞めてしまう等から、回答してこないケースがあります。雇用主は、徴収法141条1項3号の相手方として回答義務があり、答弁しなければ罰則対象になります（徴188）。ただし、罰則を適用するには「故意」の立証が求められ（刑法38①、金子宏『租税法（第24版）』弘文堂1149頁）、その証拠収集に際して通則法131条（犯則事件の調査、地税22の3）は使えません。また、徴収法141条に基づく証拠は、それで不答弁という事実は証明できても（最判平16.1.20参照）、故意かどうかは税の徴収を目的にする滞納処分とは関係ないので、別途に証

明しなければなりません（徴147②）。そのため、告発に際しては取り調べ
をする検察側との協力が不可欠になります。

〈電子債権記録機関に対する調査〉

　電子記録債権は、従来の手形に代わって売掛債権の流動化を図るものなの
で、①滞納者がどのような売掛金の支払いを受けられるか（差押財産の把握）、
②滞納者の売掛金が誰に譲渡されたか（第二次納税義務等の追及）は、滞納
処分をする上で重要な情報です。手形のときは、そうした情報は捜索などで
現物を把握していましたが、電子記録債権では、滞納者以外には電子債権記
録機関が保有しています。そこで同機関が質問検査の相手方になるかですが、
電子記録債権法で許される特例開示（同法87①）では税務調査は対象外で
すが、電子記録債権のデータ管理を役務提供と解すれば、同機関は債権・債
務関係にある（徴141）といえても、かなり苦しい解釈になります。しかし、
徴収法146条の２の事業者は、滞納処分の相手方（第三債務者）に限られず、
滞納処分に有用な情報を有する者が含まれるので、それにより情報の提供を
求めることは可能と考えます。

〈CRSによる非居住者金融口座情報〉

　国際的な課税逃れ対策として、非居住者の自国にある金融情報を自動的に
交換し合うCRS（共通報告基準：Common Reporting Standard）が平成30
年10月からスタートしています。交換されるのは口座保有者の氏名、住所、
居住地国、外国の納税者番号、口座残高、利子・配当等の年間受取総額等の
情報であり、対象国はOECD諸国の100か国ほどになりますが、アメリカ
は除かれています。これら情報により国外に預金資産を保有していることが
判明すれば、執行共助条約（⇨ Chapter10・365頁）で当該国に滞納税金の
徴収を依頼することができます。

6　滞納処分を目的としない調査

　徴収法の質問検査（徴141）は、「滞納処分のため滞納者の財産を調査するとき」の権限を定めたものです。滞納処分とは、徴収法第5章に規定する差押えから換価までを意味しますから、それ以外の滞納処分とは直接に関わりを持たない処分のためには、同条による調査はできません（『国税徴収法精解』（令和6年改訂版）944頁）。

（1）納税の猶予の申請がされた場合の調査

　滞納整理として行う納税緩和措置には、滞納税金の猶予と滞納処分の停止があります。そのうち、滞納処分を猶予する換価の猶予（徴151）と滞納処分の停止（徴153）は、税務署長が職権として行うものですから、それまでに行われた滞納処分のための財産調査等の結果を総合的に勘案して、それらの処分を行うことになります。

　滞納税金の猶予には、そのほかに納税の猶予（通46）と申請による換価

の猶予（徴151の2）がありますが、この両者は納税者からの申請により行います。納税者から提出された猶予の申請が、法律の要件に該当するか否かを税務署長が判断しますので、滞納者から提出された資料が正しいかを調べます。

〈猶予調査の根拠規定〉

猶予の申請があったときは、猶予該当事実や猶予額等の要件を具備しているかを調査し、その上で許可・不許可の処分を行います。その際に、換価の猶予は「滞納になった税金を、滞納処分（換価）をしないで猶予」する制度なので、徴収法の適用範囲として徴収法141条の調査権限を使えます。それに対して納税の猶予は、「納期限を過ぎた税金を、滞納にしないで猶予」するものなので、徴収法の適用範囲外になります。そこで、別途に調査権限を用意しています（通46の2⑪）。

(注) 納税の猶予をすると滞納扱いしないので、新たな滞納処分はできません（通48①）。それに対して換価の猶予では、そのような制限はありません（徴基通151-9）。

Q1-5 納税の猶予を申請したところ、調査のため臨宅した税務署の職員とトラブルになりました。その後は何も調査をされず、猶予の該当事由がないとして不許可になりました。法律は猶予をするに際しては、税務署に調査を求めています。調査なくして不許可とする処分は違法ではないでしょうか?

A 調査を拒否したのではなく、調査をしない状態で行った不許可処分は、手続違法の可能性があります。

　行政庁が何らかの処分を行う場合には、どのような処分を行うべきかを判断するために、その処分の根拠となる法令が定める要件を充足しているか否かに関する調査を求めています。そして処分の要件として調査を法律が明定している場合には、調査が著しい違法性を有するときは、それに基づく処分も違法になると解されています（東京高判平3.6.6）。

　従前の納税の猶予の手続では、申請に対する許可及び不許可において特に調査は求められていませんでしたが、平成27年4月以降の納税に適用される税制改正で、調査を前提とするようになりました。そのため、通則法24条の更正と同様に、調査をしなかったことにつき正当な理由がなければ、不許可をする前提を欠いたものとして、取り消されることになると思います。

　(注)　調査で求めた書類が提出されなかったときは、検査を拒んだものとして不許可になります（通46の2⑩二）。

(2) 納税義務の拡張のための調査

　滞納税金の徴収を滞納者以外の第三者に求める制度が「納税義務の拡張」です。徴収法が定めるものでは、同法32条以下の「第二次納税義務」や24条の「譲渡担保権者に対する物的納税責任」があります。これらの制

度を適用するためには、納税義務を拡張できる要件を満たすか否かの事実を把握する必要がありますが、第二次納税義務の要件把握は滞納者の財産に対する滞納処分ではありませんから、ダイレクトに徴収法141条は適用できません。

　しかしながら、通則法24条の更正のように、その処分をするための調査は求められていないので、第二次納税義務等の告知処分に特化した調査が行われなくても、滞納者の財産を追及する過程で把握した事実により要件が充足していればそれで足りると考えます。

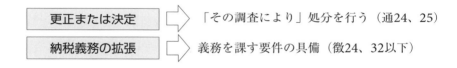

（3）罰則適用のための証拠の収集

　徴収法187条以下に定める滞納処分免脱罪については、昭和35年の現行法の制定以降、長らく適用されていませんでしたが、平成バブルでの滞納膨張期にかなり悪質な滞納逃れが横行したことから、平成8年以降は年に数件程度は告発がされているようです（「令和5年度租税滞納状況の概要」国税庁報道資料「滞納処分免脱罪による告発」）。

　同罪を告発するには、立件できる事実を収集しなければなりませんが、税務調査のための権限は犯罪捜査のために認められたものと解してはならないとしています（通74の8、徴147②）。ですから、滞納者が自己の財産を他人名義にしていた事実を滞納処分の過程で把握していたとしても、それが「滞納処分の執行を免れる目的」で行った隠蔽なのか、そうした故意のない財産譲渡なのかといった「犯意」を立証できるものを別に用意できなければ、告発はできません。

　そのため、滞納処分免脱罪もいわゆる国税に関する犯則事件に含めて、通則法131条以下の規定で証拠を収集できるようにすべきという意見もあ

りましたが、まだそこまでにはなっていません。徴収法の権限行使として行った質問・検査ではなく、いろいろな滞納者や関係者とのやり取りの中で、犯意を立証できる発言やメモなどを収集し、検察とも協力して立件しているのが現状です。

Chapter 2

債権差押えの基本的事項

　滞納となった税金を徴収することは、財源確保のほかに、期限内に納付している納税者との税負担の公平という視点から、国や地方団体も力を入れて取り組んでいます。自主的な納付がされなければ、徴収法により財産の差押えをはじめとする滞納処分がされます。金銭化できる財産であればすべて差押えの対象ですが、手続の簡便性や、相手方の弁済資力が十分であれば差し押さえした金額で徴税ができる債権の差押えは、かなりの頻度で行われています。

　しかし債権の差押えは、どうしても滞納者に支払義務がある第三者（債務者）を滞納処分に巻き込んでしまいます。そこで、この章では、初めて「債権差押通知書」を受けた方のために、どのような点に注意しなければならないか、基本的な事項を説明します。

Q2 債権差押えの基本ルール
（弁済禁止効、その範囲）

　今月20日の支払予定になっている商品の仕入代金について、税務署から「債権差押通知書」という書類が送られてきました。取引先からは一部でいいから払ってもらえないかと泣きつかれていますが、その通知書を見ると、滞納額は120万円です。その取引先への支払額は300万円あるので、滞納額を超える差額を払っても、大丈夫でしょうか？

A　取引先に支払う債権について「債権差押通知書」が届いたときは、その債権の支払いが禁止されます。「債権差押通知書」が届いた後に取引先に支払った場合には、税務署が取立てに来れば再度支払わなければなりません（二重弁済）。また、債権差押えは、全額差押え、全額取立てが原則ですから、税務署に無断で差額を支払った場合には、その分を含めて再度の弁済を求められるリスクがあります。

　令和5年度の国税の滞納残高（整理中のもの）は9,276億円と、ピークだった平成10年の2.8兆円に対して3分の1ほどまで減少していますが、コロナ禍以降は4年連続して増加に転じています。一方で地方税の滞納残高も、6,281億円と4分の1ほどまで減少を続けていますが、地方財源確保の点から各地方団体とも徴税の一層の推進に取り組んでいるところです。そうした中で、滞納となった税金等の徴収は、その多くは納税者からの分割納付などで収納がされるのが現状ですが、自主的な納付をしない者に対しては、徴収法（または同法を準用する地方税法）により、差押えを起点とする滞納処分が行われて、強制的に徴税がされます。

　そうした滞納者の財産に対する差押えですが、その対象が動産や不動産であるならば、その財産に担保権などの権利を設定していない限りは、第

三者が滞納処分に巻き込まれることはありません。しかし、差押えの中で多くを占める債権の差押えは、滞納者に金銭を支払う義務のある第三者（債務者）も、差押えを受ける当事者として引っ張り込まれます。

　おそらく、一般の方が滞納処分による差押えに関係するのは、初めての経験だと思います。慣れない中で滞納処分に巻き込まれたときに、何に気をつけなければならないのか、差押えに対してどのように対応するのかなど、基本的な事項について説明します。

1　どのような場合に、税務署は差押えをするのか

　徴収法を見ると、滞納者が督促を受けてから10日を過ぎても納税がなければ、滞納者の財産を「差し押えなければならない」（徴47①）と書いてあります。

　納期限を過ぎても納税がされなければ、50日以内（実務的には、月末納期の翌月25日頃）に「督促状」という"延滞催促＋滞納処分の予告"が送られます（通37①）。ですから、だいたい納期限の翌々月10日あたりに、法律的に「差押え可能」な状態が来るのですが…滞納者が倒産したなどの"緊急事態"でもない限り、いきなりそのタイミングで差押えがされることは少ないです。

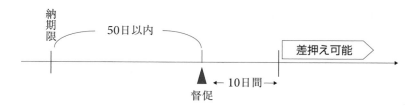

　※国税及び地方税の滞納処分は、督促を発して10日を過ぎても納付がないとき（徴47①、地税331①等）ですが、国民健康保険料や厚生年金保険料などの公課は、督促状で指定された期限までに納付しないとき（地自

231の3③、厚年法86⑤）と違っています。

【督促とは】

　督促状とは差押え前にその実施を予告する文書であり、この送達がされていない差押えは違法な差押えになります。いつ、どの財産に滞納処分をするかは徴税側の判断に委ねられているので、督促後に直ちに差押えになるとは限りませんが、督促から相当期間後に無予告で差し押さえるのは違法でないにしても、不当と評価されます。そこで、前の予告から6か月以上経過しているときは、再度の予告（差押予告等）をする取扱いになっています（徴基通47-18参照）。なお、同じく金銭債権の強制実現である民事執行法には、参考にした外国法の違いから、督促という制度はありません。

【繰上請求と差押え】

　税の徴収は納期限後でないとできませんが、その前に滞納者の経済状態が極端に悪化したならば、それを待っていたのでは徴収上不利になります。そこで滞納者の財産に強制執行がされたり、破産や死亡したときは、期限を繰り上げて徴収できる「繰上請求」等の制度があります。要件は、破産開始等の客観要件のほかに主観要件がありますが、国税（通38①）は「認められるものがあるとき」と徴税側の主観で決められるのに対し、地方税（地税13の2①）は「認められるものに限り」と客観性を重視するので、滞納処分ができない期間での財産調査が問題になります。

　繰上請求は、納税者の期限の利益（納期限まで納税しなくてもよい利益）を強制的に奪う手続なので、納期限前の税金が対象です。督促状を出したときは、それでの納付を期待して10日間を待ちますが（徴47①）、その間に繰上請求の事由が生じたときは、納付が期待できないので直ちに滞納処分…繰上差押えを行います（徴47②）。繰上差押えは「督促を受けた滞納者」が対象なので、納期限後から督促を出すまでの間に繰上請求の事由が生じたときはどうするの？となりますが、それは取扱いは示されていませんが、督促状を出した上で繰上差押えを行うことになります。

〈なぜ「差し押えなければならない」という規定なのか〉

　「差し押えなければならない」という徴収法の規定から、差押えをしない

裁量は徴収職員にはなく、差押えをしないことは租税法律主義に反するという説明を目にします。現場で差押えを躊躇う職員に向けた叱咤激励ならばともかく、法律論としては別に考える必要があります。

　この規定は、明治期に作られた古い法律にある「滞納は滞納処分で徴収する」主義が、法律の骨格として現行法まで続いたものです。なので現実とのギャップから、現行法の制定時には「結果として徴収できれば、方法は滞納処分に限定されない」という意味で、滞納処分をするかは徴税側の判断という整理をしています（有斐閣ジュリスト選書『租税徴収法研究（下巻）』568頁以下）。また現行法の説明でも、「納税者に任意納付を促すための間接的な力」として滞納処分を位置づけ（『国税通則法精解』（令和4年改訂）大蔵財務協会517頁）、徴収法基本通達47-10も「差押えすることができる」としています。ですから、滞納処分をするかどうかは、徴収職員が滞納者の状況を見た上で、必要ならば行うものと考えます。

（1）差押えがされる滞納者のケースとは

　法律では、督促から10日を経過すれば差押えが可能になります。だからといって、そうした状態になった滞納者を片端から全部、差し押さえているわけではありません。一時的な資金不足から滞納となった者や、きちんとした資金計画を立てて納付している「納税誠意のある者」には、「猶予」や「納付誓約」といった分割納付などの措置で税金が徴収され、差押えという強制的な手段まで至ることはありません。

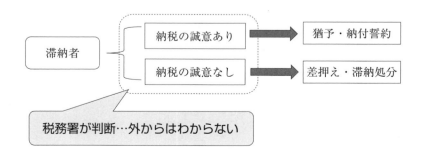

　ところが、「納税できない」あるいは「納税したくない」という意思を示して拒否する滞納者がいます。また、言葉では納税するといっておきながら、何回も分割納付の約束をしても、何度も不履行を繰り返すような滞納者もいます。そのような「納税の誠意がない」と税務署が判断した場合には、差押えをすることになります。

〈「納税の誠意」とは何なのか〉

　差押えがされた側の「どうして？」という問いに、徴税側がよくする回答が「納税の誠意がない」です。法令用語としては、換価の猶予に関する徴収法151条1項に「納税について誠実な意思を有する」がありますが、滞納処分での判断基準としては、昭和63年に「納税について誠意の認められない者に係る滞納について…速やかに公売処分を行う」との国税庁指示が出されてから定着したようです。

　法令用語の解釈では、「滞納者が、現在においてその滞納に係る国税を優先的に納付する意思を有していること」です（徴基通151-2）。意思は滞納者の内心の問題ですから、滞納者が「納付します」といえば「納付の誠意あり」になりそうですが、同基通は続けて「有無の判定は…」として、過去における分割納付での履行状況や、早期完納に向けた経費の節約、借入れの返済額の減額、資金調達等の努力などの、滞納者のこれまでの「具体的な行動」に、現在における取組みを併せて税務署が判断するとしています。

　実際のところ、差押えのタイミングに客観的な基準を作ってしまうとそれに拘束されて、いたずらに差押えを増やす結果にもなりかねません。一般的には、差押えをする際の「納税の誠意なし」は、換価の猶予に関する解釈を参考にしても、相当に税金の納付に不義理をしている場合と考えてよさそうです。

【実情に即した滞納整理】

　国会などで、滞納処分のやり過ぎが問題になったときの答弁で使われるのが、「滞納者の実情に即した」という言葉です。昭和51年に国税庁が出した税務運

営方針で「滞納者個々の実情に即した整理の進展を図る」が発端ですが、その後も繰り返し使われ、国税庁実績評価書でも、「滞納整理に当たっては、滞納者個々の実情に即しつつ、法令等に基づき適切に対応し、滞納の整理促進に取り組みます。」という基本目標が示されています。すなわち、督促から10日過ぎれば差押えは法律的には適法ですが、行政の取扱いとしては、一律・機械的に差し押さえることはせず、滞納者の個別実情に応じてするということです。どこまで個別事情の把握をして差押えするかは、ケース・バイ・ケースですが、滞納処分により生活維持や事業継続が困難になるような場合は、ある程度の納付折衝の経緯や必要な調査を経た上で行うことが求められます。

　（注）　同様の基本方針は、同様に滞納処分を行う地方税や年金保険料でも示されています。

> 〈平成31年4月10日衆議院財政金融委員会　国税庁並木次長答弁〉
>
> 　国税庁といたしましては、滞納整理に当たっては、納税者個々の実情に即しつつ、法令等に基づき適切に対応することが基本であると考えておりまして、そうした考え方に基づき滞納整理を実施するよう、随時開催する各種会議における周知、御指摘の徴収事務の基本を定める徴収事務提要や、各事務年度において指示する特に留意すべき事項の通達の発出などを行うことによりまして、常に国税局、税務署及びその職員に対して指示を実施しているところでございます（同趣旨は地方税に関して、同日の総務省稲岡審議官答弁）。

（2）差押えは、いきなり無予告でされるのか

　差押えを受けた滞納者は、「事前にいってくれれば納税したのに」とか「いきなり無予告で差押えするなんて酷い」と、よくいいます。しかし、実務的な手続を見ると、督促などの「差押えの予告」がされてから6か月を経過している場合には、再度の予告（文書または口頭）をしてから行われますから（徴基通47-18）、このような申立ては滞納者側の受け取り方の問題だと思います。

　事前にいつ差し押さえるか、どの財産を差し押さえるかを予告してしまうと、差押えをされないための予防策が取られたり、財産を隠匿したりす

る可能性があるので、課税調査の際に調査期日を指定したり、調査対象を特定するような、具体性のある事前予告はしません。しかし、売掛債権のような滞納者の事業継続に大きく影響する財産を差し押さえる場合には、事前にそうした差押えをしなければならない事情を、滞納者に理解させる努力が徴税側には求められます。

納税誠意のない滞納者	差押予告（口頭・文書）	差押え

〈無予告差押え：繰上差押え（通38③、徴47①ニ、②）〉

　納期限前や督促から10日を経なくても、次のケースでは無予告で差押えがされます。

・納税者の財産について、破産や地方税の滞納処分、競売などが始まったとき
・納税者が死亡して、相続人が限定承認したとき
・法人である納税者が法律上の解散をしたとき
・納税管理人を定めないで、納税者が非居住者になったとき
・納税者が脱税や滞納処分の免脱を図ったとき

2　どういった財産を、税務署は差し押さえるのか

徴収法において、どの財産から差し押さえるかといったことは、抵当権

などの第三者の権利に配慮する規定（徴49）や、禁止財産とされたもの（徴75ほか）のほかは、特にありません。滞納者のすべての財産を滞納税金の引き当て（執行対象＋優先権）にして税収確保を図るのが、徴収法の基本プランだからです。

その際に徴収法では、「換価が容易な財産」とか「徴収上有利」といった規定がときどき顔をのぞかせます。前者は、「評価が容易で、公売したときの市場性があること」を意味し（徴基通50-5）、後者は「換価するのに相当の期間を要しないこと」を有利としています（徴基通151-5）。要するに、徴税コストの点からして、滞納処分が簡易かつ迅速にされることを法律が是認しているのです。そうした「徴税の利便性」があるので、公売という手続を経ないで、取立てという簡易な方法で金銭化ができる債権には、差押えがよく行われます。

3　債権の差押えは、どのような手続で行われるのか

差押えとは何か？　といえば、その後に行われる換価（金銭化）に向けて、その財産が処分されないよう「強制的に」権利関係の異動を差し止める手続です。したがって、その方法は財産の種類により、異なります。

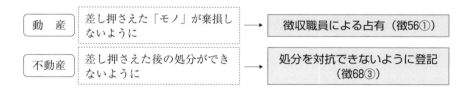

債権は弁済（金銭の支払い）がすべてですから、弁済をする者（第三債務者）に対して、その履行をしないように止める手続＝「債権差押通知書の送達」により差押えがされます（徴62①）。

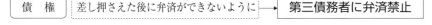

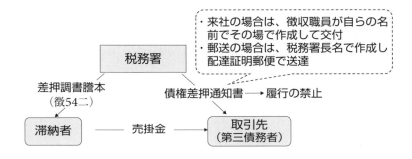

債権差押通知書を受け取ったときの注意点

① 何の債権が差し押さえられたのか

② 債権の履行期限は正しいか

③ 通知書が届いた日時を記録しているか

(1) 差し押さえられた債権

　債権の差押えは、第三債務者にその債権の支払いを止めさせる手続です。なので、存在しない債権が差し押さえられたり、差押えを受けた第三債務者が「何を差し押さえられたのかわからない」のは困ります。そこでまずは、債権の差押通知書を受けた場合には、滞納者（支払先）に対する、何の債権が差し押さえられたのか（被差押債権の特定）を「差押債権」欄を見て確認します。この場合に、既に弁済して差し押さえられた債権が消滅していたり、あるいは差押えを受けた最初から債権がない場合は、あるいは特定が不十分な場合は、執行手続としての差押えは効力を生じていないので（福岡高判昭35.6.28）、第三債務者は無視してよいことになります。

　☞ 滞納処分による差押えは行政処分ですから、その手続に違法があったとしても、処分を行った行政機関が取り消すか、争訟を経て取り消されない限りは、差押えの効力は維持されます（公定力）。それに対して、存在しない債権の差押えや特定を欠いた差押えは、ターゲットにヒットしていない、

いわば空振り状態なので、執行手続として第三債務者を拘束することはできません。しかし、ヒットすることは徴収法47条の差押えをする要件ではないので、例え空振りであっても滞納処分（行政処分）としては存在するので、その状態のことを「（執行手続としての）差押えの効力が生じていない」として、無効な差押えと区別しています（大阪高判昭37.6.18）。

滞納処分の差押え
- 執行手続（処分の禁止＋取立）── 第三債務者への債権差押通知
- 滞納処分（行政処分）── 滞納者への差押調書謄本

　例えば、差し押さえられた債権が仕入代金であれば、次のような記載がされています。

> 滞納者（債権者）が、債務者に対して有する下記売掛金の支払請求権
> 記
> 令和○年○月末請求に係る商品○○の売却代金○○○円（消費税及び地方消費税を含む)。

　滞納者と取引はあるが問題になるケースには、以下のケースがあります。もし、受け取った債権差押通知書を見て、明らかに内容に問題があると判断したときは、執行手続としての差押えの効力は生じていないので、その旨を「債務確認書」に記載して主張し、税務署の取立てには応じません。こうした場合は第三債務者は差押えの制限を受けていないので、差押解除通知（徴80①但書）を求めることはできませんが、滞納者は取立等の制限を受けているので、差押えの取消しとして解除通知は行うべきと考えます（徴基通80-13、『国税徴収法精解』（令和6年改訂版）487頁）。

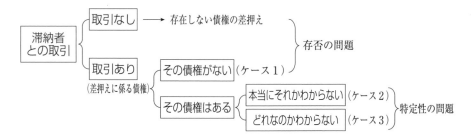

（ケース１）差し押さえられた債権とは違う場合

　債権差押通知書に記載された債権と、実際のものが違う場合です。例えば、差押えは請負代金に対してされたが、実際にその滞納者と契約したのは雇用契約だったような場合です。なお、違っていても第三債務者が同一のものと確知できるときは有効です（徴基通62-24）。

☞　差し押さえられた債権が存在しないことを理由にして、第三債務者が差押処分に対して不服申立てをするケースがあります。第三債務者は差押えの効力が生じていないことを理由に取立てを拒否すれば足りるので、現状では、再調査の請求では、法律上争うべき立場にないとして「却下」の決定がされます（東京地判平23.7.15）。一方の審査請求では、自らの法律上の利益に関係がない違法主張として「棄却」の裁決が出されています（平18.3.30裁決、金子宏『租税法（第23版）』1036頁）。いずれにしても、不服申立てで解決はできません。

（ケース２）記載内容に不明がある場合

　差し押さえられた債権の債権者（滞納者）との取引はあるものの、その取引だと特定する内容に不明がある場合があります。最高裁はこの特定の問題について、従来の「識別可能性」のほかに「識別容易性」も必要としています（最決平23.9.20）。

　これは実際にある取引と同じかどうか（識別可能性…ケース１）の他に、債権差押通知書を受けた時点で容易にそれが判断できるか（識別容易性）が必要ということです。例えば、整地工事代金で差押えを受けたが、実際、

第三債務者が同一性を直ちに認識できればよいですが、判断に迷うようであれば特定性の問題が生じます。

☞　「識別容易性」は債権が複数ある場合に出された判断ですが、識別作業が完了するまでの第三債務者の立場の不安定さを理由にしているので、債権差押通知書を見ただけでは、にわかに判断を迷うような場合も、その考え方は適用されると思います。

| 差押債権の特定 | 識別可能性 | 何が差し押さえられたか認識できること |
| | 識別容易性 | 通知書を見ただけで内容が容易にわかること |

（ケース３）複数の債権があり区別できない場合

　差し押さえられた債権は存在するが、似たような債権が複数ある場合には、どの債権が差し押さえられたのかわからないという問題が生じます。強制執行の差押えでは、滞納処分のような強力な調査権限がないため、銀行預金について「全店一括順位方式」や「預金額最大店舗方式」という包括的な差押えがされていましたが、いずれも裁判所は特定がないと判断しています（名古屋高決金沢支部平30.6.20は、ネット銀行について平23最高裁決定後に全店一括順位方式を認めましたが、批判もされています）。要するに、預金を差し押さえるときは、最低でも口座のある支店（郵便貯金は貯金事務センター）及び複数口座がある場合は、どれかという特定が必要になります。

（2）差押債権の弁済時期

　差押えを受けた債権が、いつまでの月締めの分で、その支払期日が正しいかを、債権差押通知書の「履行期限」欄で確認します。翌月20日払いのように決まっていれば、その日が記載されますが、まだ決まっていない場合には「税務署から請求あり次第、即時」といった記載がされます。

　☞　継続した納品や役務の提供がされているときは、月末締めで支払額を集

計し、翌月の特定日に支払うといったことが行われています。そうした債権について、締めが終わる前に、集計後の金額未確定で差し押さえることがあります。いわゆる「未確定債権の差押え」というものですが、売掛債権の金額が確定した段階で、債務確認書により金額を知らせます。

Q2-1 当社も資金的に苦しいので、差押債権の支払いを少し待ってもらえないだろうか？

A 差し押さえられた債権の履行期限が到来しても、直ちに履行できない相当の理由がある場合には、債権者（滞納者）との合意の上で、税務署に期日の延長を相談します。

　差し押さえられた債権について、第三債務者が資金繰りの都合から弁済期日に全額の支払いができないこともあります。徴収法では弁済受託（手形や先日付小切手による納付）の方法により取り立てる場合には、滞納者（債権者）の承認を条件に、支払期日の変更を認めています（徴67④）。

　差押えは財産の処分を禁止するものなので、債権の放棄や支払額の減少といった差押財産そのものを棄損する合意を当事者でしても、差押えには対抗できません。しかし、支払期日に関しては、徴収法は上記のように変更を頭から否定していないので、税務署が認める合理的な範囲であれば、滞納者（債権者）との合意を条件に、支払期日を伸ばすことは可能と思います。

☞ 支払期日を伸ばすことにより、第三債務者には履行遅滞による遅延損害金が発生すること（民419①）、滞納者には負担する延滞税が増えるというリスクが生じます。

(3) 債権差押通知書の送達時期

　差し押さえられた債権について、強制執行による差押命令や債権譲渡などが重ねてされることがあります。そのような場合に、いずれの者が優先的に権利を主張できるかは、債権差押通知書または確定日付のある債権譲渡通知書が第三債務者に到達した日時の先後で決まります（民467②）。

　そこで、税務署の徴収職員が来社して差し押さえた場合には、債権差押

通知書の「受領者記載」欄に、その通知書を受けた日時を記載します。また、郵送により通知書を受けた場合には、可能な限り、その通知書が当社に届いた時間を記録しておきます（Chapter 3・81頁）。

☞ 来社して差し押さえる場合は、原則は、来社した徴収職員が自らの名前で債権差押通知書を作成します。また、あらかじめ通知書の内容が印字してあることがありますが、そのときは税務署長の名前で作成されている場合があります。

（4）差押えの効力

税務署から債権差押通知書が第三債務者に送達されると、執行手続としての差押えの効力が生じ、それ以降は滞納者は差押債権の取立てその他の処分が禁止されるとともに、第三債務者は滞納者（債権者）への弁済が禁止されます（徴62②）。そして、差押債権の弁済期が到来した場合には、税務署の徴収職員は、直接に第三債務者からその債権を取り立てることができます（徴67①）。

Q2-2 債権差押通知書が来ていたのをうっかり失念して、取引先に支払ってしまいました。税務署にどう説明したらよいでしょうか？

A 債権差押通知書を受け取った以上は、差し押さえられた債権の弁済は禁止されます。その後に債権者（滞納）に弁済しても、債権は消滅しません。したがって、税務署に再度、支払わなくてはいけません。

債権は、弁済（取引先への支払い）により消滅します（民473）。その消滅の効果を阻止するのが差押えですから、取引先に支払ったからといって、債権の消滅を理由に差し押さえた税務署の取立てを拒否することはできま

せん。要するに、取引先に支払っていながら、再度また税務署にも支払うことになります（民481①）。これを「二重弁済」といいます。

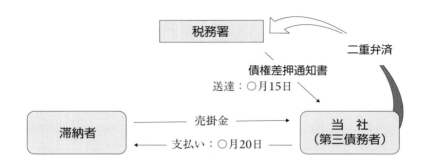

　税務署からの二重弁済の求めに応じなかったときは、民事訴訟による取立訴訟を起こされる可能性があります。支払代金の存否を確認できる契約書や個別の発注書といったものが調査されていれば、取立訴訟で争うことは困難です。また、取立訴訟が確定した後に支払いをしなければ、民事執行法による強制執行がされます。

※第三債務者が金銭債権の取立てに応じない場合には、債権者が簡易裁判所の書記官に申し立てて債務名義を取得できる支払督促（民訴382）があります。訴訟ではないので申立てに証拠は要りませんが、第三債務者が異議を申し立てたときは自動で本訴（取立訴訟）に移行します（民訴395）。差押債権の存在を証する証拠が無ければ本訴で訴訟維持できないので、支払督促でもある程度は用意すべきです。

Q2-3 取引先に支払った後に債権差押通知書が届きました。どうしたらよいでしょうか？

A　差押えがされる前に弁済していたときは、その差押えは効力を生じません。したがって、その差押えは無視しても大丈夫です。

債権に対する差押えは、第三債務者に債権差押通知書が届いた時に効力を生じます（徴62③）。ですから、その債権差押通知書が第三債務者に届く前に、取引先への支払いを済ませていた場合には、弁済により既に消滅してしまった後の差押えですから、いわば「存在しない債権の差押え」＝空振りということになります。第三債務者にとって執行手続としての差押えは効力が生じていませんから、無視してかまいません。税務署に対しては、「債務確認書」で「債権差押通知書が来る前に弁済している」旨を回答しておいたほうが、後々の手続で面倒がないと思います。

　☞　差押えの効力が生じていない場合の取扱いはChapter 2 ・46頁を参照。

（5）債権差押えと徴収権の時効

徴収権の時効を中断（完成猶予及び更新）する事由に、差押えがあります（通72③で準用する民148①）。

イ　残高０円の場合

預金債権を差し押さえる場合に、文書照会で残高があったので債権差押通知書を送付したが、それが銀行に到達する前に残高が０円になっていることがあります。０円＝存在しない預金の差押えは執行手続としては不成立ですが、それを知らずに滞納者に差押調書謄本が送達されていれば、滞納処分としての差押え（行政処分）は存在します。差押えによる時効の中断は、債権者による権利行使を理由にするので（四宮和夫／能見善久『民法総則（第９版）』弘文堂459頁）、差押えの結果が残高０円だったとしても、滞納処分という権利行使は存在しているので時効は完成猶予・更新するという考え方があります（令元.5.14審判所裁決）。そうしたことで、徴基通47-55は令和２年４月改正で、「差押えの効力が生じた時」を「差押えの時」に変更しています。

　（注）　国税及び年金機構は、債権差押通知書と差押調書謄本を同時に発送するので、このような論点があります。それに対して地方税の多くは、差

押えが効を奏したのを確認した後に差押調書謄本を送付する実務なので、0円と判明すれば権利行使はできないので、その後に送付しても時効の完成猶予・更新はありません。

ロ　差押調書謄本の未送達

　民法規定がベースの差押えによる時効の完成猶予・更新ですが、滞納者に対する権利行使（行政処分としての滞納処分）をその理由にすれば、第三債務者に債権差押通知書が送達されて執行手続は効力が生じていても（徴62③）、滞納者に差押調書謄本が送達されていなければ、行政処分としての効力は生じていないので（最判昭57.7.15）、時効は完成猶予・更新されないと考えるべきです。裁判所の強制執行では、債務者に差押命令（差押調書謄本に相当）が未送達でも時効の中断を認める判断がされていますが（最判令元.9.19）、それとは違うことになります。

ハ　差押解除と時効

　取下げで強制執行の差押えが終了したときは更新しませんが（民148②）、滞納処分の差押えは解除したときに更新するとしています（徴基通47-55(3)）。取下げは申立債権者が自ら権利行使を止めたのだから完成猶予しか認めないのに対し、滞納処分の差押解除は法律に基づく新たな処分（徴79）なので、それに更新を認めるのだと考えます。なので、争訟で差押えが取り消されたときは、強制執行と同様に更新はされず、取消しの効力確定から6か月までの完成猶予になります。

Q2-4 差押えを受けた際に、「債務確認書」の提出を求められました。これは出さなくてはいけない書面なのでしょうか？

A 提出は義務ではありませんが、支払期日になって、税務署と金額や条件などでトラブルにならないように、出しておくほうがよいでしょう。

　税務署が債権を差し押さえたときに、債権差押通知書の送達に併せて、その到達日現在の債務額、支払期日、その他の事項を記載する「債務確認書」という書面の提出が求められます。事前の調査なく差し押さえる強制執行は、第三債務者に債権の内容に関する「陳述」を求めますが（民執147①）、滞納処分では質問検査権に基づく調査をしてから差押えをする建前なので、こうした「債務者による承認」は徴収法では義務にしていません。

☞ 国税は「債務確認書」の返送を求めますが、一部の地方税では債権差押通知書を正・副 2 通を送付し、副本に第三債務者の受領を押印させて返送

債務の確認について

　滞納者（債権者）があなた（貴社）に対して有する債権を、債権差押通知書のとおり差し押さえました。つきましては、「債務確認書」に所定事項を記入押印の上、至急御回答ください。

- -

債務確認書

　下記のとおり確認します。

1　債権差押通知書到達日時の債務額

2　債務額支払見込及び支払期日

3　債権者に提供した担保物等及びその内容

4　連帯債務者、保証人の有無及びその内容

5　債権が既に他の債権者に差し押さえられていることの有無及びその内容

を求めることがあります。なお、債務確認書で差押えを受けた債権の存在を認めたとしても、取立訴訟になった場合には、改めて原告（取立てをする税務官署）は債権の存否（例えば貸金債権ならば、債務者への金銭交付の事実（民587）が必要です）を立証しなければならず、債務確認書があるだけでは立証を尽くしたことにはなりません。

　法律上の提出義務がある文書ではありませんが、税務署による取立ての段階になって、金額が違うとか、支払期日が違うといったようなトラブル防止の点からは提出したほうがよいでしょう。特に、郵送により債権差押通知書が送られてきたときは、内容が違っていたり、既に滞納者に支払済みになっている場合がありますから、その旨を記載して税務署に返送します。

☞　強制執行の差押えがされたことを理由に、供託をする場合があります（⇨ Chapter 3 ・82頁）。第三債務者が供託した場合には、その旨の「事情届」というものを裁判所に提出しなければなりません（民執156③）。この事情届と債務確認書は違うものですから、混同しないようにします。

☞　差押えが二重にされて、それが滞納処分と強制執行のときは供託できますが（滞調法20の 6 、36の 6 ）、滞納処分の差押えだけでは供託できません。税務署と市役所の両方から差押えを受けて、取立てを双方が主張したときでも供託できず、第三債務者は自らの判断で弁済しなければなりません。仮に間違っていたときは、官署間で調整はしないので、正しいほうに二重弁済するとともに、間違って弁済した官署に不当利得の返還を求める手間をしなければなりません。

> **Q2−5** 契約上の取引先はA社なのですが、債権差押通知書の「滞納者」欄には、「A社ことB」として社長であるBの名前が記載されていました。当社としては、どのように対応したらよいでしょうか？

> **A** 債権が誰に帰属するか、税務署が事実関係をもとに認定して差し押さえてくることがあります。名前が違っていても、税務署は履行を求める権限があるので、取立てには応じなければいけません。

　いわゆる代表者が一人で事業のすべてを行っている「個人企業」や、事業状態が悪くなって　転々と法人名を動かしている会社などでは、税金は事業の実体に課しているのに、その者と表面上で取引をしている者との名義が違っているケースがあります。滞納処分は、滞納者の財産に対して行うのが大原則ですから（徴47①）、財産の帰属が違えば、それは違法な差押えです。

　既に弁済された債権のように、存在しない債権に対する差押えは効力を

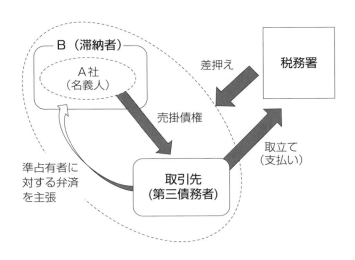

生じないので、第三債務者は何らの制限を受けません。それに対して、債権は存在するが帰属が第三者だった場合の差押えは、徴収法の規定（徴47）からして本来は無効なのですが、①本当に対象財産が滞納者に帰属しないかの問題があること、②無効な処分は無視すればよいので差押処分の取消しを求めることはできませんが、迅速に処分の見直しを図る観点から、違法な処分として不服申立てができます。

　しかし、会社名で取引をしていても、それが登記のない架空法人であったり、事業のすべては個人でやっているのに、外向けには会社の名前を使って取引しているケースでは、第二次納税義務などでなく、「財産の帰属認定」で差押えがされることがあります。また、仮に、税務署の認定が間違っても、それは税務署とＡ社の問題で、第三債務者が差押えを拒否する理由にはなりません（平19.3.30裁決）。

　このような「認定差押え」がされた場合に続いて、支払期日に取立て（徴67①）がされたときは、仮に帰属誤りの違法であっても一応は正しい行政処分として滞納者Ｂ・Ａ社も第三債務者も拘束されるので、支払いには応じるしかありません。もし、税務署による「Ａ社＝Ｂ」という事実認定が間違っていた場合には、取立後は、Ａ社はその旨を主張して訴訟で国に対し不当利得（民703）か損害賠償（国賠1）の請求をすることになります。他方で、税務署の取立てに応じた当社は、準占有者への弁済（民478）が成立するので、Ａ社からの請求を免れることができます。

☞　滞納者は、帰属認定を誤った違法を理由に差押処分の取消しを求めることができます。しかし、第三債務者が取立てに応じてしまった後は、取消対象となる差押処分が消滅するので、その請求は訴えの利益がなく「却下」になります（大阪高判令元.9.26）。

☞　第三債務者が、帰属認定を誤った違法を理由に差押処分の取消しを求めることができるかは、それにより不利益が除去されるのは滞納者であって第三債務者ではないので、自己の利益に関係のない違法主張として、請求は「棄却」されると思われます（行訴10①）。

4　どのような種類の債権を、税務署は差し押さえるのか

　徴収法は、滞納者のすべての財産を滞納処分の対象にしますが、徴収職員が債権のうちどれを差押えするかは、徴税の利便性の点から、調査による把握が容易なもの、あるいは取立てが確実なものを中心に選択がされます。その際に、取引関係から生じる売掛債権など、滞納者の対外的な信用にダイレクトに影響する債権の差押えは、納税の誠意などを勘案し、税務署内での十分な意思決定を経て行われていると思われます。

（1）金融取引から生じる債権

　金融機関との取引から生じる債権は、相殺等（➪ Chapter 6 ・218頁）により減損しない限りは、差し押さえた額での取立てがほぼ確実視できるので、かなり頻繁に行われます。金融機関には、主として銀行及び証券会社等がありますが、債権の内容には資金留保を目的とするものと、決済のための事業資金として置いている場合があります。前者であれば納税に充ててもかまわない資金ですから、発見した場合には直ちに差押えが行われます。しかし後者の場合には、差し押さえたことで資金ショートを起こす可能性があったり、給与や年金の振込口座の場合（➪ Chapter 5 ・176頁）があるので、差押えにあたってはより慎重さが求められます。

（2）不動産の賃貸借から生じる債権

　不動産取引から生じる債権を差し押さえるケースには、建物を貸している賃貸人（家主）が滞納者のときと、建物を借りている賃借人（店子）が滞納者のときがあります。前者の場合には賃貸人が受け取る家賃が、後者の場合には敷金や入居保証金が対象になります。

イ　家賃の差押えと抵当権者の物上代位

　抵当権者は、抵当権を設定した建物につき物上代位を行使することがで

き（民372）、その行使できる範囲は賃借料に及ぶとされています（最判平元.10.27）。そのため、賃料債権について滞納処分による差押えと、抵当権者による物上代位による権利行使が競合することがあります。

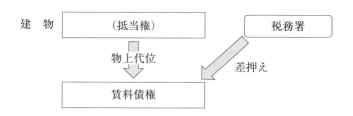

　一般的に抵当権などの担保物権は、それが設定された財産の価値を把握する権利ですから、設定財産が滅失して保険金や損害賠償金に転化したときは、それにも抵当権の効力が及ぶとするのが物上代位です。徴収法16条で、抵当権者と租税債権との優劣は抵当権の設定と法定納期限等との先後で決まるとしています。そこから賃料債権に税と抵当権の両方から権利行使されたときは、徴収法16条で優劣が決まります（徴基通16- 4 ）。

　ですから、賃貸物件に法定納期限等で優先する抵当権があった場合に、税務署が賃料を差し押さえて取り立てたときは、その抵当権者は税の差押えで権利行使をしたとして（最判平10.1.30、民304）、抵当権者に優先して配当しなければいけません。もし配当しなければ、不当利得になってしまいます（東京地判平11.3.26）。

　☞　建物等については通知をすれば保険金に差押えの効力が及ぶので（徴53）、差押えも抵当権と同様に物上代位的な効力があると考えます。また、抵当権と同様に、税債権には優先権があります。そうなると、滞納処分で建物を差し押さえていたときに、他の一般債権者が賃料を差し押さえて配当を受けたものがあれば不当利得になりそうですが、税債権の優先権は抵当権のように直接に価値を把握していないので、追及は消極に解されます。

　☞　税債権との優劣は、抵当権の「設定」で決めるとなっています（徴16）。通常は登記日より設定契約日が前にありますが、抵当権は登記をしないと

対抗できないので（民177）、優先権の主張は登記日をもって決まります（徴基通16- 9 ）。

☞　差押えの効力は、一般的には果実に及びます。しかし、家賃のような法定果実は、家屋を差し押さえても賃貸人はそのことを知らないので、及ばないとしています。ただし、利息は元債権と債務者が同一なので、差押え後の利息には及びます（徴52②）。

ロ　敷金（入居保証金）の返還請求権

　生活用住居の敷金を差し押さえる事例は少ないですが、事業用店舗の入居保証金を差し押さえることはよくあります。敷金または入居保証金は、賃借人が支払うべき賃料などを担保するために、賃貸人に交付している金銭です。賃貸借が終われば返してもらえますが、目的物を明け渡して、未納家賃や現状回復費を差し引いた残額しか返ってきません（最判昭48.2.2）。

　なお、敷金等の差押えは、入居者（滞納者）が賃貸物を明け渡したとき（退去時）に返還される金銭に対して行うので、敷金等からの未払家賃等の差し引きは相殺（Chapter 6 ・211頁）とは違います。

　また、事業用店舗の賃貸借では、月額賃料の 3 ～10か月分という、かなり高額な「入居保証金」という名目での金銭を差し入れます。改正民法では名目に関係なく「担保目的であれば敷金とする」としているので（民622の 2 ①）、賃貸借契約に未納家賃等を差し引いて清算する旨の記載があれば、両者を区別しなくてもよいと考えます。

　滞納処分との関係でよく問題になるのは、入居保証金から差し引かれる費用の範囲と、繁華街などの飲食店でよく見られる「居抜き」です。

①　現状回復費と中途解約による損害賠償

　滞納処分で入居保証金を差し押さえている場合に多いのが、滞納者が店舗をそのままに契約期間の途中で退去（廃業）してしまい、返還額が 0 円になるケースです。

賃借人が借りていた店舗を返す際には、原状（借りたときの状態）に戻す義務があります。商業用テナントであれば店舗内に造作をするので、借主が取り付けたものを撤去する費用が現状回復費です。ところが、借りたときの前からある造作についても、スケルトン（内装をすべて撤去してコンクリート打放しの状態）に戻す費用が現状回復費になるかという問題があります。賃貸契約でそうした条項があれば、特別の事情がない限り、スケルトンにする多額の費用も、現状回復費に含まれます（東京地判平30.8.8）。

　また、契約途中で退去してしまうので、契約残存期間の賃料に相当する額を「償却」したり、違約金として没収することがあります。突然の中途解約により賃貸人は家賃収入が得られない期間が生じ、その損失補填のため入居保証金から損害賠償を受けることは認められます。しかし、契約の残存年数が長い場合に、その期間のすべての賃料相当額を償却することは暴利とされて、賃借人が明渡しをした日の翌日から1年分の賃料・共益費相当額を超える償却は、公序良俗に反するとしてできません（東京地判平8.8.22）。

```
┌─────────────────────┐
│ 差し押さえた入居保証金 │ ┤ 現状回復費が多額になっている
│ が返還されない！      │
└─────────────────────┘ ┤ 中途解約の損害賠償が多額になっている
```

② 居抜きの問題

　飲食業の店舗などでは、経営者は代わっているのに内装から従業員までそのまま継続して営業を続けていることがあります。こうしたいわゆる「居抜き」は、もちろん家主（賃貸人）の承諾が必要ですが、造作買取料等の名目で店舗の賃借権を譲渡して行われています。その際に、賃貸人は敷金の返還義務が生じるのですが（民622の2①二）、入居保証金が新賃借人に譲渡されていれば、新賃借人から新たに入居保証金を受けることなく、従

前の入居保証金に関する権利は引き継がれます（最判昭53.12.22）。しかし、同判決は、入居保証金が譲渡される前に差押えがされていた場合には、処分禁止の効力により譲渡を対抗できないとしているので、居抜きであっても賃貸人は入居保証金の取立てに応じなければならないと考えます。

(3) 取引関係から生じる債権

　取引関係から生じる債権…売掛債権に対する差押えは、滞納者について不渡情報などがあり信用不安になった場合には、直ちに行われます（⇨ Chapter 2・43〜44頁）。しかしそれ以外の場合には、売掛債権の差押えは、滞納者の事業の継続に重大な影響を与えることから、慎重な判断が必要です。そのため、納税に対する誠意がないと認められる事情があり、売掛債権の差押えに踏み切らざるを得ないと徴税機関が組織として判断した上で行われる場合が多いようです。

(4) 生命保険契約から生じる債権

　個人が滞納している場合に、生命保険契約から生じる債権は、預金口座の取引記録から比較的容易に判明するため、かなりの頻度で差押えが行われています。

契約者	保険会社と保険契約を締結し、保険料を支払う義務のある人です。保険契約上の各権利（解約権など）や義務（保険料支払い、告知義務）を負います。
被保険者	生命保険の対象として、保険がかけられている人のことです。
保険金受取人	被保険者に保険事故（死亡や重度障害など）が生じたときに、保険金を受け取ることができる人です。

イ　解約返戻金の差押え

　解約返戻金とは、保険契約を解約したときに払い戻される金銭のことです。解約時に解約返戻金が戻ってくる保険のことを「積立型」、戻ってこ

ない保険のことを「掛け捨て型」といいます。掛け捨て型（定期保険）の
保険料は、保険金の支払いに充てる「死亡保険料」と、保険会社の運営経
費で構成されています。積立型（終身保険）の保険料は、掛け捨て型に加
えて、被保険者が生存しているときに支払われる「生存保険料」の3つ
で構成されています。この生存保険料の運用によって生じた利益を「解約
返戻金」といいます。

生命保険契約から支払われる金銭は、被保険者に死亡等が生じた際に、
一定の生活保障をする社会的な役割を果たす一方で、生存保険のような将
来に向けての貯蓄性も合わせもっています。そうした性格のある解約返戻
金ですから、保険契約者の財産として滞納処分の対象になります。

解約返戻金は文字どおり、保険契約を解約して支払われる金銭ですから、
保険契約者の解約権を行使しなければなりません。いろいろな見解があり
ましたが、最高裁判決（平11.9.9)は徴収法67条1項の取立権の行使として、
解約できると判断しました。

それ以降、比較的多くの解約返戻金の滞納処分がされていますが、

・近々保険事故の発生により、多額の保険金の発生が見込まれる場合

・被保険者が現実に入院給付金の給付を受け、それを療養生活費に充て
ている場合

・老齢または既病歴などの理由で、他に生命保険契約に新規加入できな
い場合

・滞納税額と比較して、解約返戻金の額が著しく少額である場合

には、社会的な利益衡量を踏まえた慎重な判断が求められています（徴基
通67-6）。

※差し押さえた債権の支払日が来たときは、履行遅延になるので速やかに取り立てます。しかし解約返戻金の場合は、差し押さえたら必ず、速やかに「解約権の行使」をしなければならないかは、少し考えてみる必要があります。平成11年の最高裁判決は、法律が禁止していない以上は解約返戻金の差押えは当然に認められるが、取立てとしての解約権の行使は権利濫用にならない場合に限られるとして、差し押さえたら必ず取り立てる（解約権の行使）とはしていません（高部眞規子『最高裁調査官解説（平成11年度）』法曹会556頁以下）。差押えをしても、解約権行使が適切かどうかを判断した上での取立てになります。

☞　解約返戻金の多寡は金額としての問題ではなく、解約することがどれほど税債権の徴収に意味があるのかになります。解約返戻金が1,000円でも滞納が2,000円であれば問題になりませんが、滞納が100万円のときに解約返戻金が1万円なら濫用の評価がされる可能性があります（東京地判平28.9.12）。

☞　平成22年の保険法改正で、契約解除の効果は、税務署長等の解約権行使の通知から1か月後に生じ（同法60①、89①）、この間に滞納者の親族等である保険金受取人が介入して解約返戻金相当額が支払われれば、解除の効果は生じないとされました（同法60②、89②）。改正時には、介入権行使により解約返戻金は介入権者に移転する意見もありましたが、改正法はそうしていません。そのため介入権行使後に、再度、解約返戻金に対する滞納処分がされる可能性があります。同一の税務官署ならば解約権行使の濫用といわれる可能性がありますが、違う官署や滞納処分と強制執行であれば、先に介入権行使がされていることを知らないので、解約権行使を排除する理由は難しいです。

ロ　生命保険金の差押え

保険事故が生じた場合に指定された保険金受取人は、保険契約から生じる保険金を取得します。この保険金は、相続税の課税では残された家族の

生活保障という意味合いで、500万円×法定相続人の人数分は非課税です（相12①五）。しかし、そうした生活保障の「補完的役割」がある生命保険ですが、特に差押えを禁止する規定はないので、全額の差押えができます。

なお、保険事故が発生して生じた保険金は、保険料を支払っている保険契約者の権利が移転するのではなく、保険金受取人の固有の権利として新たに発生（原始取得）します（第三者のためにする契約）。したがって、滞納者が保険契約者で、家族等の第三者を受取人に指定していた場合には、支払われた保険金を差し押さえることはできません。

☞ 保険金の帰属は保険金受取人ですが、滞納者が保険契約者として多額の保険料を支払い、保険事故の発生で約3億円の保険金を受け取っていた場合に、異常な利益を与える行為として保険金受取人に徴収法39条の第二次納税義務を追及した事例があります（平22.3.9裁決）。

（5）雇用契約等から生じる債権

国税の個人所得税は基本が源泉徴収なので、いわゆるサラリーマンが滞納することは少なく、そのせいなのか国税の滞納で給与債権を差し押さえることはそれほど多く見られません。それに対して地方税では、派遣会社社員や外国人の中長期在留者のように、給与所得者でも住民税を普通徴収するケースが多くあり、給与支払報告書により比較的容易に勤務先が把握できることから、かなりの頻度で給与債権の差押えが行われています（⇨ Chapter 5・168頁）。

　（注）　最近は、フリーランスといわれる「一人事業者」が多く見られます。フリーランスは、いわゆる雇用リスク（消費税の税額控除、厚生年金保険料の事業主負担）から、雇用ではなく外注になっている場合が多いのですが（雇用類似の働き方）、実質は給与の支払いと違わないのに、請負だから給与と違って全額差押え可能というバランスの悪さがあります。

（6）過払金返還請求権

　利息制限法の制限を超える利息や遅延損害金を貸金業者へ支払っていた場合には、その超過分の支払いは無効であり、元本弁済の時期を計算した結果、過剰な支払いとなった過払額は不当利得として返還請求ができます。平成22年の出資法改正までは、利息制限法の上限利息と出資法の上限（29.2％）までのいわゆる「グレーゾーン金利」の支払いは、旧貸金業法43条2項の「みなし弁済」として有効とされていましたが、最高裁判決（平18.1.13）以降はそのような弁済であっても過払いに当たるとして、返還請求が認められています。

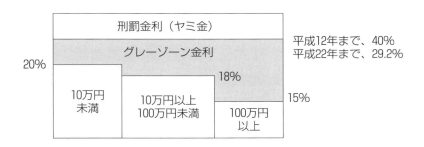

　滞納している場合は、こうした貸金業者からの多重債務者であることが多く、そこから「生活再建型滞納整理」という名前で、特に地方税の徴収で過払金返還請求権の差押えが多用されているようです。

〈過払金返還請求権の時効〉

　平成18年の最高裁で可能になった過払金返還請求権からの滞納税金の徴収は、過払金返還請求権そのものが時効になれば、当然にできなくなります。基本としては、権利行使ができる時から10年経過で時効になるので、滞納者が貸金業者に完済または最後に返済した時…取引終了の時（最判平21.1.22）から10年を経過していれば、請求権があったとしても滞納処分はできなくなります。問題は、令和2年の民法改正（同年4月1日施行）で、

これに加えて「権利行使ができることを知ってから 5 年経過」が加わったことです。

| 令和 2 年 3 月31日以前に取引終了 | ➡ | 取引終了から10年で時効 |

| 令和 2 年 4 月 1 日以降に取引終了 | ➡ | 取引終了から10年
知った時から 5 年 }いずれか早いほうで時効 |

　というのは、改正民法は経過措置として、「施行日以前に債権が生じた場合は従前の例による」としているので、令和 2 年 3 月以前にあった過払いについて、令和 2 年 4 月以降に取引終了したものの時効起算日がいつか、という問題があります。

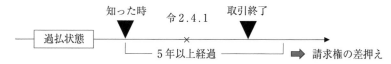

　改正民法だけを適用すれば、知った時から 5 年を経過すれば請求権は時効です。しかし経過措置が適用になれば、取引終了から10年なので時効にはなりません。請求権の発生を取引終了時とすれば、経過措置の適用はなく滞納処分はできませんが、過払いのつど債権として発生しているとすれば、経過措置が適用されて滞納処分は可能になります。まだ裁判所の判断は出ていませんが、経過措置の趣旨が、改正による既発生債権の時効の不利益を回避するためならば、後者の措置の適用が妥当と考えます。

---

(7) リゾート会員権

　平成バブル期に多かったゴルフ会員権は、現在は財産価値が大幅に目減りし、滞納処分でお目に掛かる機会は減りましたが、一方で最近多く見られるのがリゾート会員権です。一般的にリゾート会員権とは、リゾート施設の運営会社が販売する会員権を取得して、会員やそのゲストが運営会社のリゾートホテルや関連施設を利用する権利のことです。ゴルフ会員権と違って、リゾート会員権では利用可能日や利用施設の制限に応じてランク

付けがあり、そのランクに応じて価格が大きく異なります。また、ゴルフ会員権は施設を利用するだけの「利用権方式」が主流でしたが、リゾート会員権は「共有型」がメインになります。

①　共有型

　高額な会員権に多くあるのは、共有型といわれるリゾート会員権です。共有型では、会員が対象とするリゾート施設の一部区画につき区分所有権を取得し、併せて共用施設の利用契約を結ぶのが一般的です。

　会員資格の取得には運営会社の許諾が求められますが、大手の共有型リゾート会員権はリセール市場が成立しているので、会員権として差押え・公売するのが通例です。共有型は施設の区分所有権があることから、不動産の差押え（徴68）と、共用施設の利用等を目的にした会員資格（リゾート会員権）の差押え（徴73）の両方を行います。そのため公売は、不動産と会員権の両方を一括換価（徴89③）で行います。

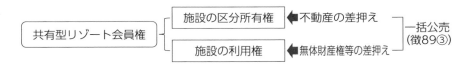

(注1)　リゾート会員権は、施設の利用権と入会時に差し入れた保証金等の返還請求権という複数の債権的契約関係を認めて（最判昭50.7.25）、ゴルフ会員権に準じて第三債務者等のある無体財産等として差し押さえます。

(注2)　リゾート会員権を公売したときは、売却決定通知書を運営会社に送付して名義変更を求めるとともに（徴122①）、区分所有権の移転登記を登記所に嘱託します（徴121）。なお、共有型は不動産の公売を伴うので、暴力団等の買受制限（徴108⑤）の適用があります。

(注3)　一部のリゾート会員権には、新規取得から5年間程度の譲渡制限がされている場合があります。この間は買受人への名義変更は拒否されるので、公売はできません。

② 利用権方式

　利用権方式は、運営会社に預託金や保証金、入会金、ポイント代、年会費、登録手数料などを入会時に支払うことで、施設利用の資格を得る方式です。ゴルフ会員権によく見られた方式ですが、資金調達を返還が前提の預託金等で行うリスクがあり、リゾート会員権の中では少数派です。

　利用権方式のリゾート会員権でリセール市場があるときは、会員権として差押え（徴73）・公売します。一方で、会員資格を得るための預託金等があり、会員権を公売するより有利な場合には、①会員契約に基づく退会請求を取立権の行使として行った上で、②金銭の返還を運営会社に求めます。

　　（注１）　預託金等の返還請求は、契約で定めた長期の据置期間を経過し、退会等の会員資格の喪失を条件に返還される場合に限り行うことができます。据置期間の経過後に運営会社が再延長する場合がありますが、会員の権利を一方的に運営会社が変更することはできないと考えるので（最判昭61.9.11参照）、少なくとも会員権の差押え後にされた期間延長は、処分禁止に抵触して認められません（東京高判令元.6.5参照）。

　　（注２）　契約で、自己の意思で会員は退会できるときは、差押庁は取立権の行使（徴73⑤）により、運営会社に対して退会の意思表示ができます（前橋地裁平25.11.28）。なお、共有型では、所有権がある限り退会は原則なく、契約上の退会事由は会員の死亡や破産に限られるので、保証金の取立てという徴収方途は基本的にできません。

③ タイムシェア

　共有型のように複数の会員が施設を共有し、利用日を共有者間でシェアすることをタイムシェアといいます。これと同じ方式で、ハワイなどの高級コンドミニアム等を大手ホテルチェーンが運営・販売していて、海外旅行などの際に購入するケースがあります。国内の共有型リゾート会員権と同様に、不動産を共同所有する形ですが、海外物件なので滞納処分の対象になりません。

5　債権の滞納処分は、全額差押え、全額取立てが原則？

　原則として徴収法は、債権はその全額を差し押さえるとしています（徴63）。本設例のように、差し押さえられた債権が滞納額より倍以上も多くても、債権差押通知書に範囲を限定する旨の記載がなければ、300万円の全部に差押えの効力が及んでいます。したがって、冒頭の設問のように滞納額だけ残しておけばよいと判断して、差額を取引先に支払っていた場合には、その分まで含めての履行を求められるリスクがあります。

（1）どうして債権の全額を差し押さえるのか

　滞納税額に関係なく、債権の全額を差し押さえる理由には、差押えという手続がそのときの滞納税金だけでなく、後に交付要求（徴82①）を受けた滞納税金も含まれることがあります。また、支払期日に実際に支払いを受けられる額は、第三債務者の資金繰りにかかっていることもあります（『国税徴収法精解』（令和6年改訂版）520頁）。

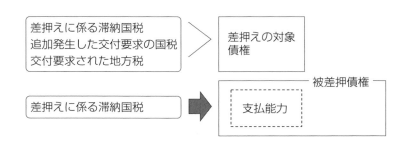

　ただし、本設例のように、差し押さえられた債権の額が滞納額を大幅に超えるものであり、かつ、第三債務者の弁済能力が十分で、支払期日にその額での履行が確実と見込まれるような場合には、全額でなく、一部額について差押えすることも認められています（徴63但書、徴基通63-2）。

（2）銀行預金の差押え

　地方税がする銀行預金の差押えでは、「滞納額に充るまで」として「一部差押え」をしている例が多く見られます。しかしそれだと取立ての際に役所側の取立用口座への振込手数料が差し引かれると、その分が徴収不足になります。徴収法63条但書の「一部差押え」の趣旨を、差押え時に第三債務者の弁済能力に求めると、銀行のように履行が確実なときは、滞納税金を徴収できる範囲以上に差押えすべきでないから、当然に一部差押えをしなければならないことになります。ところが税務署や年金事務所では、滞納額に関係なく差押えは全額に対してします。同じ規定なのに取扱いが違いますが、それは全部にする理由が「差押え」にあるのか、それとも「取立て」なのかで結論が変わるからです。

　滞納処分の目的は滞納税金の徴収ですから、どこまで差押えをするかは財産の価値ではなく、換価して徴収できる額を問題にします。旧法（明治30年徴収法）では、「滞納額を限度に」滞納者に代位して取り立てるだったので、差押えの効力が実質的に取立可能な範囲にしか及ばず、履行時の諸事情によっては差し押さえた額以下での取立てになってしまう問題が生じていました。それで、あえて「全額差押え＋全額取立て」を原則にすることで、そのリスクを回避したのが徴収法63条です。したがって、弁済能力に着目して一部差押えにすることで取立額が減るリスクは、徴税側が負うことになります。どのようなリスクがあるかは不確実なので、こうした判断は強制されるものではなく、徴税側の裁量に委ねられる解釈になると考えます。銀行預金のように弁済確実なものであっても、「滞納額に充るまで」という差押えの仕方に縛られることはありません。

（3）どうして債権の全額を取り立てるのか

　支払期日が来れば、税務署は「差し押えた債権」を取り立てます（徴67①）。全額を差し押さえていれば、全額を取立てするのが原則です。滞納額を超過する分まで取り立てることを疑問視する考え方もありますが（名

古屋高判昭39.12.15)、300万円を期日に払うという契約に沿って履行を求めるのが徴収法の取立てなので、全額の履行を求める取扱いになっています（徴基通67-2）。

　ただし、本設例のように差額を取引先（滞納者）に支払ってしまったような場合に、その分を含めて税務署に履行したときは、そこから滞納税金を徴収した残りは滞納者に交付するので（徴129③）、結果的に滞納者が二重に弁済を受けることになります。第三債務者が滞納者から取り戻す方法もあるとは思いますが、事情を説明して滞納額に相当する額を弁済し、残りの部分は差押解除ができないか（徴79①一）を税務署に相談してみるのも一つの方法だと思います。

（注）　徴基通67-2が全額差し押さえたときは全額を取り立てるとしたのは、滞納額に取立可能額が縛られないことを示したに過ぎないと考えます。ですから滞納額分を取り立てれば、それを超える分は差押解除（徴79①一）をすることは可能です。上記のように、差し押さえた全額を取り立てれば、滞納額を超える分は配当の手間が生じます。しかし、滞納額だけを取り立てて、同時に残額を解除すれば、この手間は省けます。

〈振込手数料の問題〉

　徴収法が作られた当時の実務では、債権の取立ては徴収職員が第三債務者に臨店して、出納官吏（国税の場合は分任歳入歳出外出納官吏）の資格で領収していました（徴基通67-8）。しかし最近は、徴税庁側の指定した預金口座に振り込むことが一般的です。なお、国税を収納する日銀歳入代理店は歳出歳入外現金の領収ができませんが、地方税の指定代理店は歳計外現金を領収ができるので、第三債務者が指定代理店のときは歳計外の納付書を送付して領収する方法が可能です。しかし最近は指定代理店から外れる金融機関も多いので、振込手数料の問題が生じます。

　金銭を支払う債権では、原則は債務者が支払いに行く持参債務であり（民484）、その履行費用（振込手数料）も債務者が負担します（民485）。しかし当事者が合意すれば、履行負担を債権者にする取立債務にすることができ、

銀行預金は取立債務なので、振込手数料は滞納処分費という位置づけになります。その際に滞納処分費として端数計算すれば（通119①、地税20の4の2④）、手数料の実額（330円）と徴収する滞納処分費（300円）に差分が出ます。それに関する取扱いは、手数料を差し引いて振り込まれたときは、それに相当する額を滞納処分費として支出しなくても差し支えないとしていますが（徴基通67-10-⑴）、これは330円は滞納処分費として調定しないことを認めて、調定の際にする端数計算を省いたものと考えます。

Chapter 3

債権譲渡
（ファクタリング取引）
と滞納処分

　日本の企業間取引では、一定期間を置いて決済をする「売掛金」が一般的です。しかし、納品から代金支払いまで期間があると、それだけ資金的な体力の弱い企業は資金繰りに苦しみます。そうした現状を踏まえて、売掛金を流動化するための関連法の改正がこの数年でされました。この改正法の内容は、同じく売掛金を滞納処分で差し押さえる場合にも影響を与えます。

　そこで、この章では、売掛金（売掛債権）の流動化で市場を増しているファクタリングに着目して、令和2年の4月に施行された民法債権編の改正、対抗要件に関する動産債権譲渡特例法の使われ方、更には二重弁済のリスクを回避するための電子債権記録法などを、滞納処分として売掛債権を差し押さえたときにどうなるのかを見ていくことにします。

Q3　債権譲渡と差押えの競合

　「以前から大丈夫？」と思っていた当社に食材を納入していた輸入商社が倒産してしまいました。前月末締めの支払代金で今月20日に振込予定の150万円に対し、税務署から債権差押通知書というものが届きました。しかしその同じ売掛債権について、昨日、○○ファクタリング会社というところからも、前月中に買い取っているので、こちらに支払ってほしい旨の通知が来ています。当社は、取引先に支払う代金について、第三者への譲渡を制限する特約を付けていたのですが、どうしたらよいでしょうか？

A　できれば、こうした面倒ごと…間違って支払うと二重弁済のリスクがある場合には、弁済供託するのが、一番の逃げ道です。この設例でどのような供託が可能かを考えてみると、譲渡制限特約のある債権が譲渡されたときの、民法466条の2の供託ができます。

　本設例の債権買取（ファクタリング）業者は、買取時に当社に連絡をせず、場合によってはコンプライアンスに不安があります。なので供託することにしましたが、民法466条の2による場合は、税務署は同供託金の関係から排除されるという問題があります。

　日本の企業間取引では、代金の決済を後払いで行う「月末締め翌月払い」といった商慣習があります。このような、受注企業の納品等は完了しているが、発注企業からの支払いが未了の状態を「売掛金（売掛債権）」と言います。この場合に、発注企業からの代金支払いは後日になるので、それだけ受注企業の資金繰りに影響を与えます。そこで、下請代金支払遅延等防止法では、取引企業の規模を勘案して、60日以内の支払いを求めていますが（同法2の2①）、いずれにしてもこうした支払サイトの問題は、企業経営を圧迫する原因の一つと考えられています（平成15年6月、経済

産業省・産業構造審議会「産業金融部会中間報告」)。

この考え方に基づき、売掛債権の早期資金化（流動化）を容易にする法制度が用意されることになりました。

スタートアップ企業や、資産保有のない中小企業の資金調達を容易にする目的で、与信（貸付け）を供与する際の担保（譲渡担保）…ABL（Asset Based Lending）で、売掛債権を活用する法制度が作られます。

令和2年4月に施行された「民法改正」では、次の手当てがされました。

・それまで譲渡性を認めていなかった「譲渡禁止特約付の債権」につき、原則譲渡を認める（民466②）

・判例で認められていた将来債権の譲渡について、原則譲渡を認める（民466の6①）

また、「動産及び債権の譲渡の対抗要件に関する民法の特例等に関する法律（動産債権譲渡特例法）」は、債権譲渡の第三者対抗要件（民467①）につき、法人ならば債権譲渡登記ファイルへの譲渡登記で可能であったところ（同法4①）、民法改正の際に将来債権を制限せず、かなり広範囲に第三者対抗要件を具備できる状況になりました。

また、従来からあった売掛債権の早期資金化では、発注企業が振り出した約束手形の割引きがありました。ところが紙というアナログ方式の手形交換は手間がかかるので、政府は令和3年6月に、5年後（令和8年）を目途に手形を廃止する方針を示し（「成長戦略実行計画」閣議決定）、現在は電子記録債権による「電子手形」に移行を進めています（それに併せて最近は、当座口座の新規開設を停止しています）。そして、手形割引に替わるものとして、銀行協会が提供する「でんさいネット」を利用した電子手形の割引も始動しています。

ところが紙の手形からの移行は、デジタル対応の未成熟から電子手形よりも振込等に多くなっていて、思惑通りにはいかないようです。また、ABLも手続が面倒なことから、売掛債権の流動化は割引買取（債権譲渡）するファクタリングに向っている傾向が見られます。以下では、こうした

売掛債権を巡る状況変化を踏まえて、滞納処分上の問題点を見ていきます。

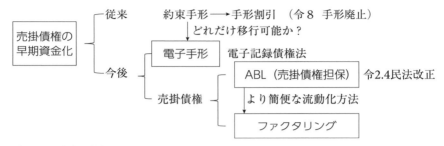

＜支払手形残高の推移＞

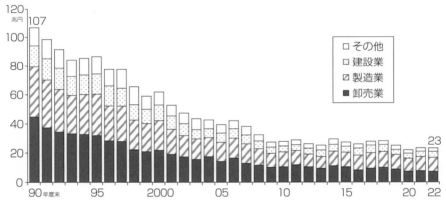

（注） 金融保険業を除く全産業、全規模。
（出所） 財務省「法人企業統計調査」から大和総研作成（2024年5月13日付 大和総研レポート『手形・小切手廃止のボトルネックは何か』（鈴木文彦）等より）

1 債権譲渡と差押えが衝突

　事業者が何らかの取引活動を行っていれば、後日の支払いが商慣習化している中では、その事業者は取引先（第三債務者）に対して「売掛金」という金銭債権を持っています。そうした売掛債権を事業者が、資金を調達するために与信の担保に提供したり（譲渡担保）、割り引きして譲渡することがあります。

　このような債権譲渡がされたときに、滞納処分として行われる差押えと

競合するケースがあります（債権の譲渡担保も「譲渡」の形式で行われるので、差押えとの関係は、徴収法24条の適用以外には債権譲渡と変わりません）。

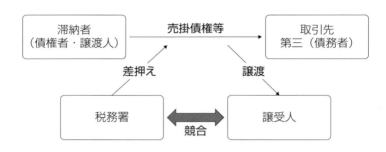

（1）債権譲渡の優劣を決める基準

債権譲渡をする際に不可欠なのは、債権譲渡通知書です。一般的に、権利の移転は当事者の意思の合致（契約）で行われますが、こと債権の譲渡に関しては、譲渡人が「債権が譲渡された旨」の通知を第三債務者にするか、第三債務者の承諾がなければ、事実上、その債権譲渡は意味を持ちません。なぜならば、民法はそうした手続を踏まなければ、自分が譲渡人に代わって債権者としての地位にあること、すなわちその債権の弁済を受ける権利があることを、譲り受けた債権の第三債務者に主張できない＝対抗できないとしているからです（債務者対抗要件）（民467①）。

しかも、その債権譲渡の通知または承諾は「確定日付がある書面」によってしなければ、他の譲受人や差押債権者に対抗することができないとしています（第三者対抗要件）（民467②）。

（2）債権譲渡と差押えが競合した場合の優劣

　ある債権について、複数の債権譲渡や差押えが競合した場合に、いずれの者が唯一の権利者として、その債権の弁済を受けることができるのか。これは、（1）の第三者対抗要件を具備した債権譲渡通知書と債権差押通知書のそれぞれが、第三債務者に到達した先後により決まるとしています（最高判昭49.3.7）。債権差押通知書が先着であれば、その処分禁止効により債権の譲受人は自らが債権者として弁済を受けることを差押権者に主張できません。その逆で、債権譲渡通知書が先着であれば、その債権は滞納者（譲渡人）のものではありませんから、その差押えは効力を生じないことになります。

| 債権差押通知書が先 | ➡ | 差押えの処分禁止効により、譲受人は差押えに対抗できない |
| 債権譲渡通知書が先 | ➡ | 譲受人の財産になっているから、差押えはできない |

　このように、第三債務者への通知書の到達の先後で優劣を決めるのは、第三債務者をいわばインフォメーションセンターの立場に置いて、権利関係を確定させる公示機関の役割を持たせるためとされています。

Check Point

債権譲渡通知書や債権差押通知書が来た場合には、必ずその到達日時を記録しておかなければいけません。もし間違って、遅れてきたほうに支払った場合には、それは有効な弁済にはならず、二重弁済を求められる可能性があります。そのリスクを回避するためには、供託という方法が考えられます。

イ　第三債務者による弁済供託

　複数の債権譲渡通知書や債権差押通知書が来たような場合には、第三債務者は、二重弁済のリスクや譲受人に関するコンプライアンス上の問題を

避けるために、譲受人に弁済する代わりに、供託することを考えます（民494①）。ただし、供託するには、理由（供託原因）が必要です（供託法1）。複数の債権譲渡通知書が来たがその到達の先後関係が不明、あるいは先に来た債権譲渡の有効性に疑義があるといった、第三債務者が過失なくして正当な債権者を知ることができない「法的な意味での理由」が供託原因になります（債権者不確知供託）。

供託原因がなければ、いくら第三債務者がしたいと思っても供託はできません。そのような場合には、第三債務者は自らのリスクにより、期限が到来すれば弁済をしなければなりません。

　供託をする際には、供託原因の他に、その供託金を受け取る権利（供託金還付請求権）を持つであろう者（被供託者）を供託書に記載します。債権者不確知供託においては、譲渡人と譲受人が被供託者になりますが、差し押さえした税務署は被供託者にはなりません。供託書の備考欄に、「○○税務署の差押え」があった旨を記載します。

〈債権の差押えと供託〉

　差押えの効果としては同じですが、民事執行により差押えがされた場合には、それだけで供託することができます（執行供託：民執156①）。しかし滞納処分による場合には、法律の規定がないので供託はできません。民事執行では配当加入者間の平等分配が基本なので、配当原資を一時的にどこかにプールしておく必要があります。滞納処分は租税優先権に基づく先取りなので、供託という手続を経ずに、ダイレクトに租税債権者に支払えばよいと

考えているからです。なので、第三債務者としては、債権譲渡と滞納処分による差押えが競合したときに、債権者不確知を理由に弁済供託をしても、差押えの効力を否定できないので、税務署からの取立てを拒否することはできません（昭27.7.9民事甲第988号民事局長通達）。

　しかしそれでは余りにも第三債務者が酷ということから、滞納者（譲渡人）が有する供託金還付請求権を差し押さえて、その帰属が滞納者にあることの確認を求める訴訟で決着を図る取扱いがされています（昭55.10.28「滞納処分により差押えをした債権につき債権者不確知を理由として供託された場合に国が採るべき徴収手段について」法令解釈通達）。

ロ　供託金の取立てを巡る譲受人との争い

　債権者不確知を理由に差し押さえた債権が供託された場合には、その供託金の取立てを巡って債権の譲受人と税務署が訴訟で争うことになります。債権譲渡通知書の到達のほうが早ければ税務署はとりあえず負けなのですが、訴訟の俎上に乗ってしまうと、税務署は次のような点から争ってきます。

①　譲渡契約の効力を問う争い

　債権譲渡は契約により行われますが、譲渡人との合意のない譲渡は無効あるいは取消しの対象になります。事業者が危機的な状況下にあるときに、融資をする側が署名押印だけした白紙の契約書を預かり、委任もなしに譲渡通知を乱発する場合などが該当します。また、代物弁済として債権譲渡が行われた場合には、詐害行為の取消請求を求めることもあります。

　それとは別に、譲渡契約の合意はされていますが、その契約の有効性が問われるケースがあります。一つは、譲渡した債権に譲渡制限の特約が付されていた場合であり、もう一つが将来債権の場合です。これらについては、99頁以下で詳しく説明します。

② 債権譲渡通知書は誰が出したのか？

民法は、債権譲渡は債務者の承諾か、あるいは「譲渡人から」第三債務者への通知がなければ第三債務者その他の第三者に対抗できないとしています（民467①）。債権譲渡が通知で行われた場合に、譲受人からの通知では信用できないということなのでしょう。

（注）　ただし、譲受人が委任を受けて発送することは認められています（最判昭 46.3.25）。

債権譲渡は早い者勝ちですから、譲渡契約をする際には債権譲渡通知書も用意するのが一般的のようです。契約を交わす際に、譲渡人から通知書に署名と捺印をもらっておいて譲受人側で保管し、時期が来たら発送する委任を受けておく手順です。譲渡人に任せていたのでは、出さないということがあるからです。

ところが、譲渡人が後になって譲渡契約は見ていない、自分は譲渡通知を出していないと主張するケースがあります。それが認められれば、譲渡通知書があっても譲渡人は通知をしていないので、対抗要件を具備したことになりません。ですから、譲渡通知書を預かるときは、それを代理して発送する権限の証明として、委任を受けておくことが重要です。

③　第三者対抗要件としての確定日付があるのか？

　第三債務者に譲受人であることを主張するだけならば、通知や承諾はどのような形式であっても構わないのですが、他の譲受人や差押権者に対抗するためには「確定日付のある証書」で行わなければなりません（民467②）。単なる私署文書だと、通謀して特定の譲受人を不利益に扱うことも可能だからとされています。

　よく使われるのが、通知の場合は内容証明郵便で、承諾は公正証書です。それぞれに確定日付が付されていればよく、古くから判例は、優劣は確定日付の先後ではなく、第三債務者への到達の先後により決まるとしています（通知と承諾が競合した場合には、通知書の到達と承諾した日時の先後です）。

八　同時到達

　債権譲渡について複数の権利が重なったときの優劣は、それぞれの通知書が第三債務者に到達した先後で決まるのが原則です。しかし、通知書が同時に届いた場合には、優劣をつけられなくなります。企業では郵送物はまとめて集配を受けるので、その中に通知書が複数混ざっていれば、どれが先に届いたものなのか判別のつかない状態が生じます。厳密にいうと同時ではないのですが、裁判所の判断では、先後関係不明は同時と同じに扱われています。

①　先後関係不明を理由に供託された場合

　最高裁は、同時送達の場合には各譲受人はイーブンの関係にあるので、片方の譲受人が他方に対して、自己が優先的地位にあることを主張できないとしています（最判昭53.7.18）。その上で、目的となった債権が供託されていた場合には、供託額が両者の債権額の合計に足りないときは、各譲受人の債権額（債権譲渡ならば譲り受けた債権の額、差押えの場合は差し押さえた債権の額）に応じて、供託金額を案分した額の供託金還付請求権を分割して取得するとしました（最判平5.3.30）。

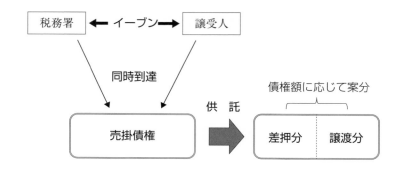

② 供託がされなかったとき

　同時到達の場合について、上記のように供託された場合には一定の解決法が示されましたが、供託がされていない場合は、いまだ合理的な解決方法は示されていません。前述した平成5年最判の前提になった最高裁判決（昭55.1.11）は、互いにイーブンなのだから、それぞれの譲受人はその全額について権利を主張でき、第三債務者から弁済を受けられるとしています。その理屈でいけば、いわば早い者勝ちで、先に弁済を受けた者がいれば、それで譲渡債権は消滅する。そして、他の譲受人は弁済を受けられないことになります。

　（注）　売掛債権のような金銭債権は「可分債権」ですが、昭和55年最判は
　　　　債権の全部に権利が及んでいるとしているので、分割することはできま
　　　　せん。また、競合する権利者は共有関係にないので、相続預金のように
　　　　競合する者の権利行使を妨害することもできないと考えます。

　そうなると、イーブンだったはずの他の譲受人は不満ですから、弁済を独り占めした譲受人に分け前を要求するのでしょうが、どのような裁判所の判断が出るのかはわかりません。それに、そのような争いをするのも面倒なので、競合する譲受人や差押権者が合意して、分割して弁済を受ければいいのではないか…それで最高裁判決（平5.3.30）と同じ結果になる、と考える向きもあります。

　しかし、権利が競合する中で債権が分割されるのは、裁判所の判断を経

て案分されるからであって、訴訟のフィルターを通さずに当事者間で分割してしまうのは、最高裁判決（昭55.1.11）に抵触することになります。したがって、同時到達のケースは、第三債務者はさっさと供託してしまって、あとは当事者で争ってくださいというのが、最もよい解決方法になります。

いろいろな譲渡通知や差押通知が来て、その先後関係が不明な場合には、第三債務者としては、供託してしまうのが最も合理的な解決です（平5.5.18民四第3841民事局第四課長通知）。

（3）債権に譲渡制限特約が付されていた場合

「譲渡制限特約」とは、その名のとおり債権（売掛債権）の譲渡を制限（禁止）するものです。ビジネス上の取引において、そこから生じる債権に譲渡を禁止する旨の特約を付すことは、かなりの頻度で行われています。特に、金銭を支払う側（債務者）が大企業の場合には多く見受けられます。というのは、債権譲渡によって大量にある振込手続の変更は煩雑になること、反社会的勢力に債権を譲渡されたならば、コンプライアンス上の問題になること、債権が二重に譲渡されていたときに二重払いのリスクが生じることなど、できるだけ面倒ごとやリスクを回避したい理由があるからです。

イ　これまでの民法上の取扱い

債権は原則として自由に譲渡することができるのですが、これまでの民法の解釈では、当事者間の合意（譲渡禁止特約）で譲渡を制限していたときは（旧民466②）、この合意に違反する債権譲渡の効力は「無効」…譲渡の当事者間でも効力を生じないとされていました。ただし、譲渡制限特約があることを譲受人が知らなかった（善意）で、かつ、重過失がなかった場合には、第三債務者は譲渡制限特約の効力を主張できず、債権譲渡は有効とされていました（最判昭48.7.19）。

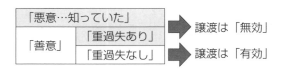

その一方で、譲渡制限特約のある債権に対する差押えには、裁判所は、「差押債権者の善意・悪意を問わず、これを差し押え、かつ、転付命令によつて移転することができる」と判断しています（最判昭45.4.10）。当事者がした合意により、差押えのできない財産を作り出すことを嫌ったためです。そのため譲渡制限特約がある債権について、債権譲渡と差押えが競合した場合には、債権譲渡通知が先行していても、差押えがかなりの頻度で勝つという優位性がありました。

譲受人は、譲渡制限特約につき「善意」でかつ「重過失がない」場合でなければ、債権の譲受けを認めてもらえません。特に譲受人が貸金業者のときは、争いの場で、特約を知らなかった（善意）と主張しても、「特約があることが一般的（周知の事実）」と認められ、かつ、譲受人側が一般人のような法的な知識が薄い者でなければ、重過失があるとして、譲渡を無効とする判断が示されていたのです（東京地判令元.12.6ほか）。

ロ 改正民法によりどう変わったのか

令和2年4月に施行された改正民法では、譲渡制限の特約があっても債権譲渡は有効に変更しました（民466②）。譲渡禁止制限が、売掛債権を早期に資金化する障害になっていると考えたためです。しかし、譲渡制限を付す理由であった第三債務者の利益を考慮する必要から、譲渡制限特約

が付されていることに譲受人が悪意であったり、重過失があると認められる場合には、第三債務者は特約を理由に、譲受人に対して債務の履行を拒絶して、元の債権者（譲渡人）に弁済して債権を消滅させることができます（民466③）。

　また、第三債務者が弁済を渋っていた場合には、債権譲渡そのものは有効なわけで、譲受人が悪意・重過失であっても、相当の期間を定めた履行の催告を経て、譲受人は弁済を受けられるようになりました（民466④）。

ハ　差押えとの競合

　改正前の民法の下では、譲渡制限特約のある債権について債権譲渡と差押えが競合した場合には、争訟すれば税務署が勝てるケースが多かったのですが、改正後はそうはいかなくなりました。

①　譲渡された債権の差押え

　これまでは、譲渡制限特約のある債権の譲渡は、譲受人が特約につき悪意・重過失があるときは譲渡無効とされていたので、それを前提に、その債権はいまだ譲渡人（滞納者）のものだとして差し押さえることができました。しかし改正後は、譲受人に悪意や重過失があったとしても債権譲渡そのものは有効ですから、その債権は既に譲渡人（滞納者）のものではありません。第三債務者は元の債権者（譲渡人）に弁済することもできますが、滞納者の財産ではないことは変わりはありません。先に述べた第三者対抗要件などに問題がなければ、差し押さえることはできなくなります（徴基通62-14）。

②　供託がされた場合の争い

　これまでは、譲渡制限特約のある債権の譲渡がされたときは、譲受人の悪意・重過失を第三債務者はわからないので、譲渡は無効かもしれない、債権者が譲渡人なのか譲受人なのか判別できない（債権者不確知）を理由に、供託がされていました。税務署は、譲渡の無効を前提に、譲渡人（滞納者）がその供託金に関して有する還付請求権を差し押さえた上で、還付請求権が滞納者と譲受人のいずれにあるかを訴訟で争い、譲受人の悪意・重過失を理由に勝ってきました。

　改正民法でも第三債務者による供託を認めていますが、それは債権者不確知を理由とするものではなく、譲渡制限特約のある債権に固有のものです（民466の２、民466の３）。一定の催告期間を経たときは、譲受人が悪意・重過失であっても弁済をしなければならない。でも、やっぱりこの譲受人に弁済するのは躊躇われるという第三債務者に配慮して、供託という道を作ったのです。なので、供託金の還付請求権があるのは、常に譲受人に限られます。これまでのように、滞納者（譲渡人）が有する供託金還付請求

権を差し押さえて争うということはできなくなりました。

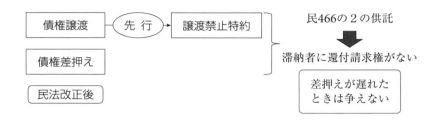

〈今後に残された問題点？〉

　強制執行の差押えを理由に執行供託がされたときは、強制執行の差押えの効力は供託金に移行します。しかし、滞納処分は供託理由ではないので、基本債権に対する滞納処分の差押えの効力は、供託後も維持されると考えられます。譲渡通知が先に到達していれば、譲渡制限特約のある債権であっても今回の民法改正により譲渡は有効なので、差押えはできません。しかし、第三者対抗要件が具備されていなければ、譲渡を主張できないので差押えは可能になります。

　これまでは昭和55年の国税庁供託通達により、滞納者が有する供託金還付請求権を別途に差し押さえて追及するという逃げができましたが、今回の民法改正で作られた466条の２で供託された場合には、その方法で解決することはできません。そうなると、第三者対抗要件の無効等を理由に滞納処分の差押えがされた場合には、供託をしても税務署の取立てに対して、第三債務者は弁済をしなければならないことになります。

2　売掛債権の流動化（ファクタリング）

(1) ファクタリングとは

　「ファクタリング」とは、事業者が持つ売掛債権を専門の業者に買い取ってもらって、支払期日前の早期の資金化を行うサービスです。買取りです

から、たとえ（第三）債務者が支払不能になったとしても、その償還が求められることはありません（ノンリコース）。

（2）ファクタリングのメリットとデメリット

売掛債権の流動化からはファクタリングは有用ですが、それなりにメリット・デメリットがあります。

イ　メリット

① 　与信（借入実績）がなくても資金調達が可能（新規起業の際に有利）
② 　申込みから資金調達までのスピードが早い（1週間程度）
③ 　税滞納等があっても利用可能

ロ　デメリット

① 　上限利息のある借入れとは異なり、高額な割引料を負担
② 　取引先が大手企業のときに、ファクタリング利用を理由に取引中止になる可能性

ハ　事業者の資金繰りと借入れ

一般的に事業者が行う借入れには、設備投資として多額の資金を一括融資で受ける他に、営業活動に必要な運転資金の調達をする場合があります。後者は、月末に支払予定があるときに、その資金手当ての入金が翌月10日であれば、10日間の融資を受けるケースです。そうした資金調達をファクタリングで繰り返した場合には、ファクタリングは貸付けではないので、割引料は利息ではなく、いわゆる上限金利（貸付額に応じて15〜20％）の制限を受けません。ファクタリングの割引料は対象とする売掛債権の中身によりますが、一般的に負担は借入れの数倍以上になり、こうしたことを安易に繰り返すと、資金繰りが困難になるリスクがあります。

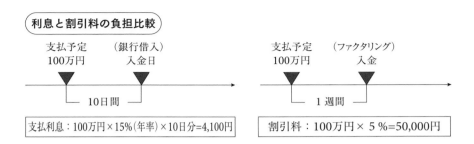

利息と割引料の負担比較

支払予定　（銀行借入）
100万円　　入金日

━━━━━━━━━━━━━━━▶
└── 10日間 ──┘

支払利息：100万円×15%(年率)×10日分=4,100円

支払予定　（ファクタリング）
100万円　　入金

━━━━━━━━━━━━━━━▶
└─── 1週間 ───┘

割引料：100万円× 5 %=50,000円

ニ　ファクタリングと違法貸付け

　ファクタリングが利息制限を受けないのは、対象になる売掛債権が「担保」ではなく「買取り」として、譲渡されているからです。したがって、買い取りした売掛債権が回収できないときの負担は、すべてファクタリング業者が負います。契約上で、売掛債権の回収ができないときに、買取代金を償還する旨があるときは（リコース要件）、それは買取りではないので貸付けになります。ファクタリング業を規制する法律はありませんが、その名前を使って貸金業を行い、登録（貸金業法5①）がなければ、いわゆる「ヤミ金業者」になります（金融庁「ファクタリングの利用に関する注意喚起」参照）。

（3）ファクタリングの形態

　ファクタリングには、取引の形で次の2種類があります。

イ　三者間ファクタリング

　「三者間ファクタリング」は、「売掛債権の支払企業」「ファクタリング利用企業」「ファクタリング会社」の三者で行うサービスです。三者間ファクタリングでは、売掛債権の支払いを受けるのはファクタリング会社ですから、売掛債権の支払企業に債権譲渡の通知または承諾が必要になります。一般に、支払企業は売掛債権が譲渡されることを嫌いますから、それが三者間ファクタリングのデメリットになります。

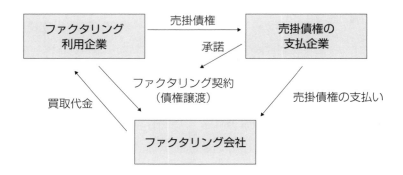

ロ　二者間ファクタリング

　支払企業への譲渡通知というデメリットを回避するために作られたのが「二者間ファクタリング」です。「支払企業への通知」はしませんが（債権譲渡契約の当事者にしない）、支払企業からの入金は、ファクタリング利用企業を経由して、売掛債権の譲渡先であるファクタリング会社に入金されます。

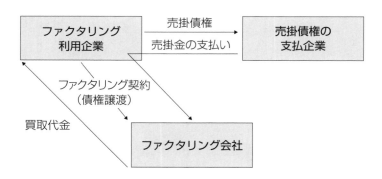

　しかし二者間ファクタリングは、間に入ったファクタリング利用企業が入金しないかもしれない、あるいは入金前に倒産するかもしれないリスクがあります。また、譲渡を受けた売掛債権が他のファクタリング会社に二重に譲渡されてしまうリスクもあります。そうしたことから債権を買い取る際の手数料は、三者間ファクタリングでは売掛債権の額面に対して１

〜5％ほどですが、二者間ファクタリングでは10〜20％というように、かなりレートが高くなります（60日サイトの売掛金で換算すれば、年利120％になります）。そうした手数料が高くなるリスクを軽減するのに使われるのが動産債権譲渡特例法です。

ハ　動産債権譲渡特例法でできること

　事業者であれば種々の取引先を持っていますが、それらの取引先への売掛債権を譲渡して早期に資金化をしようとする際に、いちいち個別に対抗要件を具備することは実際的ではありません。また、何よりも、売掛債権を譲渡することは、受注企業において何か良くないこと、そうしなければ資金繰りができないほど経営状況が悪化しているのではないか、といった風評被害を招きかねません。そうした問題を解決するために作られたのが、動産債権譲渡特例法です。

　同法の特徴は、譲渡の第三者対抗要件を、第三債務者に対する通知や承諾に頼らず、債権譲渡登記所（東京法務局民事行政部債権登録課）に備え付けられた「債権譲渡登記ファイル」に登記することにより得ることです（同法4①）。ですから、譲渡や差押えが競合した場合には、譲渡の登記と第三債務者への通知のいずれか早いほうで優劣が決まります。

　動産債権譲渡特例法では、登記により第三者との関係で権利が確定するので、（第三）債務者にインフォメーションセンターとしての機能を持たせる必要がありません。そこから、①（第三）債務者に通知しなくても、登記するだけで第三者対抗要件の具備ができること、②（第三）債務者に通知する必要がないので、（第三）債務者が特定していない将来債権であっても第三者対抗要件としての登記が可能なことがあります（令和3年9月、法務省民事局「債権譲渡登記制度のご案内」参照）。

動産債権譲渡
特例法 ── 登記による対抗要件 ┌ 第三者対抗要件だけの具備が可能
　　　　　　　　　　　　　　　　　└ 債務者の特定しない将来債権の登記が可能

ニ　ファクタリングと動産債権譲渡特例法の関係

　動産債権譲渡特例法により債権譲渡を登記すれば、支払企業に知られることなく、なおかつ、二重に譲渡されたときの対抗要件も具備できることから、二者間ファクタリングでの利用が進んでいます。二者間ファクタリングでは、売掛債権の支払企業（第三債務者）への譲渡通知や承諾はしていませんから、債務者対抗要件は具備していません。しかし、動産債権譲渡特例法による登記をしていれば第三者対抗要件は具備するので、差押えなどの第三者を排除できます。

　滞納者の取引先を調査して未払いの売掛債権を把握したので、急いで取引先に債権差押通知書を送達したところ、他に競合する譲受人もいないと聞いて安心していた。ところが支払期日になったら、その売掛債権は既にファクタリング会社に譲渡されていたことが判明し、しかも通知書が第三債務者に届く前に登記がされていた（第三者対抗要件）。そうなると既にファクタリング会社のものですから、差押えの効力が生じなかったことになります。これまでは、こうした場合に差し押さえた売掛債権に譲渡制限特約が付いていれば、それを武器に争うこともできましたが、先に述べたように法改正がされた結果、登記の先後だけで差押えはファクタリング会社に完敗ということになります。

（4）業種とファクタリング

　ファクタリングはすべての業種で活用できますが、資金調達の担保にできるものが少ない場合に、

　　・売掛債権の回収までの時間が長い

　　・売上げは安定しているが、給与などの現金支出が多い

といった特徴のある、運送業、建設業、医療・介護業及びＩＴ関連業などで利用が活発です。以下では、特徴的なファクタリングとして「医療ファクタリング」と「介護サービスファクタリング」を説明します。

イ　医療ファクタリング

　クリニックなどの医療機関は、新規開業するときは整備投資などで1億円近い資金が必要です。しかし、取引実績がなければ金融機関からの融資は難しく、ファクタリングを頼るケースがあります。また、保険診療に係る報酬は、月分でまとめた診療報酬請求明細書（レセプト）を保険者（国民健康保険団体連合会や社会保険診療報酬支払基金）に提出し、その審査を受けて約2か月後に支払われますが、その間に人件費等の支払いがあったり、コロナ感染症で来院患者が減少したことによる資金繰りがあるときは、「医療ファクタリング」が利用されます。

　ファクタリングでは、発注企業に利用を隠すため、通知（債務者対抗要件）を省略する「二者間ファクタリング」が多く見られます。しかし医療ファクタリングは、債務者に内容証明郵便で譲渡通知をする「三者間ファクタリング」が使われ、債務者の支払いも確実なことから、利用手数料は1％程度と低く抑えられています。また、動産債権譲渡特例法による譲渡登記（第三者対抗要件）は法人限定で（同法4①）、個人開業医も対象にすることから、報酬支払期間の2月分ほどを対象に行われています。

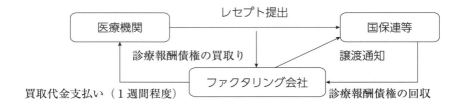

ロ　介護報酬ファクタリング

　医療機関の診療報酬と同様に、報酬請求明細書（レセプト）を提出して後日に報酬を受け取るものに、介護保険サービスがあります。介護事業者は人件費の支払いが多額になることから、介護報酬ファクタリングが広く利用され、実務的にも定着しています。ところが、医療保険とは異なり、法律上の問題を抱えています。

　介護報酬ファクタリングも、債務者（国保連）に譲渡通知をする「三者間ファクタリング」で行われ、利用手数料も1％程度なのは医療ファクタリングと同じですが、レセプトに対する国保連の査定があるため、請求額に対する買取額は8割程度で、差額分は後日の精算になります。

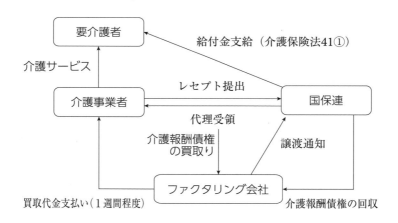

　健康保険法による療養の給付等を受けた場合に、保険者からその費用を受け取る保険給付金は（健康保険法52①）、請求者が保険医療機関や保険薬局の場合は直接に請求することができます（健康保険法76④）。なので、医

療機関等はその請求権を自ら譲渡したり、滞納処分として差押えすることができます。

　しかし介護保険における給付費…居宅介護サービス費等（給付費等の請求に関する省令1条）は、介護サービスを受けた要介護者が支給を受け（介護保険法41①）、介護事業者は要介護者に代理して金銭を受領する関係に過ぎません（介護保険法41⑥）。要するに、介護事業者は国保連に対し請求権を持っていないので、法律の上は介護報酬を譲渡することはできません（同様の規定の障害者自立支援給付金について、大阪高判平27.9.8は差押えを否定しています）。なお、ファクタリング会社による回収を、代理受領の復代理という構成も考えられますが、実務は国保連に譲渡通知を送付しています。

　法律では譲渡性が否定されていますが、実務での国保連は介護報酬の譲渡性を認めてファクタリングに応じています。また、差押えがされたときの取立てにも応じています。しかしファクタリングと競合して争訟になった場合には、法律の規定のとおり、譲渡及び差押えは否定される可能性があります。

3　将来債権の譲渡

　これまでの売掛債権の譲渡は、回収リスクを勘案して、"既に発生している債権"で"支払いが1か月以内"というのが一般的のようです。しかし、6か月後、1年先に入金が見込まれる将来債権も対象にできれば、資金繰りに不安定な中小企業者の資金化に資することができる。そうした趣旨から、経済産業省の後押しもあって令和2年4月施行の改正民法は、これまで判例法（最判昭53.12.15）で認めていた将来債権の譲渡を明文で認めることにしました（民466の6①）。

　更には、動産債権譲渡特例法は、（第三）債務者が特定していない将来債権であっても第三者対抗要件としての登記を可能にしているので（同法8②）、将来債権を利用した売掛債権の流動化はこれから進むものと思わ

れます。

イ　将来債権が譲渡されるケースとは

　将来債権の譲渡は、譲渡した時点では、債権の額も、債権が権利として確定するかどうかも決まっていないので、それに譲受けの対価を支払うことは、かなりリスキーです。なので、一般的な債権の買い取りで使われるよりも、アメリカで利用が進んでいるように、担保として活用されていました。

> **〈アメリカの担保制度〉**
>
> 　アメリカの担保制度を見た場合に、日本との一番の違いは財産の価値をどこに置いているかだと思います。日本では財産の交換価値に重きを置いていて、担保を取る目的は債務不履行になった際に優先弁済を得ることです。それに対してアメリカでは利用価値に重きを置くので、財産からどれだけ利益を得られるかを考えます。担保についても、担保権（mortgage）を証券化（流動化）して利益を得ようとします。在庫商品や売掛債権の流動化もその中で考えているのだと思います。
>
> 　ちなみに租税の TaxLien にも同様なところがあって、税債権を確保するため公売する際の先取権という面もあるのですが、財産に設定した TaxLien を証券化して、Lien Sales として第三者に譲渡することをしています。

　一つは、不動産や個人保証などの担保がなく、また事業実績が少ない起業して間がないケースでは、今後の成長性を見込んで「譲渡という形」で将来債権を担保に資金を融資することができます。そのケースを想定するのが ABL であり、信用保証協会がする「流動資産担保融資保証」では将来債権も担保として認めています。また、多数ある小口のローン債権を証券化するような場合にも使えます。

　将来債権の譲渡は、そうした成長戦略としてのメリットがある一方で、

資金繰りに苦しむ事業者の足元を見て、あわよくば交付した金銭の額を上回る額をゲットできるかもしれないと目論み、売掛債権の一切を将来債権の形で譲り受け、動産債権譲渡特例法の登記をすることがあります。そうした信用不安のケースでは、滞納処分の差押えと競合することが多くなります。

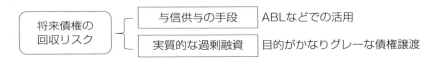

〈ABLの利用状況〉

　売掛債権や在庫商品を担保にして、与信能力を高めるものとして政府が推奨するのがABLです（経済産業省パンフレット「ABLのご案内 - 在庫や売掛金を活用した新たな資金調達の方法」参照）。しかし、次のようなことから、「ABLの推進が図られ、商工会議所も協力したが、広く普及するまでには至っていない」と評価されています（日本商工会議所「わが国の動産担保の利用状況」）。

① 　過剰担保リスク

　担保にする在庫や売掛債権の評価が低いと、過剰な提供を求められて経営に悪影響を及ぼす。

② 　金融機関への報告義務

　融資を受ける金融機関に、担保にした在庫や売掛債権の状況を定期的に報告する義務があり、在庫管理等を強化しなければならず、そのコストが生じます。事業状況を逐次に金融機関が把握するので、経営状況に不安があると早期の償還や追加担保を求められ、経営に悪影響を及ぼす。

③ 　風評被害

　売掛債権や在庫を担保にしなければ資金の調達ができず、資金繰りが苦しいとみなされるリスク（いわゆる風評リスク）。

ロ　担保が目的の債権譲渡と滞納処分

　担保目的で将来債権の譲渡がされたときは、徴収法24条の「譲渡担保権者の物的納税責任」の適用が問題になります。

　譲渡担保であっても形式は債権譲渡ですから、まずは第三者対抗要件の具備の先後で優劣が決まります。譲渡人が経営破綻するなどした際に、譲渡担保の実行（取立ての通知）よりも前に差押えがされたとしても、動産債権譲渡特例法などで先行して債権譲渡の時（担保設定時）に対抗要件を整えていれば、差押えは負けてしまいます。

　しかしそのケースであっても、担保の設定（債権譲渡）が法定納期限等よりも後の場合で、債権の譲受人（担保権者）に徴収法24条2項の告知がされれば、差し押さえた債権の取立てができます（徴24④）。要するに、将来債権を担保に取っても、その譲渡の時期が法定納期限等よりも後で、取立ての通知をする前に差押えがされたときは、税金の徴収で持っていかれるリスクが生じます。

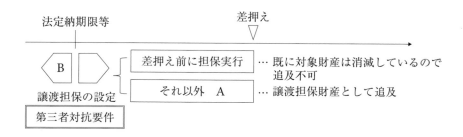

譲渡担保の告知と担保実行…Aのときに徴収法24条を回避しようとしたケース

　いわゆる一括支払システムにおいて、譲渡担保の告知がされた時に自動的に担保権を実行することで、その前に差押えがされていたとしても告知の効力を生じさせない仕組み…「代物弁済条項」の効力が争われた事件です。最高裁判決（平15.12.19）は、同条項は私人間の合意で徴収法の適用を回避しようとするものであるから、徴税側に対してその効力を認めるこ

とはできないと判断しました。

（ 法定納期限等前にされた譲渡債権の範囲 ）…Bのときに徴収法24条を適用しようとしたケース

　譲渡担保権の設定は法定納期限等以前でしたが、対象になった債権が実際に発生し、譲渡担保になったのは法定納期限後だから徴収法24条の適用対象とした国に対して、最高裁判決（平19.2.15）は、その債権は譲渡担保の設定時において譲渡担保財産となっているので追及はできないと判断しました。

ハ　将来債権の差押え

　滞納処分で差押えができる財産は、その目的から金銭的な価値があって（徴基通47-7）、譲渡性があること（徴基通47-8）です。そうなると、民法が将来債権に譲渡性を認めていることからすれば、その差押えも可能であり、徴基通62-1は、差押え時に契約等による債権発生の基礎としての法律関係が存在し、その内容が明確なときは差押え可能としています。

　一方で、将来債権の差押えに似たものに、継続債権の差押えがあります（徴66）。これは給与のように、同一の基本関係（同じ当事者間で労働の提供とその対価の支払い）の中で生じる債権について、差押えの効力を将来にわたって拡張するものです。

　いずれも差押えのときには請求権として確定していない、将来の債権に差押えの効力を及ぼす点では同じです。

　例えば、診療報酬債権を差し押さえるときに、継続債権とするか、あるいは期間を特定して将来債権としてするかは、前者はかなり以前から執行

手続として存在していたのに対し（旧民訴604、旧徴収法逐条通達23の1-17）、後者は昭和50年代に判例法で認められて後発で出てきたものということで、両者は両立するものです。

　ただし、将来債権では発生の可能性ではなく、始期と終期を明確にするなど特定性を問題にしますが（最判平11.1.29）、継続債権は「継続的給付を目的とする契約関係」から生じる発生可能性が求められます（徴基通66-1）。そうなると、給与や家賃のように毎月の支払いが予定されておらず、基本契約があってもその都度の発注と受注を繰り返すような請負代金は、継続的給付は確約されていないので、継続債権としての差押えはできないと考えます（東京高判昭43.2.23）。

4　電子記録債権と「電子手形」

　これまで長年にわたって、いろいろな商取引から生じた支払いを決済する手段で大きかったのが「手形」です。手形は、発注企業側からすれば、現金の手渡しや振込みといった多数の相手先への支払いを手形の発行により合理化すること、手形を受け取った受注企業側はそれを銀行で割り引いて早期の資金回収を図ることができました。しかし、「紙の手形」を支払期日に支払場所の金融機関に持ち込むこと（手形交換）は大変なため、それに代わる方法として作られたのが「一括決済方式」です。

　基本は、発注企業と受注企業及び金融機関の三者が提携して、支払企業がすべき多数の支払いを提携金融機関で集約してもらい、決められた支払期日にネット（総額）で決済を完了する。一方で、支払いを受ける受注企

業側は、手形に代わって売掛債権を銀行またはその関連会社に買い取って
もらって、早期の現金化を図るという両方向のメリットを考えたものです。
しかし、売掛債権の譲渡ということになると、他の債権譲渡と競合するこ
とになり、回収が不確実になるケースが生じます。それを安定化させるシ
ステムとして導入されたのが、電子記録債権です。

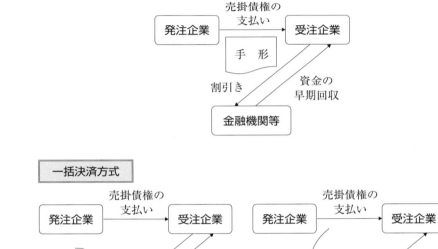

（1）一括ファクタリングとは

　一括決済方式そのものは、平成11年に公正取引委員会の通達で示され
たもので、「債権譲渡担保方式」「ファクタリング方式」「併存的債務引受
方式」を同通達は示しています。中でも「一括支払システム」と呼ばれる
債権譲渡担保方式は、期待は大きかったのですが徴収法24条の追及を避
けようとして入れた「代物弁済条項」の効力を否定されてしまい（最判平

15.12.19)、以降は取扱いを止めています（⇨ Chapter 3・102頁）。併存的債務引受方式は、債務引受けをする金融機関の知らないところで動産債権譲渡特例法の譲渡登記がされるリスクがあるため、それほどの活用はされていないようです。そのため、債権譲渡を受けるファクタリング方式（一括ファクタリング）がもっぱら使われているようです。

　（注）「ファクタリング」と言葉は同じですが、一般的な売掛債権の買取り
　　　（⇨ Chapter3・91頁）とは区別されます。

（2）民法改正と一括ファクタリング

　一括ファクタリングは、発注企業が従来行っていた手形による支払いに代えて、金融機関（またはその関連会社）に売掛債権を買い取ってもらう決済システムです。しかし形の上では、ファクタリング会社が行う三者間ファクタリングと同じですから、納入企業側が同じ売掛債権を両方のファクタリングに対して二重に譲渡するリスクがあります。

　一括ファクタリングは手形の代替ですから、現実に発生した売掛債権が対象になり、それを買い取ってもらう際には、発注企業側は第三者対抗要件として譲受人の金融機関に包括的な承諾を行います。ところがその一方で、受注企業側が同じ売掛債権を別のファクタリング会社に譲渡してしまい、その譲渡を動産債権譲渡特例法で登記し、その登記が一括ファクタリングの承諾よりも早ければ、先に登記をしていたファクタリング会社が譲渡に関して優先してしまいます。

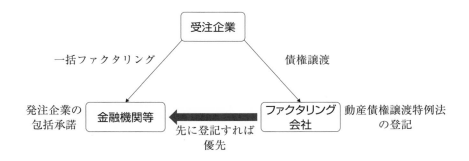

　これが民法改正前であれば、譲渡制限特約を理由に支払いを拒否できた
のですが、現行法では譲受人への直接の支払いは拒否できますが（民466
③）、供託の請求がされた場合にはそれに応じなくてはならず（民466④、
466の2①）、結局のところ発注企業は、先に登記をしていたファクタリン
グ会社への弁済を免れることはできません。

　その一方で、一括ファクタリングで売掛債権を買い取った金融機関は、
買取額を受注企業に支払っているのですが、リスク管理として支払額を確
実に回収できるように、発注企業に対して損失補填を求める瑕疵担保特約
を付けている場合が多いです。そのため、発注企業側はその特約の履行と
して、ファクタリング会社に弁済した上で、さらに金融機関にも支払わな
ければならない二重弁済のリスクが生じるようになります。

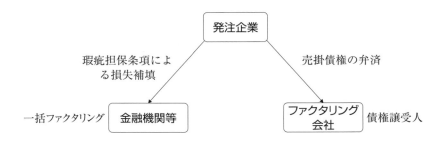

（3）電子記録債権法の活用

　このような一括ファクタリングの弱点を回避する方法として作られたの

が、電子記録債権です。売掛債権を電子記録債権にすれば、債権の二重譲渡は防げるとされています。

イ　電子記録債権とは

　電子記録債権は、平成20年12月に施行された「電子債権記録法」に基づく金銭債権のことをいいます。少し古い数字ですが、令和2年から4年にかけて手形の交換枚数は、4,000万枚から3,200万枚へと800万枚近く減少しましたが、電子記録債権の最大手である「でんさいネット」の登録件数は360万件から560万件と200万件の増加に留まっています。差分の600万件は振込みに移行したものと思われ、期待したほどの完全移行はされていないものの、順次に電子記録債権に移行していく環境はできつつあるようです。

　電子記録債権は、指定を受けた「電子債権記録機関」が管理するシステム上の帳簿である「記録原簿」に、債権の発生や消滅、譲渡や差押えなどをデータとして記録することで効果を生じさせる仕組みです（電記3）。その仕組みの効果としては、次の3点があります。

電子記録債権は、原債権とは別の債権（電記2①）

　電子記録債権は、その原因となる債権とは別に、同法により生じる金銭債権です。売掛債権を電子債権化したからといって、元の売掛債権は消滅しませんし、何かの事情で元の売掛債権が消滅したとしても、電子記録債権はそれとは関係なく存続します。とはいっても、電子債権化した後に、元の売掛債権に差押えがされて弁済を求められたら大変ですから、その場合は手形と同様に（徴基通62-15）、その支払いを拒否することができます（最判昭49.10.24参照）。

　要するに、売掛債権を電子債権化してしまえば、いわば原債権は抜け殻みたいになって、その後は、電子記録債権だけを発注企業は管理していればよいことになります。

電子記録債権の譲渡は「記録」が必要（電記17）

電子記録債権に係る権利の移転は、すべて記録原簿に記録されなければ効力を生じません。同じ電子記録債権について二重に譲渡記録の請求がされた場合には、先にされた請求だけ記録し、後の請求は記録されません。また、同時に請求があった場合には、いずれの譲渡も記録しない取扱いになっています。

電子記録債権は、将来債権は対象外（電記15①）

電子記録債権は記録により発生し、原債権とは別の債権ですから、記録がされた時に債権としては存在することになります。ですから、電子記録債権法は必ず「発生した債権」であって、いまだ発生していない将来債権を記録することはできません。その意味で、電子記録債権では二重譲渡は起こらないのですが、原債権と電子記録債権という別々の債権では、二重譲渡が起こります。

受注企業が将来債権を担保に融資を受け、その譲渡を動産債権譲渡特例法で登記したが、第三債務者である発注企業には通知をしていなかった（二者間取引）。そこで、譲渡がされていることを知らない発注企業がその同じ売掛債権を電子記録債権化した場合です（先の「民法改正と一括ファクタリング」のケース（⇨ Chapter 3・106頁））。

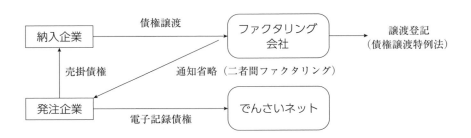

こうしたケースでは、手形を振り出した債権と同様に考えるとされています。すなわち、支払いのために手形が振り出された場合には、原債権と

手形上の債権の両方が存在することになりますが、支払いをする側は手形が回収されるなどしてその支払いの義務がなくならない限り、売掛債権の弁済を拒否できるとしています（最判昭35.7.8）。それと同様に、電子記録債権の場合も、電子記録債権がシステムから抹消されない限り、支払企業は原債権の譲受人に支払う必要はないことになります。

　さらには、二者間取引で動産債権譲渡特例法で第三者対抗要件だけを具備し、第三債務者に譲渡通知をしていない場合には、通知を受けたときまでに譲渡人に対して生じた事由をもって譲受人に対抗できますから（民468①）、電子記録債権に記録したことを譲受人に主張し、弁済を拒否することができると考えます。要するに、先に将来債権の譲渡を受けてその登記をしていたとしても、電子記録債権化により元の売掛債権は抜け殻化してしまうので、譲受人は発注企業に支払いを求めることができなくなります。

将来債権として譲受け（登記あり）

ロ　電子記録債権の活用…電子手形

　電子記録債権は、令和 8 年には廃止予定の「紙の手形」に代わる決済手段として、いわゆる「電子手形」のベースとなるものです。平成25年から全国銀行協会による「でんさいネット」が稼働していて、そこで取り扱われる電子記録債権については、従前の手形と同様に、 2 度の決済不能があれば「銀行取引の停止」がされます。

電子手形の流れ

　支払企業は、事前に金融機関を含んだ「一括ファクタリング契約」などに基づき、受注企業を債権者とする電子記録債権の発生依頼を請求事務代

行会社（NTTなど）に行うことで、「電子手形」の振出しを行います。その際に、電子債権記録機関での電子記録債権の発生が確定すれば、代行会社から支払企業と受注企業に通知されます。

電子記録債権となった売掛債権（電子手形）は、

① **期日決済の場合**

支払期日まで電子手形を保有していた場合は、期日に受注企業の口座に、契約した金融機関から入金がされます。

② **期日前に資金化する場合**

受注企業から代行業者に、期日前資金化の依頼をすれば、電子記録債権の譲渡（手形割引に相当するもの）がされて、代行会社から譲渡通知が届き、あわせて入金がされます。

③ **譲渡する場合**

受注企業が電子手形を譲渡する場合は（手形の裏書に相当）、譲渡先を指定して、代行会社に譲渡依頼をします。譲渡が確定すると、受注企業と譲渡先に代行会社から電子手形の譲渡通知が届きます。

電子手形の割引

従前からある「手形割引」と同様に、でんさいネットで電子記録債権化をしたときは、金融機関による期日前の資金化ができます。割引の方法には、事前の申込みにより自動的に電子手形を割り引く「定期割引」と、随時の申込みによる「随時割引」がありますが、いずれも割り引いた電子手形が決済できなければ償還を求められる貸付け…電子記録債権を目的にした譲渡担保権の設定になります。

従来の「紙の手形」では金融機関側からの強い要望があって、徴収法附則5条4項で、徴収法24条（譲渡担保権者の物的納税責任）の規定は「当分の間は手形には適用しない」として、手形割引は同条の適用対象外でした。電子手形は従前の手形割引と同様の機能を持つものですが、徴収法が規定する「手形」ではありません。電子手形になる前の「一括支払システ

ム（⇨ Chapter3・102頁）」の代物弁済条項が争われた際に、手形と同じ機能だから附則5条4項の適用を認めるべきとの主張がされましたが、手形でないから適用はないとの判断がされています（東京地判平9.3.12）。電子手形も同様になると考えます。

（4）電子記録債権と滞納処分

電子記録債権を巡る滞納処分のケースには、滞納者が有する電子記録債権を差し押さえる場合と、売掛債権を差し押さえたところそれが電子記録債権化された場合があります。

イ　電子記録債権の差押え

電子記録債権とはいっても、当事者間にあった金銭債権がいわば電子データとして電子債権記録機関のデータベース上に置き換わるだけで、滞納者が債権者として電子記録債権を有していれば、それを差し押さえることができます（徴62の2）。そして、電子記録債権について滞納処分の差押えと債権譲渡が競合するときも、いずれかの記録の請求が早いほうが勝つことも、一般的な債権差押えの場合と同様です。

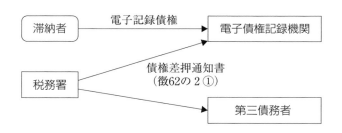

なお、電子記録債権は権利の発生及び移転等について電子的に管理しているだけであり、現実の弁済の履行は第三債務者が行います。一般的には、電子債権記録機関から予め指定された第三債務者の口座がある金融機関に決済情報が連絡されて、それで口座間の振り替えにより債権者の口座に資

金が移動しますが、第三債務者が自ら債権者に弁済することを妨げるものではありません。そのため、電子記録債権を差し押さえた場合には、電子債権記録機関に対する債権差押通知のほかに、第三債務者にも通知します（徴62の2①）。

ロ　差押えと電子記録債権化

　診療報酬債権を継続債権として差し押さえた場合や、月末締めの売掛債権を月の途中で未確定債権として差し押さえた場合には、以前からある一括ファクタリング契約に基づき電子記録債権化がされるケースがあります。電子記録債権化がされても、当然に原債権が消滅するものではないことからすれば、それは差押えの処分禁止効に抵触しないとも考えられます。

　その場合に、差押通知書の到達前に電子記録債権化をしていたときは、第三債務者は電子記録債権の弁済を予定しているので、その弁済による原債権の消滅を差押えに対抗できることになります（最判令5.3.29）。

　ところが事前の一括ファクタリング基本契約で、原債権の発生のつど自動的に電子記録債権化するとしていたときは、原債権に対する差押後であっても、電子記録債権の弁済を対抗できるかは問題です。先ほどの二者間取引の場合とは違って（⇨Chapter3・110頁）、差押えの場合には必ず第三債務者（発注企業）に債権差押通知書を送るので、民法468条2項の抗弁はできません。また、一度発生請求をしたときでも、振出日（電子記録予定年月日）の前日までは取消しは可能ですから（でんさいネット業務規程細則33②）、それ以前に債権差押通知書が第三債務者に届いた場合には、電子記録債権の弁済で原債権の消滅を主張できないと考えます（最判平18.7.20は先付振込みの場合に、取消可能な場合は差押えに対抗できないとしています）。

〈差し押さえる際の電子記録債権の特定〉

　電子記録債権を差し押さえる場合には、被差押債権を特定するために必要な事項を債権差押通知書に記載しなければなりません（電記令6三）。債権の発生記録には記録番号と電子記録の年月日が記録されるので（電記16①）、少なくとも債権者（滞納者）及び債務者（第三債務者）の氏名・住所のほかに、それらの事項を把握しておかねばなりません。電子記録債権は、他の売掛債権とは別の勘定科目として記載するので（平21.4「電子記録債権に係る会計処理及び表示についての実務上の取扱い」企業会計基準委員会）、滞納者の帳簿調査で電子記録債権を有していることは把握できますが、記録番号及び電子記録の年月日まで把握するのは困難です。

　こうした場合に、一般の債権であれば第三債務者は徴収法上の調査権の対象になるので質問等により把握できますが、電子債権記録機関は第三債務者には該当しないので、どのようにして把握するかが課題です。

　電子記録債権法は、差押権者などの債権記録に記録されている者でない限り、記録事項の開示はできないとしています（同法87①三）。方法としては、事業者への協力要請（徴146の2）で電子記録債権機関に協力を要請することが考えられます。また、やや強引ですが、先に述べたように、滞納処分の調査が滞納者と一定の役務提供のある者に及ぶので、その解釈の中で電子記録債権機関に対しても調査権限が及び、回答を求めるという考え方もできます（⇨ Chapter 1・29頁）。

〈新しい担保法制〉

　スタートアップ企業などでは、担保について不動産等がなく、個人保証が起業の阻害要因の一つであるとして、企業の全体をもって担保とする新しい法律が令和6年6月に制定されました（法律第52号「事業性融資の推進等に関する法律」）。施行は2年半以内なので、直ちの影響はありませんが、将来の売掛債権や在庫を差し押さえた際に、新たな制限を受けることになります。

　同法は、企業価値担保権という新しい担保権の設定を認めています。

① 　無形資産を含む事業全体（将来キャッシュフローを含む）を担保とする「企業価値担保権」を創設する（同法6④）。

② 　担保権の対抗要件は商業登記簿への登記により（同法15）、租税を含む他の権利との優劣はその対抗要件具備の先後による（同法16）。

③ 　出資者（債権者）は金融機関やファンドなど制限はないが、担保権者は企業価値担保権信託会社（信託銀行等）になる。

④ 　企業価値担保権の対象財産（事業の全財産）について、個別の担保権設定はなく、債務者の通常の事業活動の範囲内であれば自由な処分が可能で、個別財産に対する強制執行に企業担保権者は異議申立てができるが（同法19①）、滞納処分は除外されている。ただし、重要財産の処分は企業担保権者の同意が必要であり、それがなければ無効になる（同法20②、③）。債務者（滞納者）に処分権限がないときに、滞納処分で公売（承継取得）できるかは解釈の問題になる。

⑤ 　債務者が債務不履行等になった場合は、企業担保権者の申立てにより実行手続が行われる。実行開始決定がされると、破産手続と同様に個別財産に対する滞納処分は禁止される（同法96①）。また、租税債権との配当上の優劣は企業担保権の設定日（商業登記簿の登記日）との先後で決まるので（徴18②）、起業と同時に企業担保権を設定していたときは、租税等は一般私債権と同等に扱われる。

　なお、破産における財団債権のような手続上の先取権はないので、実行開始決定の前に着手した滞納処分であっても効力を失い（同法96②）、差押えは取り消される。

Chapter 4

支払手段の多様化（キャッシュレス / 暗号資産等）と滞納処分

　令和元年の消費税率アップに対応したポイント還元事業で脚光を浴びたのが、キャッシュレス決済です。特にコロナ禍以降は、地方でも、誰もが持っているスマホを利用した決済が拡大を見せています。いくつもの決済会社がポイント付与などで顧客獲得に動いていますが、それに対応しなければならない飲食店や小売店は大変です。それぞれの決済会社と個別に加盟店契約はできないので、多種類の決済手段をまとめて提供する決済代行業者が活躍しています。キャッシュレスの決済代金がどのような形で加盟店に支払われるのか、加盟店が滞納している場合にどのような差押えができるのかを、決済代行を規制する資金決済法などを含めて検討します。

　また、最近において、給与のデジタル払いなどの動きも踏まえて、電子マネーに対する滞納処分も見ていきます。

Q4　キャッシュレス時代の売上入金と滞納処分

　当社は EC 事業（電子商取引）向けの決済代行を展開している事業者です。モールに出店している事業者（加盟店）が消費税を滞納していたらしく、当社と包括代理店契約を結んでいるクレジットカード会社から、税務署が当月分の支払金を差し押さえてきたとの連絡がありました。そうなると当社は、事務経費等の回収ができなくなるのですが、どのように対処したらよいでしょうか？

A　クレジット債権などのキャッシュレス決済による売上代金は、カード会社などの支払会社を経由して、加盟店は入金を受けます。その際に支払会社との間に立って仲介するのが「決済代行」ですが、資金決済に関する法律（資金決済法）の資金移動業にならないために、資金の受払いは「代理受領」の形をとっているケースが多く見られます。そして、代理受領の目的となった債権が差し押さえられた場合には、決済代行業者は支払会社に支払いを求めることができなくなります。

　コロナ禍を契機にして、大きく変わった変化の一つがキャッシュレスです。コロナ禍前の平成30（2018）年からの5年間で、キャッシュレス決済は大幅に増加して、支払方法は現金が6割、キャッシュレスが4割になっています。政府による積極的な推進策やコロナ禍での巣ごもり行動、それに加えて小規模店舗でのインバウンド対応のほか、多くの運営会社による加盟店開拓や、ポイント活用（ポイ活）での積極的な競争もあって、それがこうした結果になったと考えられます。

　キャッシュレス決済には、急速に広がったスマホによる決済（コード決済）やクレジット決済など多種ありますが、若年層で特に普及が目覚ましく、お財布の中に数千円しか持たない者も多くいます。人手不足が深刻化

〈わが国のキャッシュレス決済額及び比率の推移（2023年）〉

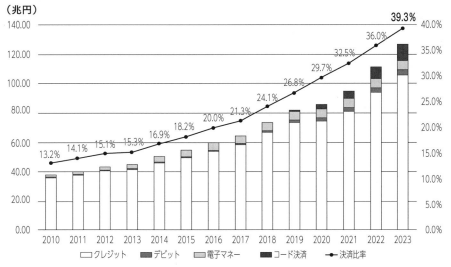

（出所：2024年3月経済産業省発表　2023年のキャッシュレス決済比率）

する中で、面倒な現金管理が省かれることから、企業においてもキャッシュ
レス化は進むことが予想されますが、その中での滞納処分の手法も変化し
ていきます。

1　キャッシュレス決済の種類

　キャッシュレス決済といえば、最近広がりを見せているスマホ決済をイ
メージされる方も多いかもしれません。しかし、紙幣や硬貨などの現金を
使わない「お金の支払い・受け取り」のことですから、金融機関での振込
みや、クレジットカードや電子マネーでした支払いも、すべてキャッシュ
レスになります。キャッシュレス決済の最大の問題は、種類が乱立し過ぎ
て利用者が混乱していることにあると思いますが、まずは交通整理として、
①何を媒体（デバイス）にしているか、②どのような支払方法をしているか、
で見ていきます。

(1) 媒体による区別

　現金以外で代金を受け取るので、現金に替わって信用に値するモノでなければいけません。商品券やプリペイドカードもありますが、偽造やデータ書換えといったリスクがあります。そのため最近は、カードに埋め込まれた非接触系ICチップを利用するものやスマートフォンの読取り機能を使うものが主流になっています。主に使われる媒体には、次の4種類があります。

①　商品券・ギフトカード

　以前から広く使われている紙の商品券も、現金を使わないのでキャッシュレスの一つです。紙ではなく、磁気データが入ったプラスチックのプリペイドカードやギフトカードも同様です。これらは、紙やプラスチックのカードなどの媒体に金銭的価値をチャージ（格納）しておき、お店で支払う際にその金銭的価値を渡す「前払い方式」といわれる方法です。ほとんどが無記名で、個人認証と結びついていないので、失くしてしまったらそれきりです。

紙媒体	商品券、地域共通クーポン券など
磁気カード	ギフトカード、プリペイドカード

②　ICカード

　プラスチック製のカードに内蔵されたICチップに、データや秘密鍵を記録して、電子的に支払情報を相手先に渡す方法です。鉄道系や流通系カードでは非接触IC（FeliCa）にお金のデータをチャージする「前払い式」の電子マネーがありますし、他には銀行のキャッシュカードと兼用した「即時払い式」のデビットカード、一般に広く使われている「後払い式」のクレジットカードがあり、現在はキャッシュレス決済の主流です。無記名のものもありますが、多くは個人認証と結び付いていて、カードを失くしてもお金は無くなりません。

前払い式決済	電子マネー	交通系(suica)・流通系(waon)カードなど
即時払い式決	デビットカード	
後払い式決済	クレジットカード	

③　スマートフォン決済

　キャッシュレス決済といったときに、スピード感を持って拡大しているのがスマートフォンを媒体にした決済です。どこにでも持ち歩くスマホを使って、お店のその場で決済できる手軽さから、この数年で広がりを見せています。システムとしては、読み取ったＱＲコードやバーコードを使うコード決済と、スマホに内蔵された非接触 IC を使うタイプがあります。スマホ決済は、アプリを入れるだけで使えるようになりますし、店舗側も多機能決済端末を設置すれば対応できるので、業界では積極的に環境を整えています。

スマホ決済 …情報の交換方式─ コード決済（QR コード、バーコード）
　　　　　　　　　　　　　　　└ 非接触 IC（ｉD方式）

④　ネット決済

　ネット決済とは、インターネット環境を使って主にパソコンから決済するサービスです。主として販売業者を集約した楽天や Amazon といったＥＣサイトや、ヤフオクやメルカリなどの取引を仲介するプラットフォームで買い物をしたときに使われ、支払方法はクレジットカードや銀行口座からの引き落としになります。あるいは○○ギフト券のように、 ID コードを相手に渡して決済することもあります。

(2) 支払方法による区別

　キャッシュレスといっても現金という形ではありませんが、物品やサー

ビスの対価として金銭的価値を相手に渡すことなので、その方法には4種類あります。

①　電子マネー

　電子マネーというと、電子的なデータのやり取りで決済する方法をすべて含み、範囲を広くとることもありますが、ここでは資金決済法で決めているものに限定します。

　電子マネーは金銭に代わる支払手段ですから、安全性のため資金決済法という法律に縛られます。同法には大きく分けて、①金銭を電子データと交換して、その電子データを決済手段に使う「前払式支払手段（資金決済法3）」と、②金銭を決済業者に預託して、その決済業者が相手先に支払いをする「資金移動型（資金決済法36の2）」の2種類があります。

　前者には交通系といわれるSuicaなどのプリペイドカードがあり、後者の例がスマホ等を媒介にした各種Payになります。両者の一番の違いは、前払式支払手段は交換した電子データを金銭に戻すこと（払戻し）ができませんが（資金決済法20⑤）、資金移動型は移動業者が金銭の移動をするだけなので、そうした制限はありません。

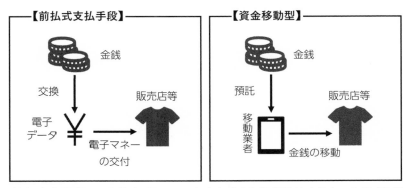

　（注）資金移動は、為替取引といって免許を受けた銀行以外は禁止ですが（銀行法4①）、特例を資金決済法で認めています。

②　クレジットカード

　クレジットカードは、カードを呈示するだけで、あらかじめ設定された

与信限度額まで、カードの名義人が買い物をできる方法です。かなり古くからあるキャッシュレスですが、決済が後払い（ポストペイ）なことからの過剰与信を防止する観点と、決済は販売者との間ではなく、与信をしたカード会社との間ですることから悪質販売業者の排除といった点から、割賦販売法で制限を受けます。

なお、クレジットカードを使用するのは国内に限りませんから、海外でのカードの信用供与のため、VISA やマスターカード、アメックスといった国際ブランドが決済システムに関与するのが一般的です。

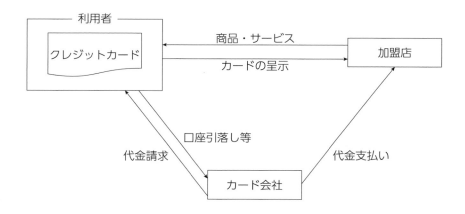

③ デビットカード

デビットカードは、カードによる支払いと同時に、銀行口座から支払額の引落としをする仕組みです。日本では支払いが可能な店舗が限定されていること、少額の決済はもっぱら電子マネーが使われているなどの理由で、金融機関が発行するキャッシュカードとの兼用がされているにも関わらず、それほど利用が進んでいません。

キャッシュレス大国の中国では、銀聯カードなど手軽に発行できることから、決済手段の主流になっています。一時のインバウンドの影響で、日本国内でも銀聯カードを利用できる店舗はかなり増えていますし、電子マネーはチャージできる額が少ないので高額商品の購入には向きませんが、

デビットカードならば30〜50万円まで（ただし、預金残高の範囲）の利用が可能です。

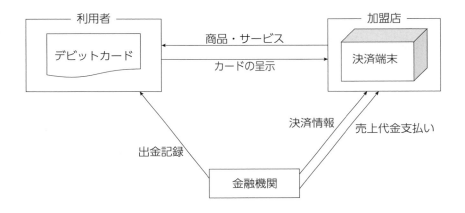

④　キャリア決済

　後払いの方法には、スマートフォンが通信機器なので、通信料金と一緒に支払うキャリア決済があります。携帯電話の契約さえしていれば利用することができ、「クレジットカードがなくてもキャッシュレスで買い物ができる」「支払いが月々の携帯電話料金と合算されて管理しやすい」などの利便性があります。

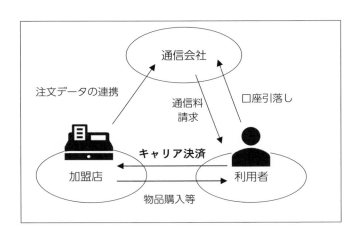

　商品を販売したり、サービスを提供するお店が税金を滞納している場合には、キャッシュレスで支払われた売上げの差押えが検討されます。どのような滞納処分ができるかを、最も一般的な例であるクレジット債権で見ていくことにします。

　クレジットカードの利用は、購入した商品等の後払い（信用販売）ですから、割賦販売法の規制を受けます。同法でクレジットカードによる取引は「包括信用購入あっせん」といいますが（同法2③）、いわゆる「一回払い」は現金での支払いと同じ扱いになって同法は適用されません。他には、月々の支払額を一定に決めて支払っていく「包括方式ローン提携販売（リボ払い）」がありますが、これは代金の後払いというより、購入代金を金融機関から借りてそれを分割で返済する形になります。

　クレジットによる支払いは、次のように行われます。

①　利用者は、商品等を購入するために、加盟店にクレジットカードを呈示する。

②　加盟店はカード会社に、呈示されたクレジットカードが決済可能か照会する。

③　決済可能であれば、加盟店は商品を引き渡す。

④　加盟店の口座に、加盟店契約会社から商品代金の振込みが行われる。

⑤　加盟店契約会社から、カード発行会社に商品代金の支払いを請求する。

⑥　商品代金がカード発行会社から決済ネットワーク経由で、加盟店契約会社に振り込まれる。

⑦　カード発行会社が、利用者の銀行口座から商品代金を引き落とす。

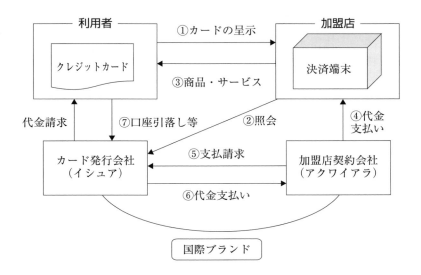

☞　カード発行会社は、利用者にカードを発行し、利用者の銀行口座から代金額を引き落とすことをします。加盟店契約会社は、加盟店を開拓するとともに、加盟店の銀行口座に代金相当額を振り込む役割を担います。

☞　カード発行会社と加盟店契約会社をカード会社1社で行う場合…「オンアス取引」では、そのカード会社は1種類のカードしか取り扱うことができません。それに対してVISAやマスターカードなどの国際ブランドを扱う日本のクレジット業界では、カード発行会社が複数種類のブランドを扱います。そのため、カード発行会社（イシュア）と加盟店契約会社（アクワイアラ）が分業する「オフアス取引」が一般的です。

☞　利用者の支払いに関するリスクは、カード発行会社が負担します。そのため、消費者が購入した商品に問題があってトラブルになっても、代金の支払いはカード発行会社との関係になるので、決済を止められない問題が生じます。

（1）加盟店に対する代金の支払い

　クレジットカードで決済された売上代金は、④のように、カード会社（以

下では、特に断わらない限り「加盟店契約会社」のこと）から加盟店に振り込まれます。この代金の支払いは、契約により「債権譲渡」であったり、「立替払い」であったりします。前者の「債権譲渡型」では、加盟店が利用者に対して有する売上債権を、売上情報をカード会社に提供すると同時に、カード会社に譲り渡し、その対価として手数料を引いた金銭を加盟店が受け取ります。それに対して「立替払い型」は、カード会社が利用者の支払債務を代わって加盟店に支払い、その後に立替金を利用者（カード発行会社）に請求するというものです。

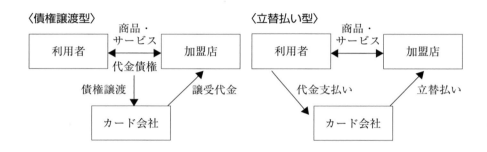

　どちらの契約であっても、加盟店契約に基づいてカード会社は、一定期間分のクレジットカードによる決済代金を、まとめて加盟店に支払う債務を負っています。なお、契約で「譲渡または立替払い」といったように、両者を区別しない記載も多いのですが、最近は手数料について消費税が非課税になることから（国税庁質疑応答「金銭債権の買取り等に対する課税関係」）「債権譲渡型」にする傾向があるようです。

（2）クレジット債権に対する滞納処分

　繁華街などで夜間の営業を主にしている飲食店などでは、これまではお客側が支払履歴を残したくないことや、お店側も売上金額を容易に把握できないようにするため、現金による決済が多かったです。しかし、最近は財布を持たない来店者も多くなったためか、クレジットカードによる決済

が増えています。そうした飲食店（加盟店）が税金を滞納した場合には、クレジットカードによる売上げ（クレジット債権）の滞納処分が行われます。

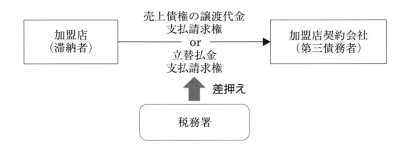

加盟店契約会社を第三債務者とする場合

　滞納者が、債務者との間の令和○年○月○日付クレジット加盟店契約に基づき、債務者から受領すべき信用販売に係る売上代金のうち、令和○年○月○日以降に支払期が到来する順序で、上記の滞納税額に充つるまでの支払請求権

履行期限　履行期日毎

　例示のように、クレジット債権に対する差押えは「滞納税額に充つるまで」として、継続債権（⇨ Chapter 3 ・103頁）で差し押さえることができます。

※一般的なクレジット契約（オフアス取引）の場合は、第三債務者は「加盟店契約会社」になります。VISA やマスターカードなどの国際ブランド会社は、金銭支払いの当事者ではありません。

※差し押さえた支払請求権の決済方法は、加盟店契約会社で異なります。それぞれの加盟店契約で確認することになりますが、月の半期単位での締めと15日程度を置いた支払いがされていることが多いようです。

※加盟店契約において、加盟店への支払根拠を債権譲渡と立替払いの混合にしている場合があるので、記載例は支払理由を特定していません。

代表加盟店方式の契約

　税金を滞納している加盟店とカード会社の関係が、直接の契約関係にあるならばわかりやすいのですが、取引関係がより複雑になるケースがあります。ショッピングセンターや百貨店などの大型商業施設では、運営会社が「代表加盟店」になって一括してカード会社と加盟店契約を結び、テナントはその「子加盟店」という関係になっていることがほとんどです。こうした契約形式を「代表加盟店方式」といいます。

　　（注）　クレジット業務を専業の決済代行会社にアウトソーシングして、百貨
　　　　　　店が直接には関わらないこともあります。また最近はイオンモールのよ
　　　　　　うに、入店店舗全体に同一のクレジットカード端末を導入し、モール全
　　　　　　体で同じキャッシュレス決済に対応することもあります。この場合や、
　　　　　　Air Payのように多種類の決済方法を扱うために、決済を仲介する場合
　　　　　　があるなど、契約関係は複雑です。

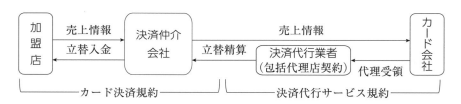

　代表加盟店方式のうち、「包括代理店方式」は、子加盟店はカード会社との間で直接に加盟店契約を結び、代表加盟店はそれを代理・仲介する立場になります。ネットショッピングなどのEC（電子商取引）モールの多くはこの形のようです。

　それに対して百貨店に代表される「包括加盟店方式」は、代表加盟店が一括してカード会社と加盟店契約を締結し、その上で別に代表加盟店と子加盟店の間で契約を結びます。この形では、子加盟店とカード会社の間に直接の契約関係はありません。

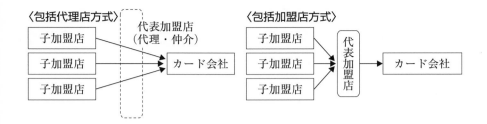

　「包括代理店方式」では、カード会社と子加盟店は直接の契約関係です。それに対して「包括加盟店方式」の場合は、子加盟店ではなく、代表加盟店がカード会社の加盟店になります。ですから包括加盟店契約では、子加盟店はカード会社に対する請求権がありません。

　ただし、いずれにしても子加盟店は代表加盟店に売上情報を提供し、併せて契約で決めた期日に、売上債権に相当する金銭を代表加盟店は子加盟店に立替払い等の名目で支払います。

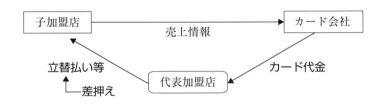

代表加盟店を第三債務者とする場合

　滞納者が、債務者との間の令和〇年〇月〇日付クレジット包括加盟店契約（または包括代理店契約）に基づき、債務者から支払いを受ける令和〇年〇月〇日以降に支払期が到来する立替払金請求権につき、支払額の到来した順序で上記の滞納税額に充つるまで。

履行期限　履行期日毎

●代表加盟店から滞納者（加盟店）に支払われる債権を差し押さえる場合は、上記の例のようになります。しかし、包括代理店方式のときは代表加盟店がカード会社から支払いを受ける根拠は代理受領なので、カード会社を第三債務者とする差押えも可能です（⇨ Chapter 4 ・136頁参照）。

3 キャッシュレス決済と決済代行

　キャッシュレス決済の方法は、クレジットカードをはじめ、交通系や流通系のICカード（電子マネー）、スマートフォンを利用したタッチ型（非接触IC）やコード決済といったように、かなり多種類がある状態で、各決済サービスはポイントなどの特典付与で市場の支配権を狙っています。そうした中で来店した客が多種類の決済方法のうち、どれを使うのかは予測できません。もし、多岐にわたる決済方法にお店側で対応できなければ、客は他店に逃げてしまいます。

　ですからお店側としては、いろいろな決済方法を取り揃えて、それぞれの決済会社と加盟店契約を結ばなくてはならないのですが、個別に結んでいたのでは大変なことになります。また、一般にクレジット等の代金支払いは、月分をまとめて翌月払いになることが多く、売上げから入金までに期間を要します。その点で決済代行業者を入れると、手数料はありますが、売上情報の提供から1週間程度で入金になるので、そちらのほうのメリットも大きいです。そうしたことで、多数の支払会社と仲立ちする決済代行業者（PSP: Payment Service Provider）が活用されています。

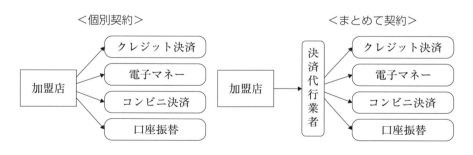

（1）決済代行の契約形態

　決済代行業者とクレジットカードの代表加盟店は、加盟店側を代理して
カード会社や各種の決済サービスと契約を行うという、同じような立ち位
置にあります。そのため、決済代行業者と加盟店の契約関係も、代表加盟
店方式と同様に「包括代理店方式」と「包括加盟店方式」の両方がありま
す。

　過去にあった消費者トラブルの影響（⇨ Chapter 4・127頁）とカード情
報の漏洩防止の点から、クレジット決済を規制する割賦販売法は、加盟店
契約を取り扱う「クレジットカード番号等取扱契約締結事業者」に加盟店
を指導する権限を持たせ、その事業者が適切な措置を取らないときは業界
から排除する改正をしています（同法35の17の8以下、平成28年改正）。

　改正前までは、加盟店に対する管理責任は加盟店契約をするカード会社
（包括信用購入あつせん業者）に限られ、決済代行業者は対象ではありませ
んでした。そのため EC モール（オンライン販売）など加盟店の営業実態
が不明な場合は、加盟店審査の責任を負わない包括代理店方式が好まれて
いました。しかし改正により、紹介・取次でなければ管理責任を負わされ
ることになったので、包括加盟店方式との差は無くなっています。

〈海外と加盟店契約〉

　ネットによる通販（EC モール）やエステ・美容等のサービスは、カード
会社の審査が厳しいとされています。そうした国内法の規制で制限を受ける
事業者にも決済手段を与える方法として、海外の加盟店契約会社を経由して
カード利用の審査を通す決済代行業者があります。海外の加盟店契約会社と
の契約関係は、決済代行業者が一括して行う包括加盟店方式が一般的に使わ
れているようです。

　（注）　この場合の決済代行業者も、平成28年割賦販売法改正で、管理責
　　　　任を負わされることになりました。

（2）決済代行業者を経由した支払関係

　キャッシュレスで売り上げたお金は、後日において、クレジットならばカード会社から、あるいはその他の決済サービスを提供している「支払会社」から入金がされます。決済代行業者は、キャッシュレスによる加盟店の売上情報を支払会社に提供するほか、売上げの入金についても間に立つことになります。こうした決済関係は、Chapter 5（190頁）で説明する「収納代行」も同じですが、資金移動業を規制する資金決済法の規制を受けます（同法2②）。

　（注）　事業者を相手とする決済代行と、一般消費者が対象の収納代行とでは、資金決済法が予定している資金の保全規制の程度が違います。令和2年に同法が改正された際の議論では、両者を明確に区別するような議論にはなっていませんでした（令和元年7月金融審議会「決済法制及び金融サービス仲介法制に係る制度整備についての報告」）。決済代行は「資金移動業」ではないとする見解もありますが（藤池智則「事業会社による決済サービスにかかる公法上の規制の検討」金融法務事情1631号21頁）、今のところは同法の規制下にあると考えられています。

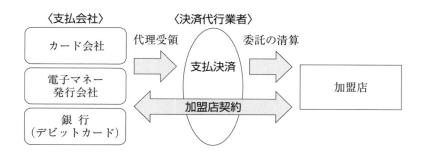

　資金移動業となる為替取引（銀行法2②二）とは（⇨ Chapter 6・222頁）、隔地者間において現金以外の方法で資金を移動させることです。クレジット決済の加盟店契約会社をはじめとする支払会社から、クレジット代金の支払い（弁済）として資金を決済代行業者が受けて、その上で加盟店に資金を移動して資金を引き渡したとなれば、それは為替取引になり、資金決

済法の対象です。しかし、加盟店から代理して受領する権限を与えられて、それで決済代行業者が資金を受け取る関係にすれば資金の移動はなく、しかも、それで加盟店は弁済を受けたことになるので、決済代行は資金移動になりません。

　このスキームは「収納代行」と同じ構成ですが、滞納処分として差押えがされる場合も同様か？　は、もう少し考えてみる必要がありそうです。

　（注）　支払会社は加盟店から売上債権の債権譲渡を受けて（または立替払い）支払うスキームになっているので、間に入った決済代行業者がさらに立替払いをするといった、資金移動にならない形を作るのは難しいのだと思います。

（3）支払会社に対する滞納処分の可否

　決済代行業者が資金を受け取る根拠を、収納代行と同様に「代理受領」と構成するならば、その関係は同一当事者（加盟店）の内部取引になります。ですから、売上債権の支払会社（第三債務者）に対して、加盟店の滞納で差押えがされた場合には、決済代行業者は代理して受領する権限を喪います。

　一般的にC to Cモデルの収納代行では、契約関係は単発で発生しますから、商品の購入者と代行業者は継続的な取引関係ではありません。ですから、代金を支払う側は代理受領を「承認」するだけの関係にとどまります。

　これに対して、決済代行は継続的な取引を基礎にしますから、支払会社と決済代行業者間の包括代理契約と、売上債権の決済に関する加盟店契約との二つの契約関係があります。そして包括代理契約には、「代金は決済代行業者のみに支払う」という文言が付されているケースがあります。

　この条項をどのように解するのか不明ですが、仮に加盟店を要約者、支払会社を諾約者、決済代行業者を受益者とする「第三者のためにする契約」と考えれば（伊藤亜紀「代表加盟店（包括加盟店）の法律関係」研究誌

CCR 5 号18頁）、支払会社が払う立替金について決済代行業者は直接に請求する権利を持つので（民537①）、加盟店の滞納で支払会社に対する差押えはできないことになります。

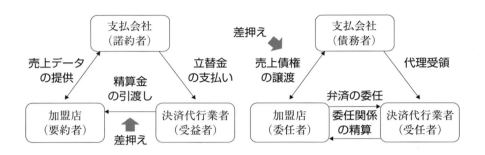

しかし加盟店契約側から見ると、支払会社から加盟店に支払われる精算金を決済代行業者は代理して受領するとしていて、決済代行業者に直接に支払う旨の合意が三者間にあるようには読めません。また資金移動との関係で、第三者のためにする契約とした場合に、決済代行業者から加盟店への支払いを無理なく説明できるか（何を根拠とする精算なのか？）という疑問もあります。そうなると、包括代理契約の文言は支払先の指定だとしても、当事者の合意による点で代理受領の承認と違いはありません。それに、そもそも債務者の責任財産を差押えから排除する合意が対外的に認められるのかという問題になりますので（⇨ Chapter 4・162頁）、カード会社への売上債権が差し押さえられたならば、決済代行業者はそれを排除することはできないと考えます。

　なお、個別に支払会社を把握するのは大変なこと、手数料分しか取立額に差がないことからは、実際の徴収実務を考えると、決済代行業者からの支払いを差し押さえるケースが多いと思われます。

　（注）　海外の加盟店契約会社を使った決済代行については、徴収法の施行地外にある第三債務者に対しては差押えをすることはできません。決済代行業者から加盟店に支払われる精算金を差し押さえます。

Q4-1 当社は、クレジットカードなどの包括加盟代理契約を提供する決済代行業者です。当社と契約している加盟店が滞納していたらしく、月末に加盟店に支払う売上げについて差押えがされました。しかし当社は、売上情報の管理はしていますが、金銭はすべて信託会社を経由させています。このような場合でも、当社は差押えの取立てに応じなければならないでしょうか？

A 信託を利用した決済代行がされている場合は、加盟店との業務委託契約の内容によりますが、決済代行業者は売上代金の支払いを指図する立場に過ぎないので、差押えをする相手にはなりません。業務委託契約に基づき加盟店が金銭を受け取る権利（受益権）について、エスクロー信託をしている受託者を第三債務者として差し押さえます（徴73①、徴基通73-1）。

　クレジットカードなどの決済代行で、代行業者が支払会社から代金を受け取る形を代理受領としているのは、資金決済法がそうした行為を資金移動業に当たるとして、預かっている資金についての履行保証を求めているためです。その資金決済法は令和2年5月に改正されて、預かり資金が数万円程度の少額類型は、代行業者が資金を分別管理すれば登録制により営業を認めるようになりましたが、それ以上の額を扱う業者については、資金保全のため、預かり額と同額の供託、銀行による保証または信託が求められます（同法43〜46）。

　今後において、決済代行業者が代理受領によるスキームを続けていくのか、あるいは資金決済法に服する形で資金を預かるのか、方向性はわかりませんが、資金を決済代行業者に経由させない仕組みとして、信託を利用した決済代行（エスクロー信託）があります（資金決済法45①）。その関係図を見ると、決済代行業者は加盟店を代理してカード会社との契約及び売

上データの管理は行いますが、カード会社からの支払いは信託会社を経由して、決済代行会社からの指図により加盟店に支払われることになります。

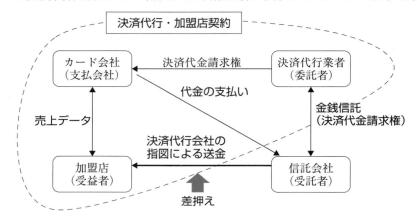

　このような形で支払いがされる場合には、加盟店はカード会社（支払会社）に直接の請求権を持たないので差押えはできません。信託スキームの中で決済代行業者からの指図を受けて信託会社が加盟店に支払うことを受益権として差し押さえることになります。
　なお、このような複雑なスキームを組むと、加盟店が負担する手数料の増加を招きますから、どこまでの広がりを見せるかはこれからです。

4　電子マネーと滞納処分

　電子マネーを滞納処分の対象とするときは、①電子マネーを受け取った加盟店側が滞納者の場合と、②支払手段として電子マネーを持っている利用者が滞納者の場合に分けてみる必要があります。前者については、一般的に決済代行業者を経由することが多いので、前段で説明したような滞納処分になります。それに対して後者の場合は、電子マネーはお財布代わりに使われるので、金額は2〜5万円と少額です。なので滞納処分をするメリットは小さそうですが、今後に利用拡大が見込まれる給与のデジタル

払いもあるので、電子マネーそのものに対する滞納処分を考えてみます。

（1）前払式支払手段と滞納処分

　前払式支払手段に分類される電子マネーには、原則として発行者及びその関連で利用することを目的にした「自家型前払式（資金決済法3④）」と、そうした前提なしに幅広く使える「第三者型前払式（資金決済法3⑤）」があります。

イ　自家型前払式

　このタイプの電子マネーには、交通機関が発行するSuica等の「交通系」と、流通業者が発行するWaon等の「流通系」があります。いずれもスマホ等の利用もできますが、主としてICカードに電子マネーを格納して使用します。滞納処分に際しての両者の違いは、払戻しの有無になります。

①　交通系電子マネー

　電子マネーを金銭に交換すること（払戻し）は、元本保証による預かりになるので、本来的に禁止ですし（出資法2①）、決済法も認めていません（⇨ Chapter 6・222頁）。ところが交通系だけは定期乗車券との共用があり、従来から利用しなくなった定期乗車券の払戻しを認めていたので、記名式のICカードに限り特例として、格納された金銭的価値（電子マネーを含む）の払戻しができます。

　そこで電子マネーに対する滞納処分ですが、Suica等のICカード自体は発行者に所有権が留保され、使用者は貸与を受けているに過ぎないので、有価証券類似として差し押さえることはできません。しかし記名式の場合は、その名義人は発行者に対して払戻請求権があるので、名義人が滞納者のときは、それを債権として差し押さえた上で、取り立てる（払戻し）ことは可能と考えます。なお、払戻しを受ける際にICカードの返却が求められるので、それは債権証書として取り上げることになります（徴65）。

② 流通系電子マネー

次に流通系ですが、払戻しができないので債権としての差押えはできません。しかし電子マネーを交付することで物品等の購入ができる権利があるので、それを発行者を第三債務者等とする無体財産権等として差し押さえることは可能と考えます。

電子マネーの利用規約には、権利の譲渡を認めない条項がありますが、契約による譲渡禁止は差押えには効力を有しません（最判昭45.4.10）。しかしながら記名式の場合には、発行者の承諾がなければ買受人はその電子マネーの利用（名義変更やパスワード変更）ができないので、その点からは換価に困難性があります。

> （注）　譲渡禁止付き債権を差し押さえたときの取立ては、本来の債権者に対する履行なので可能です。しかし公売は、譲渡禁止が付いたままの権利移転なので、特約を買受人に主張できると考えます。その際に、公売による権利移転の嘱託は（徴121）、対象が登記ではないので適用されません。

ロ　第三者型前払式

利用の対象が特定されていない第三者型前払式には、電子マネーが格納された QUO カードなどの磁気媒体型と、媒体がなく I D コードの交付で支払いをする Amazon ギフト券などのサーバー型があります。いずれも無記名ですが、滞納処分に際しての両者の違いは、媒体の有無です。

① 磁気媒体型

磁気媒体型はカードという現物があり、市場においても内部に格納された電子マネーに相当する金銭的な価値があるとして取り扱われるので、民法上の無記名の有価証券として差し押さえることができます（徴基通56-14）。

前払式支払手段として発行されたギフトカードは、金銭の払戻しができないので、取立てのできない有価証券として、公売により換価します（徴89①）。こうしたギフトカードは、買取市場では利用可能額の８割程度で

取引されていますが、電子マネーで交換できる金銭的な価値を考えると、公売する際の見積価額での減価が可能か、検討が必要です。

（注）　テレホンカードは、刑事法上の有価証券に該当する判断があります（最判平3.4.5）。

〈記名式チケットに対する滞納処分〉

　　最近は、人気タレントの公演チケットの転売防止のため、入場チケットが記名式になっているものがあります。一般の入場チケットは無記名ですから譲渡は可能なので、無記名有価証券として公売することができます。しかし、チケットに入場者が記名されている場合は、指図証券となり裏書がなければ正当な譲渡と認められません（民520の2）。また、令和元年6月施行のチケット不正転売禁止法は販売価格を超える転売を禁止していますから（同法3）、公売してもし落札価額が超過すれば同法違反になります。したがって、記名式チケットに対する滞納処分は実務的に困難と考えます。

---

② **サーバー型**

　サーバー型は、コンビニ等で販売しているPOSAカードやネットを経由してIDコードを取得し、そのIDコードをスマホやパソコンを経由して相手方に提供する形の電子マネーです。法律で金銭による払戻しはできませんが、現実にはIDコードの買取市場があります。そうなるとIDコードを金銭的な価値のある権利として認識できますが、規約により譲渡（現金化）が禁止され、差押え・公売による取得は一方的にIDコードを無効化されるリスクがあるため、滞納処分をするには高いハードルがあります。

（2）資金移動型と滞納処分

　前払式支払手段の電子マネーは、発行者に発行額に応じた保証が求められるため、チャージ可能額は2～5万円と低く抑えられ、そのため滞納処分のメリットは少ないといえます。それに対して資金移動型（電子マ

ネー）は、上限が100万円と大きく、更には令和5年4月施行の労働基準
法施行規則の改正で、給与のデジタル払いが可能になったことからは、給
与の振込口座と同様に差押えをするケースが出てきます。

イ 資金移動型

　資金移動型は、移動業者（PayPay等）にアカウント（口座）を開設し、
そこに金銭を預託（チャージ）することで、チャージ残高の範囲で、預託
した金銭と同額の決済データを相手方に移動させる電子マネーです。

　資金移動型は電子マネーの一類型ですが、アカウント内の資金を他者の
アカウントに移動させるだけなので、法律上の仕組みは銀行取引の振込み
（為替）と違いはありません。なので預金と同様に、アカウント内の資金
はいつでも引出しが可能です。滞納処分においては、資金移動業者（電子
マネーの発行者）を第三債務者として、アカウント残高の引出請求権を債
権として差し押さえます。なお、規約で引出先は指定された銀行口座に限
定ですが、差押庁の取立てには応じるようです。

ロ 資金移動型以外

　PayPay などの資金移動業者は、資金移動型電子マネーの他にも、他社
連携として前払式支払手段の電子マネーや、利用実績に基づき付与するポ
イントも扱います。金銭的な額は少ないですが、それらの滞納処分も考え
てみます。

　前払式支払手段については、他と同様に、アカウントから引き出すこと
はできません。また、ポイントは、法規制を受けないように前払式支払手
段に該当しない仕組みにするので、対価性がなく、金銭化はできません。
しかしどちらであっても、アカウント残高から決済の支払いに充当するこ
とは可能なので、その権利を第三債務者等のある無体財産権として差し押
さえることはできると考えます。

　そして換価については、直接に金銭として払出しはできませんし、公売

もできません。しかし、資金移動型への転換（チャージ）はできるので、権利の取立てとして（徴73⑤）、債権者代位権の行使（通42）でそれが可能かは検討してみる必要があります。

(3) 給与のデジタル払いと滞納処分

　実施に向けた環境整備がされたデジタル払いですが（令和4年11月　厚労省労基局「賃金の口座振込み等について」）、実際にはこれからです。電子マネーは差押禁止財産ではありませんが、給与の振込口座と同様の問題が出てきます（⇨ Chapter 5 ・176頁）。

(1)　滞納者がデジタル払いを選択しているときに、それとは別に、給与そのものを差し押さえることは、銀行振込みの場合と同様に可能です。

(2)　給与のデジタル払いは、指定された資金移動型にしかできません。銀行振込みの場合は、手取りの総額が入金されますが、デジタル払いは例えば2万円のように一部になることが多いと思われます。また、複数の Pay に分散することも可能です。そうなると、把握した Pay のアカウント残高のうち、どこまでが差押禁止額に相当するものなのか、判別が難しくなります。考え方としては、デジタル払いが一部のときは、差押禁止の趣旨が生活費保障にあるので、より流動性の高い電子マネーから禁止額をカウントするのが妥当と考えます。

5　暗号資産に対する滞納処分

　暗号資産の中でも仮想通貨とは何か…その答えの前に、通貨とは何かということから始めてみます。代表的な通貨である円やドルは、古くからモノを買うときに交換していた金貨などの「お金」を、国家がその信用力を基礎に発行した紙幣などの「通貨」に置き換えたものです。ですから通貨には「お金」としての機能があり、実社会においてモノやサービスの対価となる決済手段になります。

円やドルといった法定通貨は、国家という枠組みの中で、国家が信用を与えてモノとの交換を可能にするものです。それに対して、暗号資産の中でも代表的な仮想通貨は、ネットワークという誰の拘束も受けない空間の中で、ブロックチェーンという改ざん不可能な技術を信用の基盤に置き、モノやサービスの対価としての機能（決済手段）を持たせたものです。

　ですが、円とドルとの交換レートが変動するように、仮想通貨も多数の者が関わることで交換レートが成立し、そのレートの差が大きく振幅することで、現実には「通貨」というよりも「投資」の対象になっています。

（1）暗号資産の仕組み

　暗号資産のうち仮想通貨といわれるビットコインなどは、円やドルなどの通貨に代替するものですが、紙幣やコインといった物理的なモノは存在しません。すべてのやり取りは、電子的にネットワークの中だけで行われます。その意味では、クレジット決済やプリペイドカードといった電子決済と似ていますが、それらは円やドルなどの通貨を単位に決済をしています。

　それら通貨は発行や流通に関して、日本銀行やFRBといった中央銀行が管理していますが、それに対して仮想通貨は、それを発行したり、管理したりする主体がありません。主体が存在していないという意味で「仮想」なのですが、そんな非常識な仕組みは、ある特定の暗号資産に関するすべ

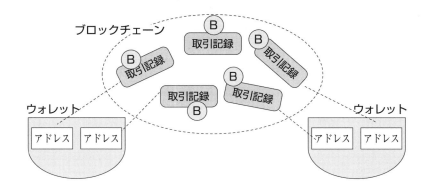

ての取引データをつなげて、誰でも見れるようにオープンにしたネットワーク（ブロックチェーン）が、暗号資産の基本フレームになります。

　暗号資産を利用するユーザーは、その暗号資産（例えば、ビットコイン）を構成するネットワークに加わるため、まずはウォレット（財布）を作り、そこで取引口座に当たるアドレスを管理します。アドレスに個人情報はなく、秘密鍵と公開鍵という暗号情報により秘匿されていますが、暗号資産はそのアドレスに紐づけられて、取引データ（トランザクション）としてネットワークで管理されます。

（2）新しい暗号資産の形態

　令和 6 年 8 月の暗号資産の現物取引規模は、約 1 兆4,336億円でそのうちビットコインが 8 割近くを占めています（日本暗号資産取引業協会）。なので、普通は暗号資産といえばビットコインなどの仮想通貨をイメージすると思いますが、次のような新しい種類も開発されています。

① 　ステーブルコイン

　仮想通貨が投資の対象になって、 1 日で数十万円も値動きするようでは、通貨としての本来の機能は果たせません。そこで、法定通貨と交換レートを一定に保つように作られたのがステーブルコインです。交換レートが固定なので、円建てで支払うのと同じ感覚で使えて、しかも銀行を通さずネットワーク上だけでの決済が可能になります。最近は、クレジットカードや決済アプリの支払いにも対応する動きもありますから、法定通貨と同様の機能を有しています。

　ステーブルコインを安定化させる方法には、法定通貨との交換（償還）を発行者が保証するタイプ（担保型）と一定のロジックによるもの（アルゴリズム型）がありますが、後者の大手だった TerraUSD が2022年に信用崩壊を起こしたので、前者が主流になると思われます。

　（注）　担保型であっても発行額が多額になれば、そこまでの額の法定通貨が
　　　　用意されているかはわかりません。

通貨と同じように使えるとなると、問題は利用者保護とマネーロンダリング（違法取引）対応です。そこで令和4年6月に施行された改正資金決済法では、担保型のステーブルコインを「電子決済手段」のカテゴリーに入れて、発行者を一定の返済能力が見込まれる国内の銀行、信託会社及び資金移動業者に限定するとともに、マネロン監視のため取引を仲介する業者を登録制にしています（同改正法2⑤）。こうした電子マネーと同様の法規制は国内で取引するときは被さりますが、Tether（USDT）など海外発行のものを自己責任で、海外の交換所で取引する分には掛かりません。

　※民間事業者が信用供与するのがステーブルコインですが、中央銀行が信用供与して自国通貨建てで発行するのがデジタル通貨（CBDC:Central Bank Digital Currency）です。

② 　ＮＦＴ

　仮想通貨やステーブルコインは、1万円札ならどれも同じなのと同様に無個性です。それに対して美術品を通貨の代用にするような、個性のあるデータをトークン（交換価値のあるデジタルデータ）にしたものがNFT（代替不可能トークン）です。

　NFTは、作成者が作品（NFTアート）を専用の市場（マーケットプレイス）に出品し、それに価値を見出した者が仮想通貨で購入することで成立します。そして購入者は、保有するNFTアートを自由にマーケットプレイスで売却することができます。そうやって流通するNFTアート自体にどれほどの価値があるかわかりませんが、それが投資の対象になれば一定の財産的な価値を持つことになります。

　また、一般のオンラインゲームでは、ゲーム内通貨やアイテム、アカウントを現実世界で売買（RMT：リアルマネートレード）することは、金銭力によるチート（不正行為）になるので規約で排除します。それに対してキャラクターやアイテムをNFT化するゲームが登場していますが、これはどちらかというとプレミアを付けて換金することが目的といえます。

　なお、美術品そのものが通貨でないのとの理由で、NFTの暗号資産と

しての法規制は、今のところはないようです（金融庁令和元年 9 月パブリックコメント）。

　　(注)　他人に権利があるアートや楽曲を許可なく NFT 化すると、著作権侵害になります。

③　ＳＴＯ

　企業が株式や社債を発行して資金を調達するのと同様に、企業が自らトークンを発行して資金を調達する方法が ICO（Initial Coin Offering）です。多数の投資家から資金を調達するには株式公開や公募債の発行がありますが、それをできる企業は限られます。しかしトークンの形にすれば、そうしたハードルはなくなり、自由に資金を調達できるようになります。

　ですが、満足な情報開示もないままトークンの発行を放置すれば、投資詐欺に使われるケースが生じます。そこでトークンを有価証券と同じに扱い、発行及び仲介を金融商品取引法で規制する STO（セキュリティトークン）が、これからの主流になると思われます。

　STO は、株式公開などの方法が取れない企業の資金調達や、 1 株などの単位がないので小口投資の募集などでの活用が見込まれます。

　　(注)　金融商品取引法では有価証券(デジタル証券)とされる STO ですが、「証券」の発行はないため、徴収法 56 条の有価証券には該当しません。

(3) 交換所の役割

　暗号資産はネットワーク上の存在でしかありませんから、決済する取引相手が暗号資産を受け付けてくれなければ、現実に使える円やドルなどの通貨に換えなければなりません。その際に、保有している暗号資産を現実の通貨に交換してくれる者がすぐに見つかればよいのですが、ネット上の暗号資産に個人情報はありませんから、交換してくれる者を見つけるのは容易ではありません。そこで、暗号資産と現実の通貨を交換＝売買する取引所と、それを運営する交換業者が必要になってきます。こうした取引の仲介は通貨を移動する為替に等しいこと、及びマネロン監視の目的から、

国内では登録を受けた業者（暗号資産交換業者）が提供する交換所でしか取引できません（資産決済法2⑦）。

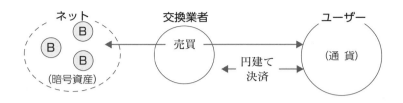

① 交換所

コインチェックなどの暗号資産交換業者の交換所には、「販売所」と「取引所」があります。販売所は、暗号資産交換業者が相手となって、示された価額でユーザーが暗号資産を売買する場所です。それに対して取引所は、暗号資産交換業者は場所を提供するだけで、暗号資産の売買はそれを行うユーザー同士で行います。

なお、取引所は売買された暗号資産データの受け渡しをする場所ですが、後述するユーザーのウォレットを交換所内に置くことで、暗号資産交換業者が暗号資産データそのものを保管・管理（カストディ）しています。

② 暗号資産の管理

暗号資産を保有するユーザーは、ネットワーク上にウォレット（財布）を作り、そこで取引口座に当たるアドレスを管理します。アドレスには個人情報はなく、秘密鍵と公開鍵という暗号情報で秘匿されますが、暗号資産はそのアドレスに紐づけられて取引がされます。

多くは、交換所にユーザー口座（ウォレットに相当）を作って、そこで円や暗号資産の入出金を行い、売り買いの指示は秘密鍵なしで行うオンラインウォレットというやり方がされます。暗号資産は名義のないデータですから、誰がそのデータを独占できるかは、秘密鍵を支配しているかどうかで決まります。そうなると秘密鍵を管理する暗号資産交換業者が暗号資産を実効支配していると思うのですが、整理としてはユーザーの暗号資産

を預かるという立場になっています。

　ですから暗号資産交換業者がハッキングされて流出すると、ユーザーの暗号資産は失われてしまいます。そうしたセキュリティ面の心配から、ユーザーが自らスマホのアプリや外部メモリなどで秘密鍵を管理する方法もありますが、利用は少数に留まっています（コールドウォレット）。こちらは暗号資産を保管するウォレットを外に出しただけなので、取引は交換所を介して行います。

③　取引の方法

　暗号資産はもっぱら投資の対象ですから、株式と同じように、かなり値動きがあります。暗号資産を保有して値上がりを待つだけの現物取引もありますが、値動きによって利ザヤを大きくする、株式と同じような信用取引も行われています（取扱いをしない交換所もあります）。

　証拠金（円貨か暗号資産）をユーザー口座に入れることで、個人はその２倍までの取引が可能になります（レバレッジ取引、暗号資産FX）。暗号資産の取引高でみると、７割ほどがこの信用取引です（日本暗号資産取引業協会）。

(4) 暗号資産に対する滞納処分

　暗号資産の中でも仮想通貨の本来の役割は通貨に代わる決済手段ですから、そのような利用だけを目的とする者は、自らネットワーク上にウォレットを設置し、自らアドレスを管理することになります。しかしその一方で、投資などを目的に頻繁に通貨と交換するような者は、取引所を通じた利用をします。

イ　取引所を利用しない場合

　暗号資産それ自体は、管理するような機関は存在しません。また、取引記録はすべて個人情報を含まない記号（匿名）ですから、外部からは誰が暗号資産を保有しているかわかりません。ですから、取引所を通じないで

暗号資産を保有している場合には、何かの契機で判明でもしない限り、滞納者が暗号資産を保有しているかどうか把握できません。

仮に、保有していると判明した場合でも、暗号資産は現金などの動産ではありませんし、管理する相手の第三債務者も存在しないので債権にも該当しません。そのため、執行の手続としては徴収法72条の無体財産権等として差し押さえることになります。ただし、差し押さえた暗号資産を金銭化するためには、①差し押さえた暗号資産を買い取る者に、滞納者（暗号資産の秘密鍵を保有する者）が自ら移転手続をとるか、②暗号資産を権利として公売することになるのですが、いずれにしてもアドレスの秘密鍵が開示できなければ滞納処分はできません。

ロ　取引所を利用している場合

次に取引所を通じて暗号資産を保有している場合には、秘密鍵を誰が管理しているかで違いを生じます。

①　暗号資産交換業者が秘密鍵を管理する場合

一般的に投資目的などで暗号資産を保有しているケースでは、暗号資産交換業者が運営する取引所にユーザー口座を開設し、そのユーザー口座で現金と暗号資産の両方を管理することになります（資金決済法63の11①、②）。その際に、取引を簡便にするため、アドレスに結び付いた秘密鍵は交換業者に預ける形になります（カストディ）。そうなると直接に暗号資産を管理または保有している（秘密鍵を管理している）のは交換業者であって、ユーザーである滞納者は交換業者に対して、必要があれば自らに仮想通貨（秘密鍵）の引き渡しを求める権利を有する関係になります。

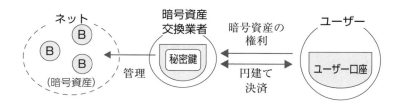

　（注）　暗号資産の取引アプリには、日本語対応であっても外国の交換所も多
　　　　くあります。徴収法は国内しか適用されないので、そうしたアプリで取
　　　　引されている暗号資産の滞納処分は困難です。

【交換業者に対する調査】

　暗号資産交換業者の利用規約を見ると、ユーザー口座で保管されている暗号資
産は、自己または他者の口座への送信依頼はできますが、暗号資産そのものの引渡
しが受けられるとはなっていません。また法律は、ユーザーは暗号資産交換業者に
対して暗号資産の「移転を目的とする債権」を有するとしているので（資産決済法63
の19の 2 ①）、ユーザー口座を開設している滞納者は暗号資産交換業者に対して「暗
号資産移転請求権」があると考えられます。そうなると、暗号資産交換業者は滞納
者から見ると債務者になるので、徴収法141条 1 項 3 号の質問検査権の対象になり
ます。

　ユーザー口座は、暗号資産を保有するだけの現物取引の口座と信用取引を行うト
レード口座に分かれます。なお、銀行とは違って 1 ユーザーが同一の暗号資産交換
業者に複数口座を持つことは認めていないので、支店番号や口座番号のようなもの
はありません。

【暗号資産移転請求権の差押え】

　滞納者がユーザー口座を開設しているときは、暗号資産交換業者を第三債務
者にして「暗号資産移転請求権」を徴収法62条により差し押さえることができ
ます。

　この動産引渡請求権類似の請求権の取立ては（徴67①）、暗号資産そのもの
はユーザー口座からの移転しかできないので、差押えをした税務署のウォレッ
トに移した上で、交換所を通じて公売（金銭化）することになります。なお、
暗号資産交換業者による随意契約による買取り（徴109）は、金地金と同様に
交換所ごとに取引価額が違うので、適用外です。

　（注）　民事執行法は債権執行の対象を限っているので（民執 143）、その他の
　　　　財産権として差し押さえますが（民執 167 ①）、徴収法は取立てが可能
　　　　なので債権として差し押さえます（⇨ Chapter 4 ・154 頁）。

【暗号資産の売却代金の差押え】

　暗号資産交換業者の利用規約には、滞納処分による差押えがあったときは、

利用契約を直ちに一方的に解約し、更には、解約したときはユーザー口座にある暗号資産を売却して、その金銭をユーザーの登録した銀行口座に払い戻す条項があります。この規約を利用して、暗号資産移転請求権の差押えを契機として発生する「暗号資産の売却代金返還請求権」を併せて徴収法62条により差し押さえて、第三債務者（暗号資産交換業者）から金銭を取り立てるという方法があります。多くの暗号資産交換業者は、暗号資産移転請求権の差押えがされたときは請求がなくても自動的に解約するので、暗号資産の売却代金の差押えをしておけば税務署に支払いがされます。

（注）　暗号資産移転請求権と売却代金返還請求権は差し押さえる対象が違うので併用可能です。両者を一つの差押通知書に併記した形で差押えをします。

【レバレッジ取引と滞納処分】

　暗号資産交換業者のトレード口座に振り替えられた暗号資産は預託証拠金になって、その2倍の範囲で信用取引をすることができます（レバレッジ取引）。取引約款によれば、トレード口座に対して差押えがされたときは、直ちに期限の利益を喪失し、その時点で強制的に清算がされます。清算によりマイナスになったときは、トレード口座に暗号資産の残高があっても滞納処分は効を奏しませんが、清算後にプラスになれば取立てが可能です。

（注）　預託証拠金には、法定通貨（円）をトレード口座に入れておくこともできますが、これは暗号資産ではないので、【暗号資産移転請求権の差押え】の差押えとは別に証拠金返還請求権として差し押さえます。

【仮想通貨以外の滞納処分】

　暗号資産交換業者のユーザー口座にある担保型のステーブルコインは、これまで述べたことの他に、発行者の法定通貨による償還を約束するものという特徴があります。ですが、国内では発行の廃止等の理由がなければ払戻しを認めないので（資金決済法20①）、日本で発行されたステーブルコインを差し押さえても、発行者から金銭の取立て（償還）はできません。

　NFTは、マーケットプレイスの運営事業者がユーザーのNFTを保管・管理（カストディ）している場合は、暗号資産移転請求権と同じ差押えが可能です。ただし、NFTはマーケットプレイスでの仮想通貨による売買を予定しているの

で、それ以外の場所で換価することは困難です。

　STO は、暗号資産といってもデジタル証券なので、一般の投資証券と同様に証券市場で取引がされます。ですから滞納処分も、暗号資産交換業者に相当する証券会社等を第三債務者にして行います。

②　ユーザー（滞納者）が秘密鍵を管理する場合

　暗号資産交換業者が運営する取引所にユーザー口座を持ち、そこで仮想通貨を取引している場合でも、ユーザーがアドレスの秘密鍵の交付を受けて、自分で管理することができます（コールドウォレット）。この場合には、暗号資産交換業者が運営する取引所は、滞納者が保有する暗号資産を取引する際の通過点に過ぎませんから、暗号資産交換業者を第三債務者とする差押えはできないと考えます。また、仮に差し押さえたとしても、暗号資産交換業者は秘密鍵を管理していないので、その取立てとして暗号資産の交付を受けることはできません。

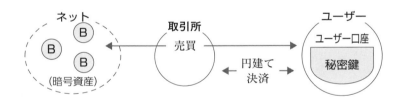

　〈債権と無体財産等の違い〉
　　滞納処分をする際の手続で、財産の区分がわかり難いのが徴収法62条の「債権」と同法73条の「第三債務者等のある無体財産権等」です。いずれも、形の無い「権利」が対象ですが、無体財産権等が債権を除く「権利」であるところ（徴72①）、徴収法73条は「第三債務者等のある」権利なので、特定の第三者に対する権利を意味する「債権」と性質上の線引きが難しいです。
　　徴収法基本通達73条関係 1 は対象を列挙していますが、暗号資産移転請求権や未分割の相続預金など、最近は判別の難しいものが登場しています。考え方としては、徴収法62条は原則として「取立て」ができるもの（徴67①）、

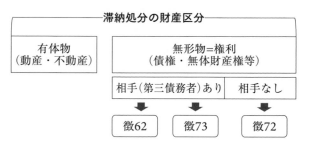

取立てを予定しないものは同法73条というのがあり（『国税徴収法精解』（令和6年改訂版）484頁）、同法54条2号もその線での区別を前提にしています。

　ただしそうなると、同じく強制換価手続の強制執行では、債権執行は金銭債権及び動産・船舶の引渡請求権に限るため（民執143）、暗号資産移転請求権は動産ではないので、同法167条の「その他財産権執行」になります（「暗号資産を巡る強制執行」東京地裁民事執行センター・金融法務事情2164号44頁）。それに対して滞納処分では、暗号資産交換業者からデータの引渡し受ける（取立てする）権利なので、徴収法62条の債権として差し押さえるという違いが出てきます。

Q4-2

＜NISA（少額投資非課税制度）と滞納処分＞

当社においてNISA（少額投資非課税制度）の証券口座を開設している者について、口座内の投資信託残高を差し押さえた旨の通知書が税務署と市役所からそれぞれ別に届きました。先に来たのは、税務署からの当社を振替機関等とする投資信託の受益権に対する差押えで、その後に市役所からは、当社を第三債務者として、投資信託を解約することに基づく返戻金請求権の差押えがされました。対象は同じNISA口座ですが、異なる財産として差押えがされています。当社としては、どのように対応すべきでしょうか？

A　保管振替制度下にある株式や投資信託の受益権に対する差押えは、原則的には徴収法73条の2による「第三債務者等のある無体財産権等」により行います。しかし、実務的に同法のやり方に不具合があり、最高裁も実務に即した方法として徴収法62条による「債権」の差押えを認める判断をしています。そのため、2種類の異なる差押えがされる事態が生じますが、同一財産の差押えではないので、徴収法上の整理はありません。ただし、先行する差押えにより処分が禁止されることからすれば、投資信託は解約できないので、税務署の滞納処分により換価がされることになります。

投資信託は支払手段ではありませんが、証券会社の顧客口座で資金と投資資産を保管し、顧客の請求により資金を払い出す仕組みが暗号資産交換業者と類似するので、ここにまとめてみました。

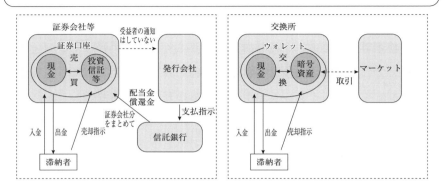

　「人生100年」と言われるようになって、ライフプランに合わせた資産形成が重要との観点から、政府は「資産所得倍増プラン」（令和４年11月策定）といったように、国民が貯蓄ではなく、投資に金融資産を回す取組みをしています。その一環として、平成26年から投資の運用益を非課税とする少額投資非課税制度、いわゆる NISA をスタートさせています。また、投資により蓄積した利益による確定拠出年金（iDeCo）などもあり、これまでは主に資産家が対象だった投資信託も、幅広い者が持つようになり、滞納処分の対象になってきました。

6　投資信託の仕組み

　投資信託とは、多数の顧客から集めたお金を一つの大きな資金にまとめて、株式や債券などで投資・運用する金融商品です。預金のような元本保証はありませんが、定期預金が0.125%前後といった超低金利の中で、運用利回りは３％〜10%ほどあること、随時に換金が可能なこと、取り扱う金融機関がゆうちょ銀行をはじめ、銀行や証券会社など多数あることから、今では預金感覚で使われています。ところが、投資「信託」という制

度の枠組みと保管振替制度が絡んで、滞納処分を混乱させています。

(1)　「信託」という制度

　投資信託では、多数の出資者からお金を集めて運用するので、運用資金が外部からの差押えや倒産といった影響を受けないようにする仕組みが必要です。それに使われる制度が「信託」です。資金を集めてファンドを組成する運用会社は、その資金を信託銀行に信託した上で運用し、その運用で得た収益を出資者に受益権という形で分配します。集めた資金は運用会社（委託者）から信託銀行（受託者）に移転し（信3）、受託者側の債権者は信託財産（ファンド資金）に手を出せないので（信23①）、結果としてファンド資金は安全に運用されます（こうした仕組みを「倒産隔離」といいます）。

　以上が基本プランですが、実際には、運用会社の出す目論見書を見た上で、販売を任された金融機関や証券会社から、出資者は投資信託を「金融商品」として購入することになります。

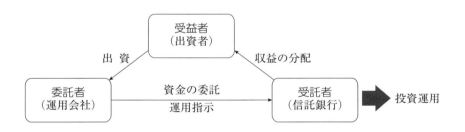

(2) 保管振替制度

　投資信託の購入者（出資者）は、運用で得られる収益を受益権という形で取得しますが、その受益権は受益証券という有価証券になって販売されます（投信法2⑦）。そして、たいていの受益証券は現物での発行はなく、データとして保管振替制度の中で流通がされます。これが滞納処分をややこしくする原因です。

　保管振替制度の中で流通する有価証券は、紙としての現物がありません

から、その差押えや換価は保管振替制度という枠組みの中で行うことになります。その手続を定めたのが徴収法73条の2ですが、その方法は、差押えに際しては発行者と振替機関等に差押通知書を送付すること、換価においては発行者から償還（取立て）を受けることですが、これが投資信託では現実の運用に合っていません。

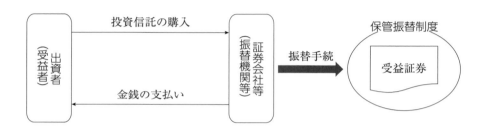

　徴収法73条の2は、発行者に対して履行を禁止するため差押通知書を送るとしています（同条②）。これは債権と同じように、発行者が金銭を支払う相手（第三債務者等）と考えているためです。ところがベースにした振替社債ではそれでよいのですが、投資信託ではズレが生じます。

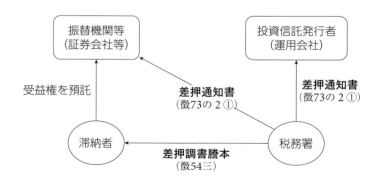

　まずは、発行者が誰かというと、受益証券を発行するのは運用会社です

が（投信法2⑦）、出資者が持つ受益権に関するお金を誰が支払うのかというと、投資信託のような他益信託は受益権は受託者（信託銀行）が負う債務です（信2⑦）。投信約款では、運用会社（発行者）が支払額を決めますが、運用している金銭はそれを管理する信託銀行から出金されて、販売した証券会社等を通じて出資者に支払われます。

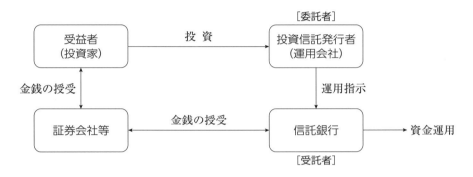

しかも、必要な支払いはすべて証券会社等がまとめて信託銀行に請求するので、運用会社は個別の出資者情報を管理する必要がなく、投資信託を販売した際に証券会社等は誰が購入したかを発行会社（運用会社）に通知しません。したがって、第三債務者等として発行会社（運用会社）に差押通知書が送られても、誰が出資者か把握していないし、そもそも金銭を支払う立場にもないので、対応できません。すなわち、発行会社（運用会社）は第三債務者等としての機能を果たしていないのです。

8　証券会社等に対する債権差押え

現実には、投資信託は窓口になる証券会社等で販売する金融商品ですから、購入やお金のやり取りはすべて出資者と証券会社等の間で行われます。

投資家が投資信託を現金化するときは、運用の満期を待って償還を受けることもできますが、それ以前であっても、解約して払戻しを受けることができます（証券会社等による受益証券の買取りは、実際には行われていない

ようです)。

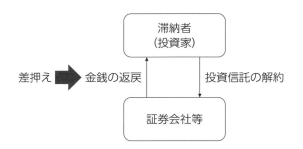

　そこから現実とズレがある徴収法73条の2ではなく、証券会社等を第
三債務者にして、債権として解約返戻金を差し押さえた上で（徴62）、そ
の取立てとして口座解約申込書を証券会社等に送付し（取立てによる解約
権の行使は最判平11.9.9参照）、投資信託を現金化することが徴収実務のケー
スで多く見られます。実際に、それを認める判決（最判平18.12.14）があ
りますが、注意が必要です。

（1）平成18年最判に基づく滞納処分

　上記平成18年最判が出たのは、投資信託が保管振替制度に取り込まれ
る以前の保護預りのときです。なので、投信約款及び口座管理規約などの
契約解釈の問題として結論が出されました。しかし保管振替制度の下でも、
平成18年最判の考え方は維持されていると考えられます（投資信託の解約
と相殺に関する最判平26.6.5の「最高裁調査官解説」（法曹会）258頁）。

　ですから現在も、より実務に近い、証券会社等を第三債務者とする解約
返戻金の差押えがされているのですが、投資信託は保管振替制度という法
律に支配され、それに対応した徴収法73条の2が用意されている中で、
それらを無視してよいかは考えなければいけません。

　というのは、保管振替制度の下では投資信託の権利帰属は振替口座簿へ
の記載で決まり（保振法66）、解約された場合には、証券会社等は振替機

関等として振替口座簿に抹消の記載をします（保振法71①）。徴収法73条の２に基づく保管振替制度の受益権への滞納処分であれば、証券会社等は振替機関等という立場で（同条②）、当然にこうした手続をしますが、証券会社等を第三債務者とする解約返戻金に対する滞納処分では、保管振替制度の外側なので、抹消の記載をする根拠が怪しくなります。

（2）現実的な対応方法

　以上から、現実的な方法として、①徴収法73条の２による受益権の差押えと、②証券会社等に対する解約返戻金の差押えを同時に行い、その上で証券会社等を経由して解約請求を行って取り立てる提案があります（「投資信託にかかる差押え」新家寛ほか、金融法務事情1807号15頁）。しかし執行のやり方として、②の差押えで取立てをしたときに①の差押えがどうなるのか、両者の手続の関係が不明になる弱点があります。

　むしろより簡単に考えて、徴収法73条の２で差し押さえた受益権には、その内容として出資者の請求により解約したときの解約返戻金も含まれると考えて、それを証券会社等に中継ぎさせて取り立てる（徴73の２④）とすれば、制度の枠内での滞納処分になって妥当ではないかと思います。

9　異なる財産として差し押さえた場合の調整

　同一の財産に対して、滞納処分と裁判所の強制執行が競合した場合は滞調法で、異なる行政機関等が滞納処分で競合した場合は徴収法により、それぞれ調整されます。二重に執行手続がされたときは、先行する手続に換価権を認めて、遅れたほうは換価できない原則があり、それが参加差押え（徴86）と債権の二重差押えと取立て（徴基通62-7）になっています。

　ところが本事例のように、実質的には同一の財産であっても、受益権と解約返戻金という別の財産を差し押さえた場合には、法律がそうしたケースを想定しておらず、調整がされずに、それぞれが換価権を持つという混

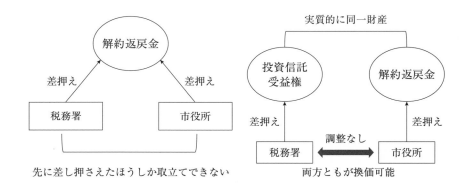

先に差し押さえたほうしか取立てできない　　両方ともが換価可能

乱が生じます。本来は対象の統一に向かうべきですが、それができないときは、差押えによる処分禁止により、後行の処分は先行処分に対抗できず、換価ができないと解するのが妥当と考えます。

10　個人型確定拠出年金(iDeCo)と滞納処分

　証券会社等が取り扱う投資信託には、公的年金を補完する目的で作られた個人型確定拠出年金（iDeCo）があります。投資家が証券会社等に口座を持つ場合には、配当所得等に対する課税の便から、一般的な「総合口座」の他に、NISA 口座と iDeCo 口座で管理がされます。

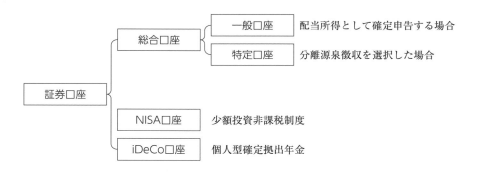

（注）　証券会社等が発行する預り明細書では、各投資資産ごとに、どの口座に属するかを記載するので、間違って選択しないよう注意します。

　iDeCo については、口座内で何に投資するかは変更可能ですが、原則60歳までの受け取り開始年齢までは、加入者が口座を解約（確定拠出年金の脱退）して金銭を引き出すことができません（確定拠出年金法62④）。そのため他口座と別管理するのですが、一方で徴収法等では差押禁止財産になっていません。解約できないので、債権として証券会社等を第三債務者にした差押えはできませんが、 iDeCo 口座にある投資信託そのものは他の口座にある投資と変わらないので、徴収法73条の2による差押えは可能のように思われます。

　しかしながら、 iDeCo は年金と同等であり、通算加入者等期間経過後に受け取る確定拠出年金は差押禁止になっています（徴77①）。その給付金の原資であることを考えると、滞納処分を認めるといわば強制脱退を強いることになり、給与の振込口座の差押えのこともあるので、差押禁止の趣旨を逸脱するものとして差押えはすべきでないと考えます（⇨ Chapter 5・176頁）。なお、NISA やつみたて NISA は、投資による財産形成なので、差押えに制限はありません。

Chapter 5

働き方の
多様化と
滞納処分

　個人が労働力を提供して収入を得るときは、従来は雇用がほとんどでしたが、自由な働き方が求められる最近は、派遣社員やフリーランスなどの多様性が進んでいます。納税は国民の義務ながら、個人の生活保障は守らなければならず、その観点で滞納処分には制限が掛けられていますが、こうした多様化に法律が間に合っていないケースもあり、いろいろな問題を生んでいます。また、個人が収入を得る手段として、ネットというプラットフォームを媒介にした形も色々と現れています。

　本章では、こうした個人が得る収入の多様化と滞納処分について考えてみます。

Q5　シェアリングエコノミーと債権差押え
（働き方の多様化と債権の差押え）

　当社は、個人のスキルを活用する、クラウドソーシングというシェアリングエコノミーを提供している会社です。先般、当社のサービスを利用して某 IT 企業と契約している SE（システムエンジニア）が住民税を滞納していたらしく、当月末に当社からその SE に振込みを予定している 60 万円について、市役所の納税課が差し押さえてきました。当社に届いた債権差押通知書を見ると、将来において支払うものまで差し押さえると書いてあります。こうした差押えがされると、当社と契約関係にある SE は生活困難になり、発注業務の遂行に支障があるのですが、何かの配慮はないのでしょうか？

A　当社が滞納者である SE に支払いをする根拠となる関係が、雇用契約、業務委任契約、あるいは収納代行かにより、差し押さえる債権が変わります。雇用契約に基づく給与の場合は、それが生活の糧であることに配慮して、一定の範囲で差押えが禁止されます。それに対して、業務委任契約（請負）の場合は徴収法の配慮はなく、請負代金の全額が差し押さえられます。収入減による生活の問題は、滞納者と市役所の間で話し合ってもらうしかありません。

　令和 5 年 5 月から第 5 類に移行し、ようやく落ち着きをみせるコロナ感染症ですが、生活の在り方に大きな影響を残しました。物販でみればネット通販やキャッシュレス決済の拡大、働き方もオンラインでの在宅勤務などがあり、その一つに、いわゆる「フリーランス」の増加があります。企業に雇用されて時間や仕事のスタイルが拘束されるより、フレキシブルな働き方ができるフリーランスの生活者は、総務省によれば令和 4 年では300 万人ほどに増えているようです。こうした自由な働き方には、個人事業（フリーランスは、正確には個人の自営業者に限られます）の他に、人材

派遣会社に登録して給与を得る者が約160万人ほどいます。

　これらの者は一般的に収入が一定でなく、税金を源泉徴収や特別徴収をしていなければ、滞納が出やすい傾向があります。累年での滞納になることも多く、その際に滞納者の生活維持に必要な収入への滞納処分に踏み切る場合があります。

　本章では、そうした労働力の提供で収入を得る形態を、①雇用による給与債権に滞納処分をする場合、②フリーランスの請負債権について、更には③ネットを媒介に業務委託契約をするケースについて、それぞれの問題点を見ていくことにします。

（注）　参考資料「令和 4 年就業構造基本調査」総務省統計局

1　給与所得者と滞納処分

　個人の持つ「働く能力」を提供して収入を得る方法で一般的なのは、雇用契約に基づく給与です。

（1）給与の差押えとは

　被雇用者が税金を滞納していた場合には、雇用契約により支払われる給与債権につき、雇用者を第三債務者とする差押えができます（徴62①）。その場合には、「徴収すべき国税の額を限度として、差押後に収入すべき金額に及ぶ」（徴66）という継続債権の差押えができるので、特に「何月分の給与」と制限がない限り、差押えがされた月分以降も取立て（徴67①）に応じなければいけません（徴基通66- 2 ）。

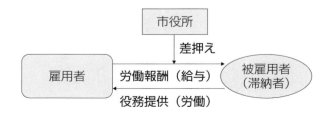

　給与や報酬に係る申告所得税は源泉徴収の対象なので、給与所得者が国税を滞納するケースは多くありません。それに対して地方税では、派遣社員や短期の非常勤などの住民税の納付を雇用者側が普通徴収扱いにしていたり、厚生年金の適用事業所の届出をせず国民健康保険税（料）の対象にしていれば、給与所得者が滞納するケースになります。そのため給与の差押えは、もっぱら地方税で多く見られます。

（2）給与の差押えは、その範囲に一定の制限がある

　給与債権は差押えがされて収入が無くなると生活困窮の恐れがあることから、政策的に、一定額の範囲で差押禁止がされます（徴76①）。

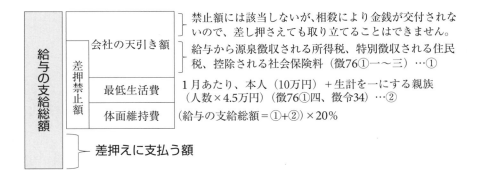

①　差押対象額を計算して、いくらの額を市役所に払うのかは、雇用者側のリスク

②　禁止の効果を滞納者は放棄できるが（徴76⑤）、その意思確認は市役所

　給与の差押えは、各月の支給総額は市役所側ではわからないので、支給額のうちいくらの額を市役所に支払えばよいかは、第三債務者である雇用者が計算しなければなりません。実務的には禁止額の計算が複雑なので、市役所に依頼する場合もありますが、もし間違った計算をして、差押えを

受けた被雇用者に多く支給してしまった場合には、その分は二重弁済のリスクを負うことになります。間違いやすいポイントには、以下、イ〜ロの4つがあります。

イ　強制執行による差押えと競合をした場合

給与の差押えを制限する規定は民事執行法にもありますが（民執152①）、差押可能額の計算は徴収法とは違って、源泉徴収される所得税などの税金や社会保険料を控除した支給額のうち、$\frac{1}{4}$まで（子供の養育費等で差し押さえるときは$\frac{1}{2}$まで）になっています。なお、月の支給額が44万円超の場合は、33万円を超える全額が差押可能です（民執令2①）。

第三債務者（雇用者）の負担を考えると、差押可能額の計算は簡便なほうがよく、民事執行法は計算が単純です。徴収法も現行法の前は民事執行法と同じ計算方式でしたが（旧徴収法16②）、給与による生活者の支出を考慮して複雑にしました。

徴収法と民事執行法で範囲が違っていても、互いが競合しなければ問題ありません。しかし最近は離婚後の養育費不払いなどで、裁判所が給与を差し押さえることも増えて、滞納者の給与に滞納処分と強制執行の差押えが競合するケースが生じます。そうなると、範囲の違いや民事執行側の実務もあってかなり複雑になります。

①　両者が競合したときの供託

債権について滞納処分と強制執行の差押えが競合して重なると、原則として強制執行の差押えの範囲は債権の全額まで拡張されます（滞調法20の4、36の4）。しかし、給与債権の場合は差押可能額が限定されるので、裁判所実務では法律で認められた範囲までしか拡張しないとしています（最高裁事務局「滞納処分と強制執行等との手続の調整に関する執務資料」（法曹会）196頁）。

供託（滞調法20の6①、36の6①）

　滞納処分と強制執行の両方がされたときに、滞納処分の差押通知書が先に届いた場合は、滞納処分の差押禁止額を除いたところで税務署にそれを支払うか、あるいは強制執行の差押可能額の範囲で供託することのいずれかを第三債務者は選択できます（「権利供託」、滞調法20の6①）。一方で、強制執行の差押命令書が先に届いた場合は、強制執行の差押可能額の範囲で供託し（「義務供託」、滞調法36の6①）、その際に滞納処分の取立可能額のほうが多ければ、その差額を税務署に支払います。

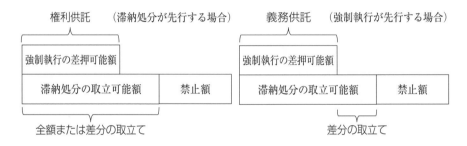

②　強制執行側の実務が与える影響（差押範囲の変更）

　徴収法は生活維持に必要な額を明らかにしているので（徴令34）、禁止額の範囲で生活できるはずです。それに対して民事執行法は一律 $\frac{1}{4}$（扶養費の不払いの場合は $\frac{1}{2}$）が差押可能額なので、給与支給額が少なければ差押後の額では生活できない場合が生じます。また、給与等の振込口座を強制執行で差し押さえられた場合にも、同様の問題が生じます（大阪地方裁判所執行センター「差押禁止債権の範囲変更申立てQ＆A」）。そこで裁判所は、執行債務者からの申立てにより差押範囲を縮小できるとしていますが（民執153①）、変更の申立てから裁判所の減額決定まで2か月ほどかかります。

その間に、申立債権者に弁済がされることを阻止するため、申立てと同時に仮の支払禁止命令（民執153③）が出されるケースが多いですが、そうなると第三債務者は供託ができなくなり、強制執行が先行するときは配当期日も遅延します。なお、この命令が出されても、滞納処分が先行する場合や強制執行と競合しない部分は、滞納処分による取立てはできます（徴140）。

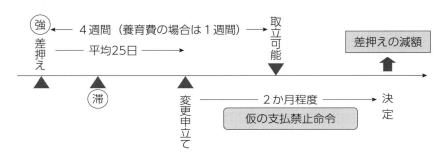

ロ　生計を一にする親族の範囲

　徴収法は給与で家族を養うことに配慮して、「生計を一にする親族」の生活に必要な資金として、１人当たり4.5万円分を差押禁止額の計算に算入します。

①　親族に収入がある場合

　日本の平均給与は月額31万円程度で、天引き後は25万円ほどありますが、４人家族だと禁止額は約28万円（（10万円＋4.5万円×３）×1.2）になって差押可能額は出ません。しかし、同居の家族にアルバイト等の収入がある場合に、禁止額計算のカウントから除外できれば、差押可能額が出てくる可能性があります。

　条文を見ると、「これらの者が所得を有しないものとして」なので、これが前段に掛かるならば除外可能です。しかし後段に掛かっているとするならば、それは4.5万円を説明するためなので、除外根拠になりません。

　この規定の現行は金額固定ですが（徴令34）、昭和41年改正前は支給す

る生活扶助費との連動でした。もし対象者に世帯収入があれば、その額を
差し引いての禁止額を計算します。そうなると大変なので、収入のあるな
しに関係なく差し引くようにしたのがこの規定ですから、後段に掛かるも
のと考えます。また、仮に前段に掛かるならば、制度上で禁止額計算をす
る第三債務者の負担（同居家族の収入を把握）を考えなければなりません。
そうしたことからも、後段に掛かるという解釈になります。

　（注）　民事執行法の改正検討では、徴収法に準じた整備をすべきとの検討が
　　　　されましたが、第三債務者が執行債務者の扶養等を把握していない現状
　　　　からは、計算義務を負わす合理性がないとして見送られています（平成
　　　　29年6月「差押禁止債権をめぐる規律の見直しに関する検討」民事執行
　　　　法部会資料9-2）。

②　生計を一にする親族の範囲

　国税の取扱いは、日常の生活費を合算して支出している親族を、滞納者
が扶養する関係か同居しているかは問わず、カウント対象にしています（徴
基通75-2）。その点で地方税は、統一照会様式で滞納者が生活費を支出す
る「扶養家族」の前提になっています。その場合でも、市町村によって、
扶養家族の趣旨から住民税の扶養控除対象者とする場合と、画一的にする
ため住民登録の世帯者にする場合があるようです。

　徴収法制定時の検討では、「滞納者とその扶養親族」で、生活費に関す
る上下関係を想定していましたが、規定は第二次納税義務と同じく、グルー
プとして捉える「生計を一にする親族」です。そうなると夫婦共働きの場
合や、二世代同居で滞納者の親に年金等の収入がある場合も、独立した家
計になっていなければ「生計を一にする」関係になって、徴収法76条1
項4号の対象者になります。

　※徴収法76条の趣旨が給与で生活する家族の生活保障であることからすれ
　　ば、相当の収入がある者を含めることには違和感があり、裁判所も4号対
　　象を「滞納者の収入によって日常生活が保持又は扶助される関係にある親
　　族」に限定した上で、独立して生計を営んでいるかではなく、生計を維持

できるだけの収入の有無で決める判断をしています（静岡地判平28.3.10裁判例集未掲載）。しかし、差押禁止は立法が決めるものなので、ここまで解釈できるかは疑問です。

ハ　複数から給与を受けている場合

　徴収法76条1項は、複数から給与等（年金を含む）を受けているときは、合算額で禁止額を計算するとしています。派遣社員が複数登録している場合、ギガワークで余暇時間に副業をしている場合がありますが、問題になるのは老齢年金受給者に給与収入がある場合です。

　一般に対応の利便性から年金のほうを差押えることが多いですが、年金は各月分を2か月ごとに支払うので（厚年法36③、国年法18③）、支給対象月の支払日（15日）よりも前に差し押さえます。その際に、年金の各支給月と同一期間に予定される給与額を合算して禁止額計算をするのですが（徴76①後段）、実際に支払われた給与額が予定より少なければ、禁止額を超えて年金を差し押さえてしまう可能性があります。

　差押対象を可能額全部にすると、第三債務者（年金機構）に具体額の算定リスクを負わせることになり、妥当ではありません。給与等は一部差押えが可能なので、安全を考慮して支給額のうち1万円というように範囲を限定すれば、第三債務者は準占有者への弁済（民478）として守られ、超過のリスクは差し押さえた側の不当利得として整理できます。また、次項の承諾を得れば、禁止額の問題は生じません。

二　禁止額を超える差押えの承諾

　徴収法76条5項は、滞納者が承諾すれば禁止額を超える差押えを認めていますが、これを利用して猶予などの履行の担保として、承諾書を徴しておくことが地方税の実務で散見します（国税では給与差押えの例が少ないこともあって、実例として見たことはありません）。しかし、猶予の不履行の原因が資金的な窮迫のときに、それで全額差押えしたならば、禁止した意味（生活保障）が保てなくなります。

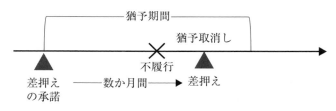

　この規定は、滞納者が支給された給与から禁止額を超えて自主納付できるから、本人が承諾するなら差押えで徴収するのも同じという制度ですが（『国税徴収法精解（令和6年改訂版)』614頁）、やはり根本である76条の趣旨から考える必要があります。

　規定では承諾さえあれば、それが過去のものでも、現時点での差押えを許容するかに見えます。しかし、給与の振込口座の差押えに関して裁判所は「実質論」から差押えの是非を問うているので（東京高判令4.10.26）、禁止額を超えた差押えで生活困窮に陥るのであれば、そうなることを差押えの時点で承諾していない限り、承諾の効果が認められない可能性が高いです。前項の場合のように、禁止額を超えて一定額を継続して差し押さえるときに使うのが妥当と思います。

（注1）　この5項の承諾は、旧民事訴訟法570条4項を徴収法に取り入れたものですが（桃井直造『条解国税徴収法』白桃書房435頁）、禁止した意味を没却するという批判から民事執行法では削除された経緯があり（ジュリスト増刊「民事執行セミナー」249頁)、安易に使うのは危険です。また、過去の強制執行実務では、執行時の承諾が必要とされていました

（『注解 強制執行法(2)』第一法規 128 頁）。

(注2)　承諾については、いわゆる「執行契約」の一つで（兼子一『増補 強制執行法』酒井書店 141 頁）、こうした訴訟法上の合意は当事者の私的問題として扱い（最判平 18.9.11）、その点では自由な撤回を認めるべきです。しかし、差押えという一方通行の行政行為の中で個人の自由意思を認めることの整合性、撤回を無視して行われた差押えに対し私的合意を理由に不服申立てができるのかという問題があります。裁判例でも、滞納者から撤回の申出がされたことのみをもって、それ以前に有効に成立した差押処分の効力が失われることはないとの判断があります（さいたま地判令 3.3.24…ただし控訴審（東京高判令 3.9.22）は、滞納者は要望を述べたに過ぎず、徹底の意思は示していないとの事実認定で、控訴棄却になっています）。また、継続債権を全額差押えした後に撤回がされたときは、それ以降のすべてに及ぶのかなどの問題もあります。

(3) 給与の振込口座に対する差押え

差押えの対象になった給与債権は、銀行口座に振り込めば消滅します（民 477）。ですから、差押えがされる前に振り込まれた分の給与は、第三債務者（雇用主）は差押えの取立てに応じる必要はありません（⇨ Chapter 2 ・52 頁参照）。一方で、振り込まれた先の預金を差し押さえるケースが生じるのですが、その際に給与についての差押禁止の効果が預金にも及ぶのか、という問題があります。

イ　給与と預金は違うものだから、全額を差押えできる？

　一般に、差押等禁止債権に係る金員が金融機関の口座に振り込まれることによって発生する預金債権は、原則として差押等禁止債権としての属性を承継するものではないという判断があります（最判平10.2.10）。銀行側からすれば、他の資金と混じってしまった預金に差押禁止部分があるか管理できないということで、振込前の属性が預金に承継することはないということです。

　そうなると、振込前の属性は引き継がない＝別の債権になるのですが、だからといって預金の全額を差し押さえてもよいとなれば、給与の振込みが一般的になっている現状からすると、給与に差押禁止を設けた意味がなくなります。そこで、最近は違う形で差押えに制約が掛けられるようになりました。

　(注)　給与債権の差押禁止規定は、旧徴収法の昭和26年度改正で導入されましたが、当時の解釈では「滞納者がすでに支払を受けて現に所有している金銭その他の財産については、なんら制限されない。」としていました（昭26.4「改正国税徴収法中留意すべき点及その取扱方について」国税庁通達）。それが現行法の制定時に、「強制執行の場合（旧民訴570①六）に準じ、差押が禁止されている債権に相当する額の金銭は、支払ずみの場合においても、差押を禁止することとする」（昭33.5「租税滞納処分手続に関する中間覚書」）となって、徴収法76条2項につながります。

　　　当時の給与はほとんど手渡しだったので、滞納者の手元にある現金にターゲットを置いていますが、現在は大半が振込みです。平成19年5月に新設された徴基通76-11は、「銀行口座等に振り込まれた金銭は含まれない」としていますが、これは最判平10.2.10を受けて徴収法76条2項を解釈したものです。しかし、制度の趣旨や最近の裁判例を踏まえると、徴収法76条2項のアップデートは必要かと思います。

ロ　狙い撃ち的に預金を差し押さえたときは不当利得

　大阪高裁判決（令元.9.26）は、給与振込みの2日後に狙って、税務署が預金の全額を差し押さえた事例について、①禁止額に相当する預金を差し

押さえた場合は、禁止財産を差し押さえたものと同視できること、②調査権限を行使して差し押さえている以上は、禁止額に相当する額であったことを税務署は認識していたと推認できるとして、違法の評価をしました。その上で、違法な差押えに基づき取り立てた金銭のうち、「禁止額に相当する部分」は不当利得として、その返還を税務署に命じました。

　この判決は、禁止額に相当する預金残高を差し押さえればそれだけで違法になること、強い調査権限（徴141）をもって滞納処分をしている以上は、差し押さえた預金残高に禁止額があったことを推認できる（悪意）として、かなり税務署に厳しい判断をしています。

　一方で、これとは別に、ほぼ同時期に出た東京高裁判決（平30.12.19）は、①実質的に禁止財産を差し押さえることを意図していたこと、②差押えにより滞納者が生活困窮になることなどを勘案して、権利濫用ならば違法になるとしています。こちらは、禁止額に相当する預金を差し押さえても、それで滞納者が困窮しなければいいではないか、狙って差し押さえたならばともかく、たまたま禁止額相当を差し押さえてしまったときに直ちに違法とはいえない、という意味で大阪高裁よりソフトな判断です。

　これら判決を受けて国税庁が出した通達（令和2年1月31日「差押禁止債権が振り込まれた預貯金口座に係る預貯金債権の差押えについて（指示）」）は、①預金差押えに当たっては、必要な範囲で入出金状況を把握すること、②振込口座が、実質的に禁止財産と同視され得る場合は、差押えを控える取扱いを示しています。また、地方税においても国税庁の取扱いと同様としています（平31.4.10 衆院財政金融委員会総務省答弁）。

　その後の東京高裁（令4.10.26）は、大阪高裁とは違い、「具体的事情の下で実質的に禁止財産を差し押さえたものと同視できる場合」に限る判断をしています。預金に禁止額相当が含まれていれば一律アウトなのか、それともケースバイケースでアウトなのかの違いですが、これは東京高裁の判断が最判平10.2.10を引用して「預金には禁止の属性を承継しない」を前提にした結果だと思います。同じく振込口座の問題ですが、強制執行は

調査権限がないから差押えは仕方ない…だから最判平10.2.10で差押えを認めるが、結果は執行債務者の差押範囲の減額（民執153）で対応する。しかし滞納処分は強力な検査権限がある一方で、取立額の調整といった結果の是正ができない。そうした執行手続の違いを大阪高裁は考慮したのでしょうが、やはり法律のないところでは禁止財産を認めない（最判平10.2.10はそれを前提にしていると思います）。ただし実質を考慮して、やり過ぎは権利濫用としてアウトにする東京高裁のほうが、妥当と思います。

（注）　徴収法の調査権限は、「滞納処分をする財産を発見するため」に付与されたというのが、一般的な考え方でした。大阪高裁の判決は、それに加えて「適法性を確保するため」という別の視点を示したと思います。

ハ　振込口座についての差押範囲

実際に預金を差し押さえる場合に、給与の振込直後ならばともかく、期間の経過で入出金があった残高のときは、どこまでが禁止額に相当するかは判断に迷います。考え方は色々あると思いますが、各月の給与はそれぞれ次の支給までの間の生活費に充てられるものという前提に立てば、次のように考えることが可能です。

①　直近の給与の振込前にあった残額は、必要な生活費を支出した後の残りだから、禁止の対象にならない。

②　直近の給与の振込額から進行中の生活費を支出するから、その範囲で禁止額を考慮する。

預金残高のうち、
この範囲で差押可能額

〈最高裁判決平10.2.10は判例か？〉

　最判平10.2.10の事案は、老齢年金等の振込口座だった金融機関が、預入者から貸付金の弁済困難の申出を受けて、その申出から約1週間後に貸金と預金を相殺した事例です。金融機関は保有する入出金記録から差押禁止がされた債権が振り込まれたことは認知していたでしょうから、差押えの場合と同様に、債権回収を意図した相殺になります。差押えのような禁止規定は相殺にないこと、特に相殺権の濫用という事情もなかったことから、このような判断になったと思われます。

　なお、令和元年9月26日大阪高裁判決は、禁止の属性は預金に承継しないとしつつも、この最高裁判決を引用していません（東京高裁の判決はいずれも引用しています）。その点からすると大阪高裁は、この最高裁判決を事例判決と見ていて、ケースによっては預金にも禁止の効果が及ぶとしたのだと思います。

（4）差押禁止財産

　徴収法やその他の法律により滞納処分が禁止された財産を差し押さえたときは、事情に関係なく、直ちに違法な処分になります。同じく違法な差押えながら、そうであることを滞納者が立証しない限り違法にならない超過差押え（徴48①）や無益な差押え（徴48②）とは、様相が異なります。

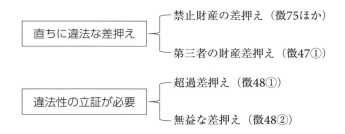

　差押禁止は、憲法が保障する「生存権（25条）」を滞納処分の局面で実現する目的があります。ですから徴収法では、保障の対象である「個人」

の財産についてのみ考慮がされています。すなわち、徴収法75条に規定する禁止財産は、「自己の労力で生計を維持している者」に限定し（徴基通75-5ほか）、法人は対象から除外されています。更には、徴収法75条で列挙する禁止財産だけでは、滞納者の生存権保障をカバーしきれないことを想定して（『国税徴収法精解（令和6年改訂版）』596頁）、滞納処分を行うことで「生活を著しく窮迫→（法人は対象外）」させるときは、滞納処分の停止をする規定を置いています（徴153①二）。ですから、同規定により停止をした場合は、既に行っていた財産は、差押解除しなければなりません（徴153③）。

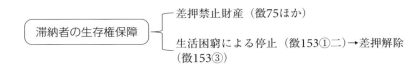

　いかなる財産を差押禁止にするかは法律が決めることであり、そうした法律が存在しなければ、どんなに滞納者にとって替え難い重要な財産であっても、金銭価値があり、かつ換価可能なものはすべて滞納処分の対象になります。したがって、法律で禁止されない財産は当然に差押えの対象になります（後掲最判平11.9.9の「最高裁調査官解説（平11年度）」（法曹会）556頁参照）。

生命保険の解約返戻金

　滞納者が保険契約の契約者だった場合に、契約解除により契約者に支払われる解約返戻金から滞納税金を徴収することは、最高裁平成11年9月9日判決が是認したことで、現在は地方税を中心に多くの件数が行われています。
　生命保険契約は、被保険者の保険事故（死亡や高度障害）による生活保障という機能があります。しかしそうした社会的に考慮すべき理由があっ

ても、法律が禁止していなければ滞納処分の対象になるのは仕方がなく、ただし最高裁は「やり過ぎ」を制限する趣旨で、権利濫用になる場合に歯止めをかけています。権利濫用とは、当事者の利害の比較衡量で決まることが多いので（宇奈月温泉事件）、「本当にそれを行う必要性」があるかを判断した上で、解約権の行使になります。

　なお、この最高裁判決は「生命保険契約に対する差押えの可否」と「取立てとしての解約権行使」を明確に分けて判断しています。差押えをしたのだから、事情に関係なく解約権を行使できるとはなりません。

　（注）　徴基通67-6は、この権利濫用になるケースを列記していますが、当事者（滞納処分をする側と生命保険を喪う側）の利益との比較衡量で判断しています。その中に、滞納額に比して解約返戻金の額が著しく少額な場合をあげていますが、これは滞納税金の徴収にどれだけ貢献するかということです。解約返戻金の額が3万円あっても滞納額が数百万円のときはダメだし、解約返戻金が2,000円でも滞納額が5,000円ならばオーケーになります（東京地判平28.9.12参照）。

性質上の差押禁止財産

　最近において、法律で禁止されていなくても、「性質において禁止すべきもの」の差押えを違法とする判決があります（神戸地裁伊丹支部令2.11.19決定、大阪地決令2.9.17）。事件は、コロナ感染症にかかる持続化給付金が振り込まれた預金口座に対する差押えで、原資となった持続化給付金は禁止財産ではないが、「性質上の禁止財産」に当たるとして、強制執行の差押えが取り消されました。

　持続化給付金は、受給対象者が現実に得ることが重要で、横から他者が横取りするのは許さないという趣旨から出された判決と思われます。また、政府が支給した助成金を滞納処分で政府が奪うのはマッチポンプで宜しくないとの趣旨で国税庁通達があります（令2.4.2「新型コロナウイルス感染症関連の助成金等に対する差押えについて」（指示）」）。

　コロナ関連対策は政府全体の政策なので、こうした助成金に他とは違う政策の配慮をしたのは当然ですが、法律のないところで解釈で禁止財産を創出することには疑問です。

　以前から、執行債務者の一身専属権（その本人にだけ権利が認められたもの）のように権利移転ができず、換価ができないことから差押不可であり、それを「性質上の禁止財産」と言っていました（『条解民事執行法』弘文堂1306頁）。しかし、これはそもそも差押えの対象にならない場合であって、換価が可能で差押えができる場合ではありません。何を禁止にするかはやはり法律が決めることだと考えます。

当面の生活費としての金銭

　滞納処分においてどの財産を対象から除外するかは、制度を作る際の価値判断の問題です。徴収法は制定された昭和35年の状況を踏まえて作られましたが、それから70年近く経過し、当時とは社会の状況が大きく変化しているにも関わらず、禁止財産の規定は見直しがされていません。そのため、現状に合わないケースが生じます。

　生命保険解約返戻金がそうでしたが、法律で禁止されなければ、いかなる財産の差押えも権利濫用でなければ、違法になりません。

　その点から考えなければならないのが、滞納者に捜索を行って発見した金銭の差押えです。それが給与の現金支給分なら別ですが（徴76②）、徴収法は特段に禁止規定を置いていないので、発見した金銭が当面の生活費に必要との申出がされても、差押えは許容されます。

　生活維持への配慮は禁止財産を考える上での基本ですが、その点で裁判所による強制執行は、改正前の旧民事訴訟法570条2号は徴収法と同じ「3月間の食料と燃料」でした。しかし、元が農家を前提にしたもので（兼子・前掲書175頁）、さすがに時代遅れなので（ジュリスト増刊「民事執行セミナー」246頁）、民事執行法は食料及び燃料は1月分に縮め、2月分の生活費（民執令1で66万円）に禁止対象を変更しています。

この点は徴収法と民事執行法で違いを生じている訳ですが、現行法制定時の検討では「強制換価の前提としての差押の禁止物件の範囲については、彼我一致させるのが筋道」との指摘があります（宇佐美勝「租税滞納処分手続に関する中間覚書について」財政23巻10号101頁）。その後に、民事執行法を制定する際に開かれた税制調査会徴収関係特別部会（昭和49年7月）で意見はありましたが、手当は先送りでした。税債権と私債権の違いがあっても、生活維持への配慮の点からは区別すべき理由は思い付きません。

　実際でみると、徴収法の3月分の食料及び燃料は、米や味噌、石炭や薪を想定していて、現在の滞納者の生活実態とは乖離しています。まして法律の禁止がないから生活費に充てる現金に滞納処分をして、それで生活ができなくなれば、法が予定する禁止の趣旨が保たれなくなります。適法な滞納処分であっても、徴収実務としては「実情に即した滞納処分」の配慮をして臨むべきでしょう。

（注）　当面の生活費に充てる金銭の差押えは、すべきでないとして古くから言われています（兼子・前掲書175頁）。ここでは配慮として差押えをしないことはあっても、違法ではないと考えます。

2　フリーランスと滞納処分

　従来からあるフリーランスには、建設工事などの現場で働く職人さん、いわゆる「一人親方」がありましたが、税務的に見るとボーダレス的なところがあります。仕事の内容は同じく個人の労働力の提供ですから、企業に雇用されて働くのとそう違いはありません（厚生労働省は「雇用類似の働き方」と呼んでいます）。ですが使う側からすると、雇用リスク（税金の源泉徴収や特別徴収、消費税の仕入税額控除、厚生年金の事業主負担）があるので請負による外注費にする、また、仕事をする側も個人事業主として確定申告するケースが多く見られます。

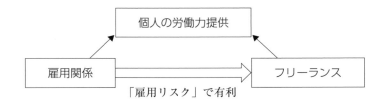

　課税の点からは、所得税法の所得区分（所28）には幅があり、裁判所も「…これに類する原因」として実質を見て判断することを認めています（最判昭56.4.24）。雇用（労働者）であるかどうかの区別は、人的な指揮監督下において、その指揮による労働対価を得ているかという労働法制での「使用従属性」がありますから、そうした実態の把握が必要ということで、税務調査で指摘するには高いハードルがあります。

　これに対して税の徴収の局面では、契約関係が虚偽表示（民94①）など真実の法律関係を表していないことが明らかでない限り、現在ある法律関係（形式）を基礎に滞納処分をします…滞納処分の本質は、滞納者の財産を換価すること（有体物であれば売買）なので、私法上の取引関係を離れて適用することができません。その点で、経済的な実質をベースにできる課税とは異なります。ですから、取引関係を調べて外注契約であれば、請負報酬の支払請求権を差し押さえます。

　なお、同じくフリーランス的な仕事であっても、人材派遣会社に登録している場合は雇用契約に基づく給与なので、前段で説明した生活保障の観点から差押額に制限を受けます（徴76）。ところが同じような働き方をしていても、個人事業主（フリーランス）のときは、徴収法はそれらの者の生活保障は、生産活動に必要な道具類を禁止にすれば、それで仕事はできて、生活できるから困らないはずという姿勢です。しかし法律の制定時（昭和35年）に想定していた、生産手段を持つ個人事業者は多くは法人化し、現在は生産手段を持たない「雇用類似の働き方」が大半になっています。実質は給与と違わないのに、請負代金だから全額差押えが可能という、バランスの悪さがあります。

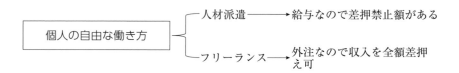

（注1）　フリーランスは、独立した事業者なので労働基準法の適用がなく、取引先から一方的に契約内容の変更をされたり、報酬の支払遅延があるなど、弱い立場にあります。その点から法制度は「雇用類似の働き方」についても社会保障を整備する方向にあり、令和6年11月より施行のフリーランス新法では、委託業務の内容等を示した書面（契約書）の義務化や、報酬の60日以内の支払いを定めています。

（注2）　特に契約書等の作成がなくても、給与所得の源泉徴収がされていれば、雇用契約と認めることになります。

3　プラットフォーム事業と滞納処分

　これまでは、一定の専門的技能が必要な個人事業としてのフリーランス、比較的簡易な作業は人材派遣というすみ分けがありましたが、それが最近は、ネット上で仕事の紹介（マッチング）をするプラットフォームが登場し、流動化しています。

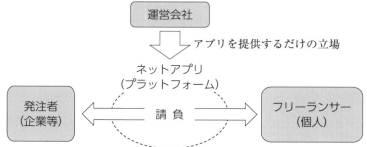

　というのは、人材派遣が対象にするような単純作業が、ネットを媒介にして、専門性が前提の請負という形で提供されるようになったのです。こ

うしたネットを介した請負は、これまでは「クラウドソーシング」といって、オンラインで仕事ができるソフトウェア開発の業務が中心にありましたが、それが最近は特に、技術的なノウハウを必要としない物流業で広がりを見せています。代表的なものでは、飲食物のデリバリーをする者と運ぶ者とのマッチング、大手通販業者がラストワンマイルといわれる、搬送拠点から自宅までの宅配業務をアプリで提供するものなどがあります。まだ運用はされていませんが、タクシー運転手の減少などから、個人が自家用車で乗客を運搬するライドシェアも同様の運用が行われると思われます。

　そうした役務提供の業務委託契約は、アプリのボタンを押すことで、発注者とフリーランサーの間で成立し、プラットフォームを提供する運営会社は、その関係に立ち入りません。ですから、請負の成果物に問題があっても、基本的には事業者は関与する立場にありません。また、フリーランサーは独立した自営業者ですから、労働法の適用もありません。

マッチングアプリと課税関係

　こうした働き方で得た収入について、事業者は支払者ではありませんし、発注者側からみると単発の取引が普通ですから、特定の報酬・料金に該当しない限り、所得税の源泉徴収はありません。同様に、住民税の特別徴収も対象外です。これらの仕事は請負収入なので、フルタイムならば事業所得、サラリーマンや子育て中の者が余剰時間を活用して副業にするギグワークならば、雑所得として申告します。

　先ほどの飲食物のデリバリーサービスでいえば、ベテランの配達員になると1日に20〜30件をこなし、一定の加算報酬も加えれば月額で60万円ほどの収入になるようです。しかし、自らが個人事業主という意識が希薄だったり、余暇時間を利用した小遣い稼ぎの認識だったりすると、所得が出ても確定申告をしないケースがあるようです。事業者から支払調書が税務署に出ることは少ないですが、後で述べるように金銭の支払関係は必ずプラットフォームの運営会社を通じて行われます。そのあたりで資料を収

集すれば収入の有無は明らかになるので、ちょっとした副収入であっても税務署が把握することは可能です。

マッチングアプリと報酬の支払い

　マッチングアプリを介した取引であっても、役務提供とその対価の支払いという関係は、一般的な取引と違いません。ただし、ネットを介しての、それまで全く面識のない個人間での取引になるため、仕事はしたけれど代金の支払いがされないなどのリスクが想定されます。また、手数料収入を確実に確保したいことがあるため、報酬の金銭は必ずプラットフォームの運営会社を経由して、滞納者の預金口座に振り込まれる仕組みになっています。

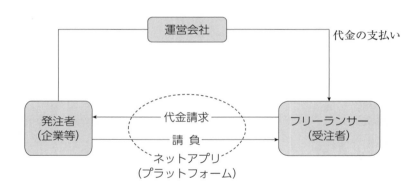

　トラブル防止のため、間に立つ事業者が金銭の受け渡しをするサービス（エスクロー）が、こうした取引に使われますが、同様のものは宅配業者による代引きや、コンビニでの収納代行など、かなり活用されています。代金の受け渡しを仲介するので、一時的にですが金銭を預かります。そうなると、取引を行う当事者に問題がなくても、仲介する事業者が倒産すれば、受注者（フリーランサー）は代金を受け取ることができません。日本ではこうしたエスクローサービスを直接に規制する法律はありませんが、信用不安に対処するため、資金決済法による規制がされています。

（1）資金決済法による規制

　エスクローとは、いったん顧客からお金（資金）を預かってそれを相手先に支払うという、資金決済の中継ぎをするサービスです。預かった金銭を事業者が右から左に動かすので、いわゆる銀行法に定める「為替取引」に非常に近いものがあり、それとの関係が問題になります。同法では、銀行だけにその業務を認めていますが（銀行法2②二）、規制する理由は金銭の移動を行う事業者の倒産リスクです。

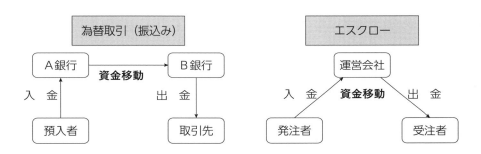

　エスクローの流れの中でも、発注者からの支払いを預かること、それを受注側に渡すことのいわば両端部分は銀行が担いますが、その間では運営会社の支配下で金銭が動きます。そうした資金移動も為替取引になることを示したのが最高決平13.3.12ですが、銀行でなくても資金移動業の登録を受ければ、そうした業務を行えます（資金決済法37）。

　しかし倒産リスクを考えて、取扱額に応じた供託（最低で1,000万円）を求めるため、取引規模が大きくなればかなり多額の供託資金が必要になり、運営会社はその負担に耐えられません。そこで令和5年5月に施行された資金決済法の改正では、少額の資金決済に限定して、外部監査や資金の分別管理を条件に供託を免除する資金移動業の類型を作っていますが、こうした資金決済法の規制を回避するためのスキームが「収納代行」といわれるものです。

（2）収納代行と代理受領

　資金決済の中継ぎを金銭移動と捉えれば、それは為替取引に取り込まれて、資金移動業者にならなければ違法です。しかし、金銭移動をしていない建付け＝収納代行にすれば為替取引の枠から外れます。こうした取引で使われる契約のほとんどは、この形式になっています。

　では、どのようにすれば資金移動にならないかですが、運営会社は発注者から金銭を預かって①、それを受注者に渡す②までの、①→②が資金移動になるので、①の段階で受注者が金銭を受け取ったことにすれば移動はないことになります。ただし、実際に金銭を受け取るのは運営会社ですから、受注者を代理して金銭を受け取る形にします。すなわち、運営会社は発注者からの支払いを「代理受領」して、そこから自らの手数料等を差し引き、その差額を相手先に引き渡せばよいのです。

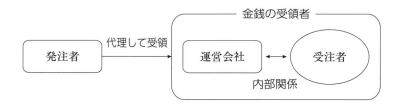

　先ほどの飲食物のデリバリーサービスでいえば、飲食代金を支払う側の顧客は、利用サイトに登録したクレジットカードや○○ Pay といったオンライン決済を使って、その代金は運営会社が受け取ります。そこから運営会社はサービス利用料を差し引いた後に、飲食店及び宅配パートナーに、それぞれ振り込みます。こうした取引関係のフリーランサーが滞納した場合には、どのような滞納処分のアプローチができるかを考えてみます。

（3）運営会社を相手とする支払請求権

　先ほどのデリバリーサービスの例ですが、宅配を1件するごとに報酬金額がアプリに表示され、各週の締日から3日ほどで指定した銀行口座

に入金がされるようです。入金と支払いに日を置かない理由は、海外では支払サイト（役務等の提供完了から対価の支払いまでの期間）が一般的に短いことのほかに、運営会社はあくまでも受注者に代わって金銭を受け取っているだけなので、資金を必要以上に持っていると「代理受領」というスキームが崩れてしまうことがあります。ネットオークションなどで、買主からの受取確認がなくても、15日を経過すれば自動的に売主に金銭が振り込まれるのも、同様の理由からです（Yahoo! かんたん決済利用規約(1) 6 ）。

　運営会社は、受注者に代わって代理受領した金銭を、自らの手数料等を差し引いて指定された銀行口座に入金しますが、この入金の前であれば、代理受領している「預り金の引渡請求権」を差し押さえることができます。

運営会社が外国法人の場合

　アプリを利用している当事者は意識していない可能性がありますが、運営会社が外国法人（非居住者）の場合があります（アプリ利用促進のため国内法人があったとしても、業務内容が異なっていれば事業拠点とは言い難いので非居住者です）。決済方法も、クレジットカードやオンライン決済になれば、その外国法人の海外銀行からの国際送金の形で支払いがされることもあります。そうなると運営会社を第三債務者とする差押えは、非居住者は徴収法の施行地外ですし、支払いを経由する金融機関が外国銀行の場合も滞納処分はできません。その場合は、滞納者の国内銀行の口座に入金されたときに差し押さえるしかありません。

（4）発注者を相手とする支払請求権

　運営会社は、代理受領により発注者から金銭を受け取っていますが、それは受注者が受け取るべきものを、代理して受領する関係です。収納代行だからといって、債権が履行される前に元々ある支払請求権が無くなるわけではありませんから、それを滞納処分で差し押さえることは可能です。

　そうなると、運営会社が代理受領する権限と差押えによる処分禁止のい

ずれが勝つかですが、運営会社の権限は報酬を受け取る者の弁済権限を前提にしますから、それが差し押さえられて弁済の制限を受ければ、運営会社の権限も同様に制限を受けます。そのため、元々の支払請求権が差し押さえられると、運営会社は代金を受け取れなくなるのですが、税金を滞納している者がマッチングアプリを使って誰と取引しているのかは、外部からはわかりません。したがって、現実問題としてこのような差押えは困難と思われます。

（5）振込銀行の預金債権

　マッチングアプリを利用したフリーランサーが滞納している場合の滞納処分は、運営会社を第三債務者とする代理受領に係る「預り金の引渡請求権」の差押えが可能ですが、運営会社が外国法人だったりする場合もあります。そうしたハードルがあるときは、報酬が振り込まれた預金債権を差し押さえるしかありません。

4　SNSと滞納処分

　このところ、小中学生が対象の意識調査で、なりたい職業の上位にランクされたのが「ユーチューバー」です（進研ゼミ小学講座での意識調査）。動画を自由にクリエイトし、しかも高収入を得られることで人気ですが、月に30万円稼ぐには、毎月の動画再生回数が最低でも100万回は必要といわれ、それだけの収入があるユーチューバーは国内に2,000人程度、全体の0.3％ほどといわれています。投稿動画と一緒に再生される広告に基づく支払いがユーチューバーの主な収益源です。ネットでの匿名性や外部から監視されないと思われがちですが、副業でコッソリ稼いでいたのを税務署から申告漏れと指摘されたりします（令和5年3月の朝日新聞「ユーチューバー確定申告せず700万円追徴」）。運営会社を押さえておけば、そこからの資料化（通74の12）で収入は明らかになるのですが、前段のマッチングア

プリと同様に、いわゆるプラットフォーム事業で得ている収入に対する滞納処分を考えてみます。

（1）SNSの収益化

　国民の7割が持っているスマートフォンですが、Twitter や YouTube などを見ていると必ず広告が出てきます。誰が見ているかわからない新聞やテレビよりも、見ている内容に応じて広告を流せるネットのほうが効果は高いとして、最近の企業からの広告費は、ネットのほうがマスメディアを上回っています。中でも YouTube など SNS での広告はその3分の1を占め、前年比3割増しの成長です。こうした SNS に投稿することで収入が得られるものは各種ありますが、中でも特徴的な収益モデルとして、YouTube、TikTok、Instagram を見ていきます。

① **YouTube**

　YouTube では、チャンネルを開設してそこに動画を投稿し、チャンネル登録者数や年間の動画総再生時間などの条件がクリアできれば、再生動画の上下や視聴開始時に流れる広告の再生回数に応じた収益を得られます。

② **TikTok**

　YouTube と同様に、動画を配信する SNS に TikTok があります。動画が長尺で編集技術が求められる YouTube に対して、1分以下のショートムービーを気軽に投稿できる TikTok は着実にユーザー数を増やしていて、企業からの広告も増えて YouTube に迫る勢いがあります。

　TikTok で特徴的なのは、ギフティング機能という視聴者からクリエーターへの「投げ銭」による収益です。

③ **Instagram**

　「インスタ映え」という言葉が生まれるほど人気がある投稿サイトの Instagram ですが、視聴の際に流れる広告からの収益は投稿者（インスタグラマー）には配分されません。Instagram ではフォロアー数の多い、インフルエンサーと呼ばれる人気のインスタグラマーが企業と提携し、

ファッションやグルメなどの商品をアフィリエイト（成功報酬型広告）と呼ばれる宣伝をして、収益を得ます。

（2）YouTubeからの収益

　YouTube は、コンテンツの作成はユーチューバーに任せて、そこで掲載される広告の収益を運営会社（Google）が得るビジネスモデルです。ですから、優良なコンテンツをユーチューバーに作成してもらうため、広告の再生回数に応じたインセンティブが支払われます。

①　利用規約と広告料

　動画を視聴したり投稿するだけなら、米国法人である Google LLC が提供する YouTube という動画プラットフォームの利用規約を承認し、アカウントを作れば自由に利用できます。ただし、投稿した動画による収益化を図るには、同規約にある「YouTube パートナープログラム」に参加し、承認してもらう必要があります。また、動画の再生時に流れる広告からの収益は、同じく Google が提供する AdSense を通じて支払われます。

　YouTube の利用規約では、投稿した動画に広告が掲載されても、広告を出した企業が支払う広告料は Google に帰属すること。そして、ユーチューバーはアップした動画に対するロイヤリティとして、 Google から報酬を受けるとされています（令和 3 年改訂）。要するに、ユーチューバーは広告料を事業収入として受けているのではなく、 YouTube に優良なコ

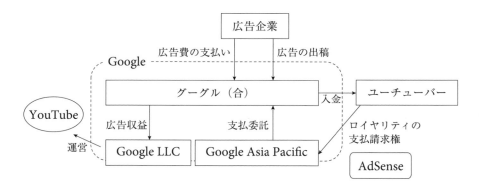

ンテンツをアップしたことへの報酬として支払いを受けています。

②　報酬の支払いと滞納処分

AdSense は、Google が提供する報酬支払システムです。その規約では、広告の表示回数などに応じた支払アカウントの残高が最低基準（8,000円）を超えたときは、1月分をまとめて翌月の21～26日に、事前登録した銀行に振込みをします（小切手による支払いも選択できますが、取立手数料が高いので利用は少ないようです）。

日本のユーチューバーは支払アカウントの残高に応じて、シンガポール法人の Google Asia Pacific Pte. Ltd にロイヤリティの支払請求権を有していますが、同法人は国外なので、滞納処分として直接にその債権を差し押さえることはできません。しかし振込みそのものは、国内法人であるグーグル合同会社が支払代行をしているので、それに対する滞納処分は可能と考えます。

（補足）　YouTube の課税関係は、複雑です。平成 30 年 6 月から、AdSense の支払いではアメリカの所得税が源泉徴収されるようになりましたが、米国外の居住者であることの租税条約による証明（W-8BEN）を出せば（システムの「税務情報の管理」で登録）、源泉徴収はされません（日米租税条約 12 ①）。一方で消費税については、役務の提供先（Google LLC）の所在が国外なので不課税（消 4 ③三）だとしていますが、広告を出す企業は国内法人のグーグル（合）が相手なので、課税取引として仕入税額控除ができます。

(3) TikTokからの収益

TikTok で収益を得るやり方で特徴的なのは、ギフティングという「投げ銭」です。これは、動画を見た視聴者が応援？　する意味でお金を渡す行為に近いのですが、それをまともにしてしまうと、資金決済法の拘束を受けるので、それを避けるため複雑なスキームが組まれます。

① **利用規約と投げ銭**

　シンガポール法人の TikTok Pte.Ltd. が運営する TikTok ライブでのギフティングは、次のように行います。なお、視聴者が出したお金の 3 ～ 5 割ほどが、クリエーターに分配がされるようです（差額は TikTok 側の収益です）。

①　TikTok ライブの視聴者は、あらかじめ AppStore や Google Pay などで TikTok だけで使える「コイン」を購入し、自分のアカウントにチャージします。

②　次にギフトに使うため、アカウントにあるコインを TikTok が提供する「バーチャルギフト」に交換します（バーチャルギフトは、2 円～37,000円までの種類が用意されています）。

③　TikTok ライブの視聴者は、応援したいコンテンツに対してバーチャルギフトを贈ります。その時点で、視聴者のアカウントからバーチャルギフトが削除され、バーチャルギフトは「ダイアモンド」に転換されて、クリエーターのアカウントにチャージされます。

④　クリエーターは自分のアカウントにあるダイヤモンドを米ドルに転換して、PayPal を通して 5 日ほどで預金口座に振り込まれます。

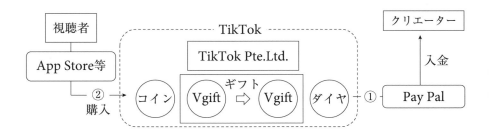

　他人のお金を移動させることは「為替」といって、勝手に許可なくすることはできません（銀行法 2 ②、4 ①）。ただし、ヤフオクなどの C to C 間決済やコンビニ払いなどのニーズを受けて、登録した資金移動業者であれば可能になりましたが（資金決済法37）、多額の資金を履行保証金とし

て留保しなければなりません。

　投げ銭モデルは、贈る人からそれを貰う人にお金を移動させるので、そのままだとこの規制を受けてしまいます。ですが「贈る人からお金を受けること」と、「貰う人にお金を渡すこと」を別々の取引にして、① TikTokからコインを買うこと、②コインとは違うダイアモンドをお金に替えることを、互いに関係ない別の取引にしてしまえば、お金は移動していない体裁が取れます。

　（注）　TikTokが国内で利用されていることからは、運営会社が国外法人であっても資金決済法は無視できないと思います。

②　ギフティングと滞納処分

　TikTokライブでのギフティングは、内容的には金銭の贈与に近いのですが、ギフトの対象になるバーチャルギフトは直接金銭に換えられないので財産とはいえず、贈与（民549）にはなりません。しかしクリエーターは、自分のアカウントにあるダイヤモンドを随時に米ドルに転換する権利を利用規約で認めていますから、TikTokを債務者とする引渡請求権があると考えます。

　とはいっても、第三債務者になるTikTok Pte.Ltdは国外法人ですし、クリエーターへの入金は国際間の決済サービスを行うPayPalを通じてされるので、TikTokを相手にする滞納処分はできないと考えます。

　（注）　TikTokの母体企業である中国ByteDance社の日本法人がありますが、ギフティングには関与していないようです。

(4) Instagramからの収益

　米国法人のMeta Platforms社（旧Facebook社）が運営するInstagramですが、そこを経由した収益配分はなく、インスタグラマーの収益はもっぱら、外部の広告主からのアフィリエイト報酬になります。広告主を得るには仲介する者が要りますが、Web経由で紹介を受けるアフィリエイト

ASP と、専門の代理店（キャスティング会社）を使うのが一般的です。

イ　広告主との契約

① 　アフィリエイト ASP

　手軽にスポンサーを見つけられるのが、アフィリエイト ASP という紹介を専門にするサイトです。そこに会員登録して、紹介している広告案件から気に入ったものを選び、それを自分の URL にリンク設定し、自分のサイトで商品の写真や動画をアップして宣伝を行います。あとは、リンクからの販売実績等に基づき成功報酬が入ります。

② 　キャスティング会社

　フォロワーを多く抱えるインフルエンサーになると、専門の代理店を経由して依頼を受けるようになります。アフィリエイト ASP ではどうやって宣伝効果を出すかはインスタグラマー任せですが、代理店が入ると効果的な方法のサポートが受けられるので、より多くの報酬が狙えるようになります。

ロ　アフィリエイトの成功報酬

　アフィリエイト報酬は、宣伝した商品の売れ行きに左右されるので、どうしても過大な宣伝になり勝ちです。販売会社が不当な広告をすれば景品表示法による課徴金が課せられますが、宣伝をしているのが消費者ならば、規制は難しくなります。大量にある Instagram でのアフィリエイト広告を、販売会社が細かくチェックできないこともあって、こうした広告でのインスタグラマーの消費者という立場は外せません。そこから、広告主から依頼を受けるのは ASP や代理店であり、インスタグラマーは成果条件の達成度合いに応じた報酬を ASP などから受けるだけの形を取ります。

（注）　宣伝の内容によっては、インスタでも広告主に課徴金が課せられた例があります。

ハ　成功報酬と滞納処分

　インスタグラマーのアフィリエイト報酬は、ASPや代理店など国内法人からの支払いになるので、YouTubeやTikTokのような国外法人だから滞納処分できないという問題は生じません。また、アフィリエイト報酬は消費税の課税取引になるので、月の入金が1万円を超えれば、インボイス制度の影響が出ます。

5　滞納処分と民事執行の違い

（1）差押えを定める法律

　わが国においては、金銭債権を強制的に履行させる法律には、行政目的の資金需要を賄う公法上の債権について適用される徴収法と、私法関係の中で生じた債権について適用される民事執行法という、二系統のものがあります。税金などの公法関係から生じた債権も金銭債権の一つですし、差押えの対象になる権利関係は民事法がベースですから、差押えや換価に関する「手続」をわざわざ2セットも作る必要は本来はありません。

　実際にフランスやドイツでは、民事の強制執行法を租税などの徴収手続にそのまま流用しています。ところが日本では、フランス法の影響を受けて明治22年に現行法の母法になる国税滞納処分法が作られ、その後に明治32年の民法典論争以降にドイツ法の影響を受けて強制執行法が作られるという経緯があったからでしょうか、手続の考え方の中で、いろいろなところに違いが生じています。

　税金などの公法上の債権と私債権とは、別の法律で差押えがされます。

| 公法上の債権の差押え | ➡ 徴収法 |
| 私法上の債権の差押え | ➡ 民事執行法 |

	民事執行法	徴収法
開始手続	執行文の付与と開始決定	なし
事前予告	なし	督促
執行書面	なし	差押調書
執行機関	裁判所、執行官（動産のみ）	徴収職員（税務署長を含む）
換価手続	競売	公売
権利救済手続	執行抗告、執行異議	不服申立て

〈刑事事件の差押え〉

　金銭債権（金銭の支払いを目的とした債権）を目的にする差押えとは別に、刑事事件を捜査する際に証拠を保全する目的で行われる差押えがあります（刑訴218①）。それぞれ差押えする目的が違いますが、同じく動産（証拠）を占有するので、両方の差押えを同時にはできないと考えられています。

　実務としては、例えば脱税事件のように、先に刑事訴追の証拠として現金などが差し押さえられていれば、それを動産引渡しに係る還付請求権として差し押さえし、その引渡しを受けた後に、改めてその現金を差し押さえています。

（2）徴収法により差押えを行う公法上の債権

　債権者である行政機関が自らの行政権（人民に対する Force）を行使し、強制力をもって債権を回収することを「滞納処分」といいます。この滞納処分ができる債権には、大きく分けて「国税」「地方税」及び社会保険等の「強制徴収公債権」があります。そして、それらの債権について滞納処分をする際の基本となる法律が、徴収法です。

　徴収法は、所得税や消費税といった国税には直接に適用されますが、固定資産税や住民税などの地方税は、地方税法において「国税滞納処分の例による」として適用がされます。また、厚生年金保険料や国民健康保険料など公法上の債権は、それぞれの法律において「滞納処分の例による」などとして適用がされ、大きく徴収法の体系の中に組み込まれています。

〈滞納処分が実施される件数〉

　司法統計によれば、民事執行による差押えの件数は、不動産執行が1.5万件、債権執行が14万件となっています（令和5年度）。それに対して滞納処分による差押えは、国税が7万件（国税庁実績評価書）ほど、地方税が11万件超、年金事務所が4万件、国民健康保険料（税）関係が累計で23万件と、民事執行を超える件数が行われています。

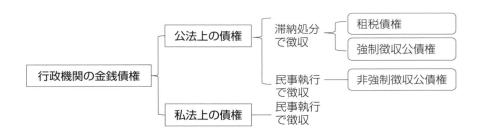

　ところで、私債権の強制的な実現を図る民事執行では、地方裁判所が全国を地域で管轄していますから、同じ財産に対して異なる執行機関が重複して差し押さえることはありません。それに対して租税債権等は、国税の滞納処分は国の行政機関である税務署が行い、地方税は市町村の地方自治体が、年金保険料は特殊法人である日本年金機構が、そしてその他の公的な債権は地方自治体が、それぞれが執行機関として別々に滞納処分を行います。そのため、同じ滞納者に対して複数の行政機関が重ねて差押えをしてくるケースがよく見られます。そうしたことで、滞納処分に巻き込まれたときも、いくつもの差押えが重複してされるという、ややこしい状況になります。

　過去には行政効率化の点から、これらの公法上の債権を統一して徴収を行う「歳入庁構想」というものがありましたが、政府内での議論は進んでいないようです。

　ここからは、こうした公法上の債権がどのような行政機関で滞納処分がされるかを説明していきます。

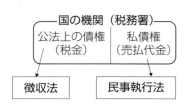

公法上の債権で徴収法により自力執行（自らの権利を自ら強制的に実現すること）ができるものは、その債権に基づき強制競売（民事執行）を申し立てることはできません（最判昭41.2.23）。

また、滞納処分による徴収が予定されている公債権で破産申立てができるかについては、破産債権に区分されるものは私債権と同じ扱いになりますが、同様の理由（滞納処分による排他性）から否定されると考えます（岸本大樹『行政判例百選（第8版）』有斐閣213頁参照）。

〈社会保険庁改革と歳入庁構想〉

民主党野田政権下の平成24年6月に「社会保障・税一体改革」の一つとして、平成30年以降速やかに「歳入庁の創設」を行うことが政府より示されました。国民年金保険料の納付率向上等など、社会保障制度の信頼性・公平性の確保を目的に、それらの強制徴収業務を国税庁に統合するものですが、その作業はほとんど行われていません。理由とすれば、国民年金保険料の収納率がこの10年ほどで55％程度だったものが最近は80％超までアップしたので、日本年金機構という組織の力で、社会保障制度の信頼性は維持できるということなのでしょう。

なお、国の機関や市町村などの行政機関が持つ債権であっても、私法をベースに成立する私債権（不要物品の売払代金など）に．は、徴収法は適用されません。また、滞納処分で差し押さえた債権の第三債務者が任意に履行しなかった場合には、私的な権利関係の上に差押えが乗っているだけなので、債務名義を取得した上で（取立訴訟）、民事執行法により強制的な

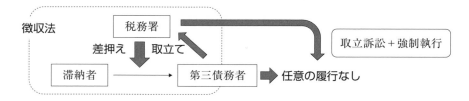

履行を求めます。

（3）国税の滞納処分

　国税を徴収するのは、原則として「現在の納税地」を所轄する税務署長です（通43①）。しかし、場合によっては税務署長の判断で、国税局が滞納処分を行うこともあります。

イ　税務署による滞納処分

　国税を滞納した場合に、その国税を徴収する権限を有するのは、納税地を管轄する税務署です（通43①）。そのため、滞納者が転居などして納税地が異動したときは、その異動先を管轄する税務署に徴収する権限が動きます。
（注）　管轄権限のない税務署が行った滞納処分は、違法な処分として取消しの理由になります（平25.8.13裁決）。

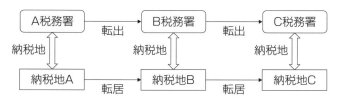

　例えば、所得税を申告したのがA税務署、その後に納税をせずに転居したならば、督促状は転居先のB税務署が出すことになります。さらに転居すれば、滞納処分は現在の納税地を管轄するC税務署が行います。
　要するに、税務署は全国組織ですから、日本国内であればどこに転居しても税務署は追いかけてきます。なお注意すべきなのは、滞納処分の途中であっても転居すれば管轄税務署が異動しますので、特に不動産の差押えについては、登記簿を見たときはB税務署の差押えになっていても、現在は違う税務署が滞納処分を行っていることがあります。

　国税庁では徴収効率を上げるため、各国税局に「納税コールセンター」を設置しています。行っている業務は、納期限を過ぎた督促後の滞納国税について電話による催告を行い、納税を促すことです。コール業務は「国税局コールセンター」の名前で行っていますが、納税を管轄しているのは税務署です。コールを受けた税金が納付困難な場合には、税務署に出向いて納税相談を行います。

ロ　国税局による滞納処分

　国税の組織には、国税局内に滞納処分を行うセクション…特別整理部門が置かれています。滞納国税額が一定額を超える高額な場合や、諸般の事情を勘案して税務署で滞納処分を行うには荷が重いとなった場合には、税務署長の職権により国税局に引継ぎを行い、特別整理部門が滞納国税を徴収するようになります（通43④）。なお、国税局に徴収を引き継いだ場合には、税務署は徴収に関する権限を失うので、納税証明（未納のない証明）の交付手続は国税局に対して行います。

```
                           ┌ 高額滞納など、国税局に徴収を引き継ぐ場合（通43④）
国税局による滞納処分 ┤
                           └ 差押財産の公売など、一部の手続を引き継ぐ場合（徴182③）
```

　また、差し押さえた財産の公売については、事務の合理化や買受け等に関する利便性から、公売に関する滞納処分の手続は、国税局に引き継いで一括して行っています（徴182③）。

（4）地方税の滞納処分

　地方税を滞納した場合に、その滞納となった地方税を徴収する権限を有するのは、その地方税を賦課した地方団体です。地方税には大きく分けて、市町村が課税主体となる市町村税と、都道府県が課税主体となって賦課・

徴収を行う都道府県税があります。

イ　市町村が行う滞納処分

　地方税のうち市町村が課税主体となるもの、及び個人住民税（市民税＋県民税）は、市町村組織の中で徴収を担当するセクション（納税課等）において滞納処分が実施されます。地方税は、それぞれの地方団体が債権者ですから、滞納したまま転居した場合には、転居先の市町村はその滞納の債権者ではないので、滞納処分をすることはありません。滞納税金の債権者である課税した市町村が、転居先に出向いて徴収することになります。

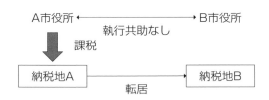

ロ　都道府県が行う滞納処分

　地方団体が賦課・徴収する税のうち、都道府県が課税主体となるものは、県の機関として条例により県税事務所が設置され、都道府県税の徴収をする権限が与えられています。なお、東京都の特別区においては、固定資産税などの市町村税に区分されるものを都税として（地税734）、都税事務所が管轄していますので注意が必要です。

　なお、地方税の徴税強化のため、平成17年４月施行の税制改正で、個人住民税については１年を限り県が引継ぎを受けて徴収ができるようになりました（地税48）。この引継ぎがされた場合には、県税事務所が個人住民税の滞納処分をすることになります。

　（注）　個人の道府県民税は県の税金ですが、個人の市町村民税と併せて、市町村が住民税として賦課徴収を行います（地税41①）。それに対して法人は、県と市町村のそれぞれで賦課徴収します（東京都は特別区が市町

村に該当するため、固定資産税と同様に、都税事務所が賦課徴収します（地税734①））。

ハ　地方税滞納整理機構による滞納処分

　地方と国の行政の在り方を見直す「三位一体改革」の一つとして、平成19年に国から地方へ約3兆円規模の税源移譲が行われましたが、それに伴い、各自治体の未収税の問題がクローズアップされました。そうした状況に対応するため、複数の自治体により地方税の滞納整理を目的とする特別地方公共団体が設立されて、滞納処分を行っています。総務省からも「地方税の徴収対策の一層の推進に係る留意事項等について」（平19.3.27自治局企画課長通知）の中で「広域連携等の強化」が示されています。

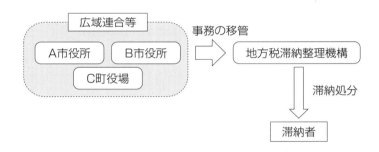

　各自治体が課税主体となって賦課・徴収する地方税ですが、複数の自治体で構成する広域連合（地方自治法284③）あるいは一部事務組合（同法284②）として「地方税滞納整理機構」を設置し、そこが各市町村から滞納処分に関する事務の移管を受けて実施しています。これら法人格を持つ「地方税滞納整理機構」が滞納処分に従事する場合には、各自治体ではなく機構が主体となり、そこの職員が徴税吏員となって処分を行います。

(5) 年金事務所と社会保険料

　わが国における社会保障の根幹をなす年金制度には、勤労者を対象にす

る厚生年金と全国民を対象にする国民年金があり、その保険料の徴収及び年金支給を行っている組織が「日本年金機構」です。元は社会保険庁という厚生労働省内にある組織でしたが、平成22年に組織変更がされて、現在は国から業務委託を受けて年金業務を行う特殊法人になっています（日本年金機構法27）。

　厚生年金保険料を事業所が滞納した場合には「国税徴収の例」により（厚年法89）、国民年金保険料を保険者が滞納した場合には「国税滞納処分の例」により（国年法96④）、それぞれ滞納処分が行われます。

　全国組織として各地域に312か所の年金事務所がありますが、そこの厚生年金徴収課及び国民年金課が、滞納となった年金保険料の徴収事務を行っています。

〈年金保険料の国税局引継ぎ〉

　年金保険料の滞納処分は、厚生労働大臣の認可を受けた日本年金機構の職員が徴収職員として従事しますが（厚年法100の6①、国年法109の6①）、平成22年の社会保険庁改革の一環として、財務大臣に滞納処分の権限を委任する制度が盛り込まれました（厚年法100の5、国年法109の5）。滞納保険料が大口のものや悪質滞納事案などを国税局の特別整理部門が所掌し、国税局が直接に滞納処分を行います。令和4年度は112件を引き受けて処理をしています（国税庁実績評価書）。

---

(6) その他

　地方団体を債権者とする債権には、分担金、加入金、過料等といった「地方税の滞納処分の例」により滞納処分をすることができるもの（地方自治法231の3③）、そして個別の法律で「国税又は地方税の滞納処分の例を準用する」旨の規定がある国民健康保険料、介護保険料、下水道使用料などがあります。こうした債権のことを「強制徴収公債権」といいます。

租税＝Tax とは何かは、一般的に公共サービスを提供するための資金需要をまかなうためとされていますが、租税とその他の公法上の債権を明確に区別する基準はないようです。実際に国民健康保険では、「保険料」として徴収するか（国民健康保険法76②）、「保険税」で徴収するか（地税703の4）は、市区町村等保険者の選択です。要するに、租税だから滞納処分できるというものではなく、市町村の運営維持に必要な支出は構成員全員が平等に負担すべしであり、その徴収は滞納処分で行うという古い制度を維持しているためです（明治21年「町村制」104条）。

　とはいっても、強制徴収公債権の徴収は、一部の地方団体では債権管理課が地方税と併せて一元徴収を行っている場合もありますが、それぞれの担当課で担当している場合も多いようです。

Chapter 6

差引計算
（相殺・交互計算）
による
債権回収と
滞納処分

　取引先と金銭のやり取りをする場合に、対等額で支払いを帳消しにする「相殺」は、合理的な決済方法です。しかし、銀行預金の差押えと貸付金の相殺を巡っては、国税と金融機関の間で何度も争われ、「相殺の担保的機能」という考え方がそこから生まれました。複雑になった企業間の取引の中では、相殺は決済の簡便化というよりはむしろ、担保的機能を中心に、倒産リスクを軽減するための相殺契約という流れで、いろいろなスキームが組まれています。それに対する裁判所の判断はなかなか厳しいようですが、本章では、このような新しく生まれる多数当事者間での相殺の形に税の徴収がどのような対応をするのか説明します。

Q6　差引計算による債権回収と滞納処分

　当社は、オープンアカウント方式によるフランチャイズ事業を展開しているコンビニエンスチェーンですが、加盟店が滞納していたらしく、当社に入金された売上げを税務署が差し押さえてきました。当社としては、翌日以降も加盟店に商品配送をする予定ですが、差し押さえされた売上金を税務署に支払う必要はあるのでしょうか？

A　一般に、オープンアカウント方式では、加盟店から入金された金銭（売上げ）と、本部事業者が加盟店に請求する仕入代金やロイヤリティとの間で、商法529条よる交互計算を行う契約になっています。

　交互計算は、一定の計算期間にある債権と債務を差し引き計算して、その精算金だけを相手に支払う相殺契約です。したがって、交互計算の期間中の債権であれば、差押えに対抗できます。

　ビジネスの世界では、取引の相手方に商品販売やサービス提供を行うことで、その代価を支払ってもらう債権が生じます。同時に、その取引先から材料や労務提供を受けていれば、支払うべき債務を負います。このように企業間の取引では、一方通行の債権または債務があることよりも、相互に支払いが生じる場合が多くあります。そうしたときに、その債権または債務を別々に決済するよりも、対等額で支払義務をなかったことにしてキャッシュフローを省略するのが合理的です。そうした決済を「相殺」といいます。

　こうしたメリットのほかに、相殺には「担保的機能」というものがあります。取引の相手先が倒産した場合に、支払うべき債務を負っていればそれに差押えを受けますが、同じ取引先に債権があっても入金がなければ、こちら側のリスクで差押えをした債権者が満足を受けることになります。

そうした際に相殺ができれば、少なくとも支払いを免れた分だけ、債権の履行を受けたと同じことになります。

$$
相殺の機能 \left\{ \begin{array}{l} 決済の合理化…互いに必要なキャッシュフローの節約 \\ 担保的機能…相手先が支払不能時の債権回収 \end{array} \right.
$$

　こうした相殺の機能は、複雑になっている企業間取引のリスク管理で、かなりの重要性を持ちます。特に、相殺に認められた当事者間での担保的機能が、契約で作ったいろいろな相殺にも及ぶ可能性があったことから、多数当事者間での相殺契約のスキームが作られ、滞納処分による差押えとの争いに発展しました。また、倒産手続との関係においても、契約によってあらかじめスキームを組んでいるグループだけが、相殺によってリスク軽減の恩恵を受けることの是非も指摘されています。相殺は、簡易な方法で債権を保全できることから、今後も新しい形が生まれると思います。
　そこで、相殺と差押えの関係がどのようになっていったのか俯瞰した上で、継続的な取引関係の決済に利用されている交互計算について、フランチャイズ契約を例にして説明します。

1　債権を差し押さえられたときの相殺

　差押えとは、滞納者の財産を換価する際に、差し押さえたときの状態で権利を動かせないよう、強制的に拘束する手続です（処分禁止効）。ただし、公売する目的の範囲で拘束すればよいので、その後の権利変更を無効にする必要はなく、差押えに対してだけ効力を主張できない（対抗できない）としています（差押えの相対効）。
　債権が差し押さえられた場合には、その同じ取引相手との間で、相手方に支払う債権（買掛金）とは別に、その相手から受け取る債権（売掛金）があることもあります。普段であれば別々に決済してもよいし、対等額で

差引計算（相殺）して決済するのも自由です。しかし、買掛金が差し押さえられたときに、そちらは差押えした税務署に支払わねばならず、売掛金のほうは自分で回収するとなれば、こちら側は不利な状況になります。そうしたことで民法は、差押えを受けた時において、同種の債権（金銭債権）が相対立している場合は、対等額で相殺できるとしています（民511①）。

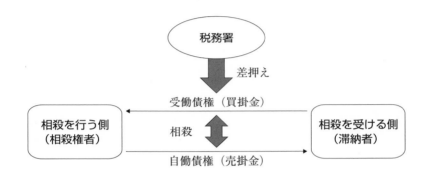

相殺は権利行使で（民506①）、それをすれば債権は消滅しますから（民505①）、差押え後に相殺権を行使することは差押財産の処分行為になります。そうなると差押えの処分禁止効に反するのですが、裁判所は、相殺は債権を消滅させる行為ではなく、相対立する額の範囲で債権がないものと考えるとして（相殺の期待利益）、差押えに対して強い力を与えています。現在の民法及び判例では、相殺を行う側（相殺権者）の債権（自働債権）が、相殺する債権（受働債権）に対する差押えよりも前に取得されていたとき（民511①）、あるいは差押え前の原因に基づいて生じているときは（民511②）、相殺をして債権を消滅させて、差押えした税務署には取立てには応じられない旨を主張できる（対抗できる）としています。

債権に対する差押えと相殺の問題は、銀行預金の差押えを巡って20年近く争われたテーマです。本設例にある交互計算は相殺の延長線上にあるので、その理解のためにまずは相殺の考え方の変遷を説明します。

（1）第 1 期…差押えの後の相殺は認めない

　債権の差押えと相殺に関する徴収法及び民法の規定は、原則的なところは昔から変わっていません。しかし戦前においては、差押えがされる前に既に債権が消滅していない限りは、たとえ自働債権が差押え前に取得したものであっても、民法の相殺に関する規定に関係なく、相殺による対抗はできない＝被差押債権の取立てに応じなければならないとしていました。

　相殺を認めれば、相殺する側は弁済を受けたと同じになる一方で、差押えした側は差し押さえた債権が消滅して、滞納税金の徴収ができなくなります。しかも、相殺する側の債権よりも優先して弁済を受ける租税優先権があります。差押えによる処分禁止効とこの優先性から、当然に差押えした税務署側が勝つとしていました（長崎控訴院大4.3.20）。

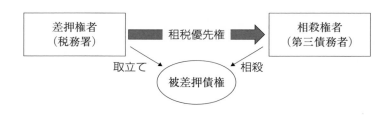

　租税優先権の規定（徴 8 ）だけを見れば、あらゆる経済活動の局面で働く原則のように見えます。実際、戦前まではそのように解されて上記の判決になったのですが、戦後にその修正がされます。

（2）第 2 期…租税優先権が働く局面

　最高裁昭和27年 5 月 6 日判決は、戦前と同じ主張をした国に対して、租税の優先権は滞納者の財産を換価して徴収する場合の配当基準に過ぎないとの前提で、差押え後の相殺を認めました。租税優先権が働く局面は、強制換価手続で換価（取立て）した金銭を分配するときであり、それ以外のときは働かないとしたのです（『国税徴収法精解』(令和 6 年改訂版)139頁）。

〈租税優先権が働く局面とは〉

　税の優先権に関しては、現行法を制定する際の租税徴収制度調査会で座長をした我妻栄博士は、「現行制度（旧国税徴収法）では、およそ人民の財産というものは税金を差し上げてしまった残りだという観念でしょう。先に取るか、後に取るかなどという問題ではない。いやしくも人民たるものはまず税金を全部納めるべきで、担保権だろうが何だろうと、税金を納めた残りについてしか存在し得ないというふうに考える。ところが今度は（現行国税徴収法）、税金についてもそう特別のものとは考えない。」と述べています（ジュリスト171号18頁）。

　要するに旧来の考え方では、滞納者の財産のうち税に相当する価値を除いた範囲でしか、他の債権者は価値の把握をできないとしたものが、現行法では、財産が金銭化（換価）された際にそれをどのように分配するかという、レベルに引き下げたのです。そうなると、滞納者が税の納付よりも金融機関等への返済を優先したときに、「租税優先権があるから、借入返済よりも優先して納付すべき」という説明は、現行法の解釈からは出てこないことになります。

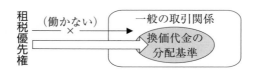

　また、この最高裁判決は相殺の意味について、差押え前に互いに弁済期が来ていれば、相互に決済しなくても既に当事者間ではそれら債権・債務はないもの（預金は存在しないのと同じ）になっている。その状態を民法は「債務を免れる」として、法的意味を与えているとしています（上記最高裁の原審：大阪地判昭26.4.28）。相殺は、積極的に差し押さえられた債権を消滅させる行為ではなく、「支払うべきものがないこと」を差押権者に主張するだけのものということです。そうなると、当事者間で債権・債務がなくなっている状態とは、いかなる場合か？　ということに争いが動いて

いくことになります。

（3）第3期…差押え前に自働債権の弁済期が来ていれば相殺は可能

　差押え前に、既に互いの弁済期が来ている債権・債務ならば、差押えがされても相殺できることは、民法の規定どおりです。しかし、片方の弁済期がまだ来なくて、相殺ができない状態のときに、差押えを受けたならどうなるのでしょうか。その際に、先ほどの「債権がない状態」を保護するという意味から、相殺をする側（相殺権者）の「期待利益」という考え方を出したのが最高裁昭和32年7月19日判決です。

　事案は、相殺権者が支払うべき債権（受働債権）が差押えを受けたときは、相手方に対する貸金（自働債権）は既に弁済期が来ていた。しかし差押えがされた預金はまだ弁済期が到来していないという場合でした。そうしたときに裁判所は、差押えよりも自働債権の弁済期が前にあれば、相殺権者は受働債権の弁済期到来を待って相殺する「期待利益」があり、それは保護されるとして相殺を認めました。

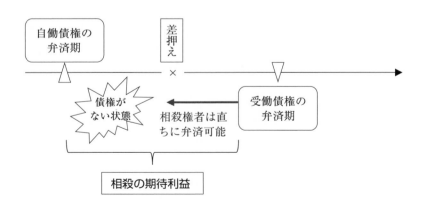

　差押えがされたときに受働債権の弁済期が来ていなくても、それを支払うのは相殺権者ですから、自ら先に返すといえば差押え時に「債権はない状態」にすることもできます。それを、わざわざそこまでしなくても、弁

済期を待って相殺しても同じだといって認めたのが、差押えに対抗できる相殺の「期待利益」です。ならば、そうした相殺権者の期待利益は、どうした場合に認められるのかが次のステージになります。

（4）第 4 期…期待利益があれば相殺は可能

差押えがされたときに「債権がない状態」でなくても、相殺に対する期待利益が認められるならば差押えに対抗できるとしたのが、最高裁昭和39年12月23日判決です。差し押さえられたときには両方とも弁済期は来ていませんでした。しかし、自働債権の弁済期が先に来ていれば、相殺権者は受働債権の弁済期を待って相殺することに、期待利益があるとしたのです。

昭和39年の最高裁大法廷判決は、自働債権の弁済期が先でない限り相殺はできないと判断したので、国税側も納得していたようです。

では、自働債権の弁済期が来るよりも前に受働債権の弁済期が来てしまった場合は、どうなるのでしょうか。差押権者による取立て（弁済期が既に来た受働債権の履行）に対して、まだ弁済期の来ない自働債権があることを理由に、弁済の拒否（相殺の抗弁）を認めてしまうと、それは相殺権者による積極的な債権の消滅になってしまい、差押えの処分禁止効との兼ね合いが問題になります。ところが裁判所は、昭和39年最判を覆して、差押え前に取得した債権であればどのような場合でも相殺できるとしたのが、次の昭和45年の大法廷判決による判例変更です。

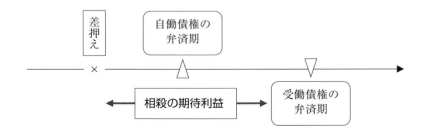

(5) 第5期…差押えを上回る相殺の担保的機能

　最高裁大法廷昭和45年6月24日判決は、民法511条（改正前）が、差押え後に取得した債権でなければ相殺可能としていることをもって、弁済期の先後に関係なく相殺できるという判断をしました。そうなると差押えに対して「債権がないという期待利益」があるとはいえませんから、相殺の意味はいつでも相殺できる「あたかも担保権にも似た地位」を相殺権者に与える、かなりアクティブなものに変わります。

　昭和45年最判は、「無制限説」といわれます。これにより第三債務者が支払う売掛金の差押えがされても、滞納者に対する貸金などの反対債権が差押え前からあれば、相殺できることになります。この判決後も国税側は、相殺する＝被差押債権（受働債権）の取立てを拒否する「正当な理由」がなければ認めないという立場を取っていましたが、令和2年の民法改正を受けて、履行遅延が「権利濫用」でなければ相殺を認めるとトーンダウンしています（徴基通62-31-(1)）。そうなると、期限喪失約款がなく、自働債権の弁済期が遠い先にあるにもかかわらず、相殺の抗弁をするといった例外的なケースでなければ、国税の取扱いを気にすることはないと思います。

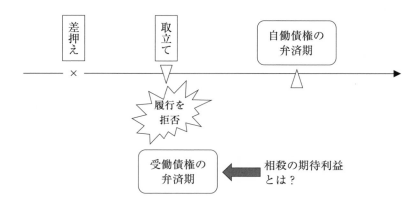

　さらにこの判決は、重要なポイントである「相殺予約」についても言及しています。一定の事実が生じたときにする相殺の合意は当事者間では自

由にできるのですが、それに対外効を認めるかは別の問題です。昭和39年最判は、民法が認める相殺（法定相殺）の範囲までは対外効を認めましたが、昭和45年最判は、契約自由を理由に、対外効を広く認める言い方をしています。そこから、契約で作り出す相殺の効力が、どこまで認められるのかが次に問題になりました。

（6）第 6 期…相殺予約は無制限ではない

　昭和45年最判以降は、担保的機能を目的に契約で作り出した相殺に、どこまで対外効が認められるかが問題になりました。事案はBを滞納者として、A→B間の債権を自働債権、差し押さえられたB→C間の債権を受働債権として「A⇔B」間の合意だけで三者間相殺が可能かというものです。最高裁平成 7 年 7 月18日判決は、ＡＢ二者間の合意だけでは、差押えを受けたＣに債務の弁済を免れる「期待利益」はないとして、契約による相殺の対外効を認めませんでした。

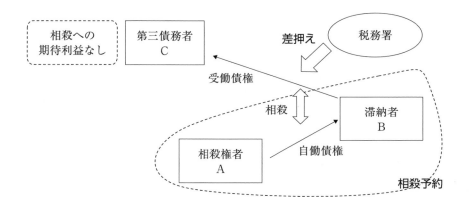

　このような三者間でする相殺予約については、民事再生手続が開始された会社（上記図のＢ）に対して、それぞれ債権または債務を持つ「A⇔B」間及び「B⇔C」間でした相殺予約について、最高裁平成28年 7 月 8 日判決は民事再生法92条 1 項を根拠に否定する判断をしています。

　こうした多数当事者間でする相殺は、複雑になった企業間取引における

決済を簡略化する合理性という面があります（ネッティング取引）が、他方では、当事者の一人が債務不履行になった場合のリスク回避という目的もあります（担保的機能）。第三者（差押権者、民事再生の他の債権者）が絡んできて相殺の担保的機能が出てきた場合には、「事実上差押ができない債権とすることができ、差押債権者の利益を害する（平成7最判）」あるいは「再生債権者間の公平・平等な扱いという基本原則を没却する（平成28最判）」といった利害調整の問題を裁判所は意識しているようです。

Q6-1　**＜外国銀行預金に対する滞納処分＞**
当銀行は外国に本店のある金融機関ですが、東京支店に口座を持つ者が税金を滞納していたので、当該預金につき差押えがされました。ところが同じその滞納者は、当銀行の本国にある支店とも取引をしていて、そちらでは貸付金があります。今般、東京支店で差し押さえられた預金と、本国の支店の貸付金とを相殺したいのですが、それは可能でしょうか？

A　外国銀行が国内に支店を置いている場合には、その支店と当該外国銀行の国外支店は、同一の組織に属する関係にあります。しかし国内にある支店は、銀行業務を営むにあたり、独立した法人として銀行法の許可を受けるので、国内法の適用において国外支店との同一性が認められず、相殺はできないと考えます。

　新型コロナ以降の政策金利は海外では上昇傾向ですが、わが国では平成7年から低金利政策が続いていて、それが最近の円安基調の原因にもなっています。そこで資産運用として、いわゆる「富裕層」などが高い金利を期待したり、数年間で乱高下する外国為替の利益を見込んで、外国銀行に預金する海外での資産形成が注目されています。また、Amazonなどの EC取引では米国内にある銀行口座が求められますし、都市部で現金取引が消滅傾向にある中国では自国内口座がないとキャッシュレス決済ができない、といった事情があります。更には、国内の労働者不足から増える傾向にある中長期在留者といわれる外国籍の者が、母国の銀行に預金口座を持っている場合もあります。

　こうした外国に本店がある銀行（外国銀行）との預金取引は、税務関係では国際間で100万円超の送金・入金をしたときの資料化（国外送金等調書制度）や、租税条約加盟国間での非居住者の国外預金に関する情報の自

動交換（CRS報告制度）がありますが、それとは別に、滞納者が外国銀行に預金している場合の滞納処分を見てみます。

2 銀行とは

最初に銀行とは何か？　から話を始めたいと思います。

通貨としての金銭を「保管、管理」したり「貸し出す」という、経済活動のハブになるのが銀行です。しかし、そうした重要な役割を担うので、誰でもが自由にできる訳ではありません。銀行が行う業務（銀行業）には、固有業務としての預金の受入れ、資金の貸付け、資金の移動（為替）があり、その他に付随業務がありますが（銀行法2②）、こうした銀行業は許可を受けなければできません（銀行法4①）。また、他者の金銭を銀行等の許可のない者が預かること（預金）は禁止ですし（出資法2①）、登録のない貸金業者（ヤミ金）は違法です（貸金業法3①）。こうした業務は、従来は銀行がほぼ独占していたのですが、最近はいろいろな形で規制緩和が進んでいます。

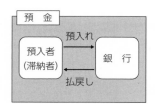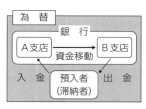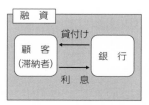

通貨としての金銭を単純に支払手段とみるならば、資金移動型の電子マネーや暗号資産は銀行以外でも預かることができます。銀行が独占する金銭の移動も、登録を受けた資金移動業者（資金決済法37）なら可能です。また、最近の民法改正などから、貸付けもノンリコースによる売掛債権の買取り（ファクタリング）に形を変えて、広がりをみせています。しかしいずれにしても、国内に多数ある身近な金融機関である銀行は、あらゆる

経済活動を行う上でのインフラとして、滞納処分の際も重要な相手方になります。

3　外国銀行とは

外国銀行とは、国外においてその政府の許可を受けて営業している銀行のことです。無許可のものを地下銀行といったりします。こうした外国銀行との預金取引を考えるときのカテゴリには、次のものがあります。

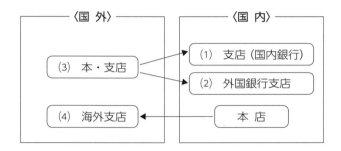

（1）国内銀行としての外国銀行

外国銀行が、日本において銀行業の許可を受けた国内法人を設立している場合です。過去には米シティバンクがこの形態でしたが平成29年に廃業し、現在は SBJ 銀行（韓国の新韓銀行）のみになっています。

（2）外国銀行支店

外国銀行が直接に、国内に支店または出張所を置いて営業している場合です。国内法人ではありませんが、こうした支店を「外国銀行支店」といい（銀行法47①）、本稿執筆時現在では56行が銀行業の許可（銀行法4①）を受けて営業しています。支店のほとんどは、東京、大阪（一部は名古屋）ですが、ブラジル銀行浜松出張所のように中長期在留者向けと思われる支店もあります。口座開設や預金取引のやり方は、国内銀行と同じです。

（注）　外国銀行支店の預金は、預金保険の対象にはなりません。

（3）国外支店の外国銀行

　外国銀行の支店等が国内にない場合や、外国銀行支店があってもそこではなく、国外の支店に口座を作る場合です。口座開設のやり方には、①預入者本人が直接現地に赴く、あるいはネットを経由する方法、②外国銀行の委託を受けた国内銀行（外国銀行支店を含む）が、銀行業の付随業務である外国銀行代理業務として支援する方法、③外国銀行とは委託関係がない、サポート業者（口座開設支援サービス）を利用する方法があります。口座開設のルールは各国で違いますが、特に本人確認のハードルが高く、アメリカでは SSN（ソーシャルセキュリティナンバー）または ITIN（個人税務番号）が求められます。

　（注1）　外国銀行の窓口になって口座開設を支援することは、外国銀行代理業務として国内にある銀行しかできません。しかし外国銀行から委託を受けず、口座開設に係る通訳補助サービスとして、単に紹介するだけなら銀行法の規制は受けず、一般の業者でも可能です（平成28年2月10日経済産業省資料）。

　（注2）　外国銀行支店が、自国での国外口座の開設を外国銀行代理業務としてサポートする場合もありますが、自国の国外支店と直接取引しているとみなされる場合は違法になります（平成26年6月「外国銀行代理業務に関する Q&A 問15」金融庁）。

　（注3）　国外口座にする送金は為替取引になるので、原則は国内銀行または外国銀行支店からになります。ただし、100万円以下ならば登録を受けた資金移動業者（国際送金サービス）からでも可能です。その逆に、国外口座からの国内出金は、その口座のキャッシュカードが VISA「PLUS」や Master「Cirrus」に対応した国際カード、あるいはデビット機能があれば、ゆうちょ銀行などの ATM から引き出すことができます。

（4）国内銀行の海外支店

　国内銀行が、国外において子会社ではない支店を置いている場合です。口座の開設は、当該支店のある現地に赴き、その国のルールにより行います。国内において、国内銀行が口座開設のサポートをすることはありません。

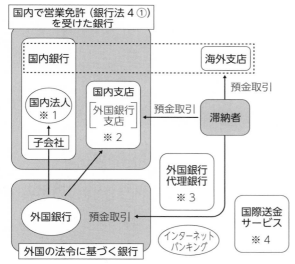

※1　現在は、新韓銀行（韓国）系のSBJ銀行のみ

※2　現在は、56行ある

※3　外国銀行の委託を受けて国内銀行（外国銀行支店を含む）が行うサービス

※4　外国銀行の委託なしに行われる補助サービス

4　外国銀行にある預金の差押え

　外国銀行にある預金に対する滞納処分は、第三債務者になる外国銀行が国内にあるか、それとも国外にあるかで変わります。というのは、徴収法は適用が国内に限られるので、第三債務者が国外のときは適用できないためです。ですから、上記のカテゴリのうち、（1）は国内法人なので滞納処分の相手方になりますが、（3）の外国銀行の国外支店は対象外です。その場合は、支店の所在地国が条約を批准し、預金が徴収共助条約の対象にならない限り手は出せません。

問題になるのは、（2）の外国銀行支店と（4）の国内銀行の国外支店です。というのは、外国銀行支店は所在は国内ですが、国外にある外国銀行と法人は同一なので、第三債務者は外国銀行の本体ではないのかという問題があります。またその逆に、国内銀行の国外支店は、支店の所在は国外ですが、第三債務者は国内銀行ではないのかということです。

（1）外国銀行支店に対する差押え

　最高裁（最判昭53.4.20）は、国外支店で当該預金に付された債権質と、国内で当該預金にされた転付命令につき、預金の準拠法が日本にあることを判示した根拠の一つに、銀行法47条2項を挙げています。同規定は、外国銀行支店を「一の銀行とみなし」て、銀行法という行政規制を適用するものですが、最高裁が私法関係を判断するに取り入れたことから、外国銀行支店は国内における独立した法主体になると考えるようになりました（「外国銀行支店の法的地位に関する一考察」金融法務事情1679号19頁）。そうなると、外国銀行支店は独立した国内法人ではありませんが、国内にある第三債務者になるので、当該支店の預金に対して差押えできると考えます。

（2）国内銀行の国外支店に対する差押え

　国内銀行において、○○銀行のA支店にある預金の差押えは、被差押債権の特定という別の問題はありますが、その第三債務者はA支店ではなく、あくまでも○○銀行です。そうなると国外支店の預金であっても、第三債務者は国内銀行なので、差押えは可能という考え方が出てきます。また、そうした考え方による差押えの例もあるようです（平賀健太「銀行預金と国際的裁判管轄権」判例時報 No1090号3頁）。しかしながら、預金の履行地が国外支店のときは当該外国に執行の管轄があるので、差押えはできないと考えられています。また、外国銀行支店を独立法主体とみるならば、その反対で国外支店も国内銀行とは別の法主体になるとも考えられるので、その点からも差押えは難しくなります。

（注）　滞納処分などの執行手続は、その対象財産の所在で管轄を決めるのが原則です。動産や不動産の所在が国外のときは、その場所で執行することは所在地国の主権侵害になるので、当然できません。しかし債権の場合は、第三債務者は「物」ではないので、外国という場所への侵害になるのかということがあります（酒井一「国際的債権執行における若干の問題」国際私法年報7号126頁）。外国で取立てをするなら動産執行と同じですが、国内PE（恒久的施設）があるときは、そこに履行を求めることができるのであれば、国内での取立てになります。最近では、GoogleやUberなどのプラットフォーム事業は、取引が国内で完結するにも関わらず、形式的な第三債務者の本店登録地が国外というだけで、滞納処分ができない問題があるので、今後の検討事項と思います。

5　国際間での預金相殺

本事例は、外国銀行支店にある差押預金を受働債権とし、一方で国外にある外国銀行の貸付金を自働債権とする相殺可否の問題です。なお、国内銀行の預金を差し押さえた場合に、その預金者に当該国内銀行の海外支店が貸付けをしていた場合も同様のケースになります。

(1) 相殺の準拠法

国際間で相殺をする場合には、その準拠法が問題になります。外国銀行支店の預金取引は、日本の銀行業務を行うので国内法が選択されますが、貸付金のほうは当該外国の準拠法によります。そして相殺の準拠法については、①累積的適用説（自働債権の準拠法と、受働債権の準拠法の両方で要件を満たすときのみ相殺を有効とする）と②受働債権準拠法説とがあり、わが国の伝統的通説は①、最近の有力説が②とされています。

外国銀行支店の預金を差し押さえた場合には、取立て拒否の理由で相殺主張がされます。そうなると、自働債権側の外国銀行が相殺したかになり

ますが、国によって相殺を行使する方法が異なったり、差押えとの関係で日本のような無制限説を取らない国もあります。それらが問題になるケースもありますが、本事例では①の累積的適用説により、国内法に受働債権の預金が準拠することから、民法の規定を基に考えてみます。

（2）外国銀行支店の独立性

　民法505条は、相殺する債権の当事者が同一であることを求めています。外国銀行支店と相殺を求める外国銀行は同一の組織に属しているので、その点からは相殺が可能のように見えます。しかしながら、先にあげた最高裁昭和53年4月20日判決は、銀行側がした相殺の抗弁についてそれを認めていません。理由は、「外国銀行支店は、国内で銀行として営業活動を行っているから」というものですが、要するに、外国銀行支店は銀行法で「一の銀行とみなされる」ので、同一組織内であっても、外国銀行とは異なる法主体になるから、相殺できないとするものです。これについては、銀行法上の独立権利主体だから、私法上も独立だとする論理に問題があるとする主張や、国際間の外国為替のネッティングを組成する障害になるといった見解もありますが（久保田隆「国際的なネッティングと相殺制限」金融法務事情1355号9頁）、現状では最高裁の判断が生きています。

　そうなると預金者が外国銀行から借り入れる際に、外国銀行支店を含めた三者間で相殺の合意をしていれば、相殺が可能になる可能性があります。しかしこれは、先にあげた（⇨ Capter 6・219頁）の最高裁平成7年7月18日判決が、当事者の行為だけで民法が規定しない差押えに対する対外効を否定したので、差押えに対して相殺はできないと考えます。

6　フランチャイズ契約とオープンアカウント

　「フランチャイズ」とは、一般的には本部事業者が加盟店に対して、特定の商標や商号等を使用する権利を与えるとともに、加盟店の物品販売、

サービス提供、その他の事業・経営を統一的な方法で統制、指導、援助を行い、これらの対価として加盟店が本部事業者に金銭（ロイヤリティ）を支払う事業形態です。多様な業種でこのフランチャイズが行われていますが、よく目にするのがコンビニエンスストア、飲食チェーンです。本部事業者としては加盟店の資金負担で事業展開ができること、加盟店としては知名度やノウハウの取得を軽減できることから、全国で約30万の店舗があるといわれています。

　このようなフランチャイズ契約を巡っては、本部事業者による加盟店への統制が独占禁止法に抵触するケースとか、同一チェーン店の出店競合などの問題も起きているようですが、本設例では加盟店が滞納したケースを想定し、その場合に本部事業者が受ける影響を、ロイヤリティなどの徴収を確実にするために行われている売上入金方式（オープンアカウント）との関係から説明します。

（1）オープンアカウントのシステム

　フランチャイズでは、加盟店と本部事業者はそれぞれが独立した事業者（商人）です。加盟店は本部経由で商品等を仕入れて、それを販売するのですが、その際に日々の売上げをいったん本部に送金し、本部が仕入代金等を差し引いて、後日に加盟店に返金する仕組みを取っています。これを一般的に「オープンアカウント」と呼んでいます。

　イメージとしては、本部事業者の中に加盟店の会計勘定があり、そこで

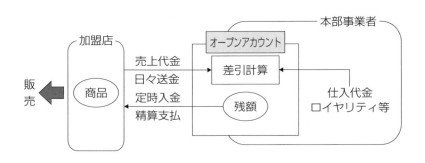

加盟店と本部事業者の金銭のやり取りを精算して、一定期間ごとに差引額を加盟店が引き出すというものです。

(2) 相殺と交互計算の違い

オープンアカウントで行う差引計算は、民法上の相殺と似たところがありますが、一般的にフランチャイズ契約では、こうした精算は「交互計算」によるとしています（東京地判平24.9.7）。

交互計算は、商法に規定された一種の相殺契約です。継続的に行われる取引の場合に、一定の期間内に生じた互いの債権・債務を差引計算して、その残額のみの支払いで済ますものです（商529）。民法上の相殺は、互いの債権・債務を個別に差し引きしますから、差押えがされた後に取得した債権での相殺はできません（民511①）。それに対して交互計算では、一定期間内に生じた債権と債務を差し引きした残額しか対外的に支払う債務はありませんから、その期間の途中で差押えがされたとしても、その後に生じた債権を差し引くことができます。

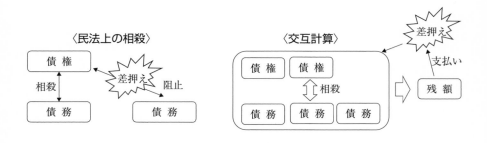

したがって、本設例のように加盟店から入金された売上金の返還請求権が、交互計算の期間の途中で差し押さえられたとしても、精算時に差し引きした残額がなければ、税務署に支払うべき額はないことになります（徴基通62-10）。

〈交互計算とは〉

　商法において、古くからある精算方式です。継続的に商売をしている商人間で、定期的に互いの債権を相殺し、残額のみで支払いを完了させる契約です。第三者による個別執行を、契約で排除してしまう点で問題があるとされています（前田庸「交互計算残高に対する差押の可否」私法1963.25.176頁）。そのため、債権が組み入れられる度に相殺がされる…第三者が割り込む余地を認める「段階交互計算」が有力説としてありますが、通説は交互計算不可分の「古典的交互計算」によっています（江頭憲治郎『商取引法　第8版』弘文堂39頁）。

Q6-2 当社（本部事業者）が加盟店から送金を受けている売上金について、税務署が 20 日現在の預り金返還請求権を差し押さえてきました。フランチャイズ契約によれば、月次で加盟店に支払うのは売上額等に応じて別途に計算した額です。税務署に対してどのように回答したらよいでしょうか？

A オープンアカウント方式の下での加盟店への支払いは、交互計算により精算した残額と、それとは別に契約で決められている加盟店の売上額等に応じた月次引出金です。加盟店から受け入れた売上金の預り金返還請求権は、差し押さえることはできません。

オープンアカウント方式による本部事業者と加盟店の債権債務の決済は、交互計算によるとされています。交互計算は、計算期間内のすべての債権と債務を差し引き計算して、その精算額についてのみで決済する契約ですから（古典的交互計算）、交互計算の期間の終了時以外は、相互にある請求権を個別に決済することはできません（交互計算不可分の原則）。したがって、税務署は加盟店が本部事業者に送金した売上金の返還請求権を差し押さえることはできません（徴基通62-10、大審院判昭11.3.11、大阪高判平14.1.31）。

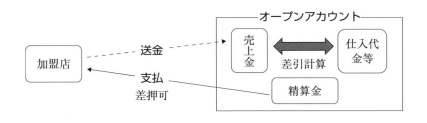

滞納者に他の適当な財産がないときは、税務署は債権者代位権を行使し

て交互計算の契約を解除し、直ちに個別の請求権の支払いを請求すること
ができます（徴基通62-10）。商法534条で当事者は「いつでも交互計算を
解除できる」ことからこのような取扱いをしているのですが、オープンア
カウント方式の下で加盟店は、交互計算を解除して個別の請求権（売上金
の返還）を求めることを、フランチャイズ契約の中で制限しています。債
権者代位は加盟店の権利行使に乗っているだけなので、制限条項が無効と
されない限りは、交互計算期間前の解除はできないと考えます。

〈オープンアカウント〉

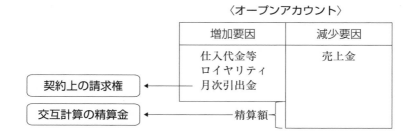

	増加要因	減少要因
	仕入代金等 ロイヤリティ 月次引出金	売上金

契約上の請求権 ←

交互計算の精算金 ← 精算額

　フランチャイズによる事業展開の特徴に、加盟店側の自己資金が少なく
ても開業できるメリットがあります。開業資金の返済が大きかったり、事
業の収支が悪い状態が続けば、自己資金が乏しい加盟店はたちまち経営難
になります。そのためフランチャイズ契約では加盟店の経営をサポートす
る目的で、加盟店の売上額等に応じた金銭を、毎月ごとにオープンアカウ
ントから引き出せるようにしている場合があります（月次引出金）。これは、
売上金を交互計算した結果の精算金とは別に支払われるものです。

　※例えばコンビニエンスストアを開業するには、250万円程度の自己資金が
　　あれば、出店経費（店舗用建物の賃借料や保証金、店舗の改装費や什器備
　　品等）は本部事業者側からの貸付けで手当てすることが可能です。そうし
　　た貸付けは、オープンアカウントの中で売上金から差し引かれます。また、
　　店員に支払う賃金も、事業主である加盟店ではなく、本部事業者が立替払
　　いをすることも多くあり、そうした金銭もオープンアカウントから差し引
　　かれます。

名　称	内　容	送金日
月次引出金	生活費見合いとしての引出金となります。加盟者に事前に金額を設定していただきます。下記の計算式により決定します。 <24時間営業店の場合> 前月売上高×10.5% または 140万円 いずれか大きい金額 − 前月従業員給料 ※ただし、設定した金額が限度となります。	毎月25日
四半期引出金	３か月の自己資本増加分の70％を上限に引出すことができます。ただし、自己資本150万円を下回る部分は除きます。	１月・４月・７月・10月の25日 ＊希望により上記の翌月５日送金も可能です。
月次追加送金	自己資本合計が当月の資産を上回る場合に、その差額を送金します。なお、月次追加送金が送金されるまでの期間に対する利息は付されません。	翌月10日

※公開されているセブンイレブンの契約Ｃタイプの例（日本フランチャイズチェーン協会は、自主基準による契約内容等の公開をしています）。

［月次引出金を差し押さえる場合の特定例］

> 滞納者が債務者に対して有する、令和〇年〇月〇日に締結した加盟店契約第〇条に基づき、毎月末に支払われる月次引出金の支払請求権で、上記の滞納税額に充つるまで。
>
>
> 履行期限　契約による日毎

（注1）　月次引出金は、加盟店を経営する者の生活費見合いを目的にして支払われるものですが、徴収法等では差押禁止財産になっていません。ですから、月次引出金を差し押さえることは可能ですが、その結果として事業主の生活維持が困難にならないよう注意をします。

（注2）　コンビニエンスストアの加盟店については、独自の経営判断ができないこと、ほとんどが月次引出金で生計を立てているので、実態として雇用者と変わりがないとして争われましたが、裁判所はオープンアカウントが加盟店の損益により成立することを理由に、独立した事業主であることを認定しました（東京高判令4.12.21）。

〈ショッピングセンターの売上入金方式〉

　比較的規模の大きいショッピングセンター（SC）では、出店契約しているテナントによる日々の現金売上をいったんSCが預かり、所定の賃料や共益費、電気代等の諸経費を差し引いて、テナントに返還する仕組み（売上入金方式）を取っているケースが多くあります。売上げを預かることで家賃の未払いを防止できること、あるいは日々の売上げを正確に把握することで、売上連動型の歩合制家賃を得られることが理由にあります。この場合の売上預託も、諸経費との差し引きは契約で明示はされていませんが、趣旨は交互計算によって行われると考えます。

Q6-3 加盟店の営業状態が低調で、本部事業者からの与信が随分と残っています。税務署が加盟店に支払う月次引出金を差し押さえてきたのですが、自己資本のマイナス分（仕入代金やロイヤリティ）と相殺できるでしょうか？

A 月次引出金は、交互計算の精算金とは別の原因により支払われる金銭です。したがって、本部事業者側の債権を差し引く場合は民法に規定する相殺になります。差押え後に生じた仕入代金等でなければ、相殺は可能です。

　月次引出金は交互計算によるものではなく、フランチャイズ契約に基づき加盟店に毎月支払われるものです。したがって、月次引出金に対して差押えがされたときに、本部事業者側の加盟店に対する与信（反対債権）をもって差引計算する場合は、交互計算ではなく、民法505条1項の相殺権の行使になります。

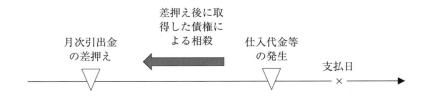

　そうなると、現在の相殺の考え方からすれば、差押えがされるより前からある与信額を自働債権とする相殺は可能です。しかし、上掲のように差押えがされた後に加盟店に納品して生じた仕入代金等は、差押えがされたなら本部事業者は納品をストップすればよいのですから、相殺に対する期待利益はなく、また、差押え前に原因があるとはいえませんから、そうした仕入代金等でもって相殺することはできないと考えます（⇨ Chapter 6・

218頁）。月次引出金は、加盟店の安定経営に資するために支払われるものですが、債権の履行に関して本部事業者に不利益はないので、取立てに応じないことに担保目的を認める理由はありません。

Q6-4 当社のフランチャイズ契約では、加盟店の自己資本がプラスになっている場合には、月次引出金の他に、追加送金することにしています。売上金の返還請求権が差し押さえられた場合には、この追加送金分はどうすべきでしょうか？

A 追加送金分は、交互計算したことによる精算金です。税務署に確認して、差押えの対象が精算金に対するものであれば、取立てに応じます。

　加盟店の自己資本比率が100％を超えている場合（短期的に本部事業者から受けている与信が0以下になっているとき）は、オープンアカウントを月次で精算して加盟店に支払う金額があれば、追加で送金するようになっています。この送金額は、交互計算した結果による精算金ですから、差し引きした結果としての売上金の返還請求権として差し押さえることが可能です。

（注）　交互計算の期間をオープンアカウントの閉鎖時（フランチャイズ契約の終了時）とする考え方もあり得ますが、それでは事実上精算金が発生しないことになります。計算期間を定めなかったときは6か月間が最長期間ですから（商531）、追加送金が毎月としているのであれば、計算期間は1か月間と考えるのが妥当です。

　滞納者が債務者に対して有する、下記の交互計算契約に基づき各計算期間末に発生する決済勘定の貸方残額の返還請求権で、上記の滞納税額に充つるまで。

1　契約年月日　　　令和○年○月○日に締結した加盟店契約
2　交互計算の対象　滞納者が債務者との間で締結した加盟店契約第○条に基づき返還される金銭
3　計算期間　　　　加盟店契約第○条に定める期間
履行期限　契約による日毎

　なお、本部事業者からの与信残があり、加盟店の自己資本比率が100%未満の場合であっても、各交互計算の期間末での精算金は生じます。しかしそれを差し押さえたとしても、本部事業者からの与信（反対債権）があれば、相殺することができます（民511①）。

〈本部事業者からの与信残〉　　　〈オープンアカウント〉

加盟店の 自己資本比率が 100%未満のケース	←──相殺──→	増加要因	減少要因
		仕入代金等	売上金
	←精算額─		

〈差押え後の売上金〉

　交互計算による精算金は、差押えがされた時よりも後になる「計算期間の終了時」に生じるので、一種の将来債権になります。そうなると、月の半ばで差押えがされたときに、それ以降に本部事業者に入金された金銭に係る精算金に対しても差押えの効力が及ぶかが問題になります。それに対して裁判所は、差押えにおける債権の特定が、将来発生する交互計算による精算金であることが明らかであれば差押えの対象としています（東京地判平22.5.25）。

Chapter 7

任意売却の
申し出と
差押解除

　「任意売却」という言葉が盛んに使われるようになったのは、平成の初めにあった変動金利型の住宅ローンが問題になり、その救済方法として住宅金融支援機構（旧住宅金融公庫）が利用を促進してからのようです。現在は、任意売却を専門に扱う不動産仲介業者もあるようですが、こと税金の滞納で差し押さえられている物件については、説明の歯切れも悪いようです。というのは、税務署や地方団体に任意売却の話をしても、うまくいかないケースが多いからです。そうなっている理由は、任意売却＝差押解除に関する法律への理解不足が原因と思われることから、本章では、徴収法の規定の中で、どのような場合に任意売却ができるかを説明します。

Q7　法律による差押解除…任意売却の可否

　当社が再開発を計画している区画の一部に、税務署による差押えの登記がされた土地と建物があります。その不動産の所有者（滞納者）は適正価額であれば当社に売ってもよいということで、売買の仮契約を結びました。価額は不動産鑑定士に依頼して計算し、金融機関などにも弁済額を交渉して、抵当権は外してもらえるようになりました。残るは税務署なのですが、どのように交渉したら差押えの登記を外してもらえるでしょうか？

A　当該不動産の売買価額が一般に取引される適正価額以上の場合に、その不動産から税務署が差し押さえた税金を徴収できる見込みがあるときは、一定の条件を満たすことを条件に、徴収法79条2項2号を適用して差押えが解除されることがあります。また、その不動産から差し押さえた税金を徴収できる見込みが明らかにないときは、徴収法79条1項2号により差押えの取消しが可能です。

　「住宅ローンの返済が滞っている方、裁判所に差し押さえられて自宅が競売にかけられそうな方は、ぜひご相談ください。解決策となる"任意売却"の適切なアドバイスをします」―そのようなキャッチを目にします。債務返済に困った者が自ら所有不動産を売却して、その譲渡代金で債務の一部を弁済し、残債の放棄あるいは長期の分割弁済を認めてもらう債務圧縮の方法です。任意売却とは何かについて、キチッとした定義はないのですが、一般的には次のようなケースになります。

　不動産を売買する際に、抵当権などの権利が付いたままで買う人はまずいません。普通はきれいに抹消されてから買うのですが、借金が完済されなければ抵当権は抹消されません。本来、返済が滞った場合には、抵当権に基づく競売手続を経て、各債権者に弁済が行われます。しかし、時間的

な問題や競売だと安くしか売れないなどの事情から、法的手続の外側で債務処理を行い、抵当権を抹消して、それから売却するという流れがあります。

したがって、任意売却には法律に定められた手続はなく、すべてが話し合いの中で進むのですが、抹消しなければならない権利の一つに、税務署などの差押えがあります。ところが任意売却を申し入れても、かなりの頻度で税務署は「法律に定めがないこと」を理由に拒否してくると思います。関係者にすれば、「法律に従うというなら、早く公売してほしい」、あるいは、「競売になるより高く売却できるのに、それに応じないのは解せない」といった実質的なところからの疑問の声が聞かれます。本設例では、どうすれば税務署が応じるのかを見ていきます。

1 　任意売却が持ち込まれるケース

世間一般で任意売却といわれる事例の多くは、「転職による収入ダウン」、「病気やケガ等による失職」などの事情から、個人の住宅ローンが払えなくなった場合で、固定資産税を滞納しているときによく発生する例です。国税で持ち込まれる任意売却では、都市部にある不動産開発絡みなどで、買収が中途半端になっている土地や、取り壊し予定の区分建物の一室といったような、権利関係が複雑に入り組んでいるなどして長期にわたり塩漬けだった物件が、ようやく売却話がまとまったというケースが多くあります。

また、破産手続の管財人から、競売手続で処理するよりも高価に売却できるし、手間もかからないといったことで、任意売却が持ち込まれることもあります（破78②一）。

任意売却とは要するに、当事者間での相対売買を前提にして、不動産に登記された権利を抹消する「任意の話し合い」です。話をまとめる側からすれば、税務署などの登記をどうしたら抹消できるか、という見方をしますが、差押えを解除する徴税官庁の側からは、差押財産から税金の徴収が

見込める場合と、徴収ができない場合とでは取扱いが異なります。この両者を区別することが、任意売却をうまく進めるための第一歩になります。

　（注）破産法186条１項は、裁判所の許可を得て破産管財人が任意売却をしたときは、その不動産上にある担保権等を消滅させることができます。しかし、滞納処分による差押えは消滅される権利の対象ではないので、税債権が任意売却による差押解除に応じないときは、財団への組み入れ見込みがあれば競売になります。

2　税務署を権利者とする登記の種類

　任意売却は、税務署などが登記している権利を抹消することが目的ですから、まずはどのような登記がされるかを見てみます。登記をするのは税務署（国税局）のほかに、地方団体や年金機構等がありますが、いずれも徴収法及びその準用で行われて内容は同じです。

(1) 差押え及び参加差押え

　税金の滞納に関する登記で最も多いのが、差押えと参加差押えです。差押えとは、滞納者財産の公売を前提に、それまで権利関係を動かせないようにすること（差押えの相対効）及び差押財産の価値減少を阻止すること（動産等の使用収益禁止）をその内容にしています。

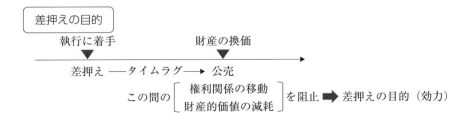

　不動産の差押えに際しては、その旨を明らかにし、権利移動を阻止するため、次の登記をします（徴68③）。

権利部（甲区）（所有権に関する事項）			
順位登記	登記の目的	受付年月日・受付番号	権利者その他事項
1	所有権移転	平成21年3月8日 第24635号	原因　平成21年3月8日売買 所有者（滞納者）
2	差押	令和3年9月17日 第31465号	原因　令和3年9月17日川崎税務署差押 債権者　財務省

　「参加差押え」はやや聞きなれない手続ですが、滞納処分だけにあって、民事執行法にはありません。差押えは公売を行う前提ですから、同じ不動産に差押えを重複して認めてしまうと、差押えは公売の前段階ですから、いずれの差押えでも公売できてしまう混乱が生じます。そこで、税務署などがする滞納処分では、原則として二重に差押えはできません。ですから、差押えをした以外の税金は、先にされている差押えに交付要求をして（徴82①）、公売した換価代金から配当をもらいます（徴129①）。

※滞納処分という言葉のイメージは「差押え」だろうと思いますが、滞納処分とは財産を換価して税金を徴収することなので、法律は公売を中心に滞納処分を考えています。

　ところが、先にしていた差押えが解除されると、交付要求は効力を喪います。もし、差押えが解除された直後に財産が売られてしまうと、交付要求だけしていた税金は、その財産から徴収できなくなります。そこで、先行する差押えに対しては交付要求の効果にとどめ、その一方で、先行する差押えが解除されるとそれまで眠っていた差押えの効力が生じるという手続…「参加差押え」が作られました。いわば参加差押えは「仮の差押え」みたいなものなので、差押えと同じように不動産に登記をします（徴86③）。

☞ 参加差押えをした後にさらに滞納が発生した場合には、その都度、参加差押えがされます。ですから、差押えの登記は1つですが、参加差押えの登記は何回でもされます。

☞ 先行する差押えが解除された場合には、最も先に登記していた参加差押えが、それをした時に遡って差押えの効力を持ちます（徴87①）。登記は参加差押えのままですが、効力は差押えになっています。

権利部（甲区）（所有権に関する事項）			
順位登記	登記の目的	受付年月日・受付番号	権利者その他事項
1	所有権移転	平成21年3月8日 第24635号	原因　平成21年3月8日売買 所有者　（滞納者）
2	差押	令和3年5月21日 第362235号	原因　令和3年5月21日築地税務署差押 債権者　財務省
3	参加差押	令和4年8月25日 第362256号	原因　令和4年8月25日京橋都税事務所参加差押 債権者　東京都
4	参加差押	令和5年12月6日 第363269号	原因　令和5年12月6日築地税務署参加差押 債権者　財務省
5	2番差押抹消	令和6年10月16日 第366325号	原因　令和6年10月16日抹消

（注）　例示の登記では、京橋都税事務所が差押えをしていることになります。

※参加差押えは、先行差押えの存在を認知することが前提の手続なので、徴収職員による占有や登記のように外見で認知可能な場合にしかできません。その他の財産（債権や第三債務者等のある無体財産権）は、先行差押えを認知できないので参加差押えの対象外になり、二重差押えをすることになります。ただし執行手続において、換価権は先に差し押さえたほうにのみ認める原則があるので、取立ては先行差押えにのみ許されます（徴基通62-7）。

　徴収法86条１項は「交付要求は…参加差押書を…交付してすることができる」、87条は先行差押えが解除された時は、参加差押えの時に「遡って差押えの効力を生ずる」としていますが、その本質は何か良く見えません。条文どおりであれば、先行差押えが解除されるまでは「交付要求」でしかなく、単なる配当要求に過ぎなければ換価権はないので、換価執行決定（徴89の２①）で換価できる根拠がありません。

　参加差押えは、滞納処分による二重差押えはできないことを前提に、現行徴収法で取り入れられたものですが、参考にしたのは旧強制執行法にあった動産の「照査手続」と不動産の「記録添付手続」です。これらは先行執行が消滅した際の弊害を考慮した、いわば潜在的な差押え＋配当要求であり、両方の性質を持ったものでした。なので同様に照査手続を参考にした動産に関する滞調法６条１項は、二重に差押えをした裁判所に配当要求がなくても残余金を交付します。この考え方から参加差押えは、先行差押えがあるときは「効力が潜在」しているだけで、差押えとしての性質を有しているので、潜在的な換価権により換価執行決定ができます。

　なお、その趣旨から、延滞税の充足免除においては、潜在的な差押えである参加差押えを含むとしています（平12「国税通則法第63条第５項の規定による延滞税の免除」取扱要領の２）。

（2）担保のための抵当権設定

　税務署も、次の場合には抵当権を設定することがあります。

イ　猶予緩和措置のための抵当権設定

　納期限までに一時に納税が困難な事情がある場合には、一定の要件を満たせば、原則として１年を限り税金を分割して納税することができる「納税の猶予（通46②、③）」と「換価の猶予（徴151、151の２）」があります。それらの猶予をする場合には、税額が100万円以下あるいは猶予期間が３月以内である場合を除いて、原則として猶予した税額に相当する担保を徴

します（通46⑤、徴152④）。そして、担保に徴することができる財産には、土地や建物などが指定されています（通50三、四）。

☞　税金の担保として、抵当権の設定登記を行います。なお、保全担保（徴158）など特殊な場合を除けば、法律上の猶予を前提にしない抵当権の設定はできません。

☞　担保は、納税者の所有でなくてもかまいません（物上保証）。会社の税金により、代表者所有の不動産に抵当権を設定することもあります。

☞　猶予の履行を担保するための抵当権ですから、履行がされなければ、抵当権の実行がされます。その場合の競売手続は裁判所ではなく、滞納処分の例により税務署が差押えをした上で公売します（通52①）。

権利部（乙区）（所有権以外の権利に関する事項）			
順位登記	登記の目的	受付年月日・受付番号	権利者その他事項
1	抵当権設定	令和3年12月18日 第258635号	原因　令和3年12月15日換価の猶予にかかる令和元年度法人税（国税に関する法律の定めによる延滞税を含む。）についての令和3年12月5日抵当権設定契約 債権額　金3,250,000円 債務者　中央区築地1-3-3　港町商事株式会社（→滞納者） 抵当権者　財務省（取扱庁　築地税務署）

【担保物処分の差押えがされた場合】

権利部（甲区）（所有権に関する事項）			
順位登記	登記の目的	受付年月日・受付番号	権利者その他事項
1	所有権移転	令和3年3月8日 第24635号	原因　令和3年3月8日売買 所有者（担保提供者→滞納者とは限りません）
2	担保物処分のための差押	令和5年11月23日 第386235号	原因　令和5年11月23日横浜税務署差押 債権者　財務省

☞　滞納者の納税地が異動すれば、国税では滞納処分を管轄する税務署も動きます（通43①）。また、滞納が多額等の理由がある場合には、国税局が滞納処分を管轄していることもあります（通43③）。任意売却等の交渉を

行うときは、登記だけで判断をせず、現に滞納を管轄している税務署（国税局）がどこかを確認してから行います（上記例では、猶予時の築地税務署から差押え時には横浜税務署に管轄が動いています）。

ロ　相続税のための担保（税務署のみ）

　相続税（贈与税）について延納を行う場合や事業承継財産について納税の猶予（個人版事業承継税制）を受ける場合には、猶予した税額に相当する担保が徴されます（相38④、措置法70の6の8、70の6の10）。

権利部（乙区）（所有権以外の権利に関する事項）			
順位登記	登記の目的	受付年月日・受付番号	権利者その他事項
1	抵当権設定	令和4年9月30日 第52318号	原因　令和4年4月10日相続による相続税及び利子税の令和4年9月30日設定 債権額　金13,200,000円 　内訳　相続税額　金10,000,000円 　利子税の額　金3,200,000円 延滞税の額　国税通則法所定の額 債務者（相続人等） 抵当権者　財務省 　（取扱庁　築地税務署） 共同担保　目録(て)第5181号

☞　抵当権を設定する際の被担保債権額は、猶予に係る本税額に猶予期間に係る延滞税額の合計です。猶予期間後の延滞税の優先は、他の租税に係る徴収法14条の優先は2年分に限る取扱いですが、私債権との関係では猶予した国税の法定納期限等で優劣を決めます（徴基通82-4-(2)-ロ）。

☞　年金等の公課により抵当権を設定していた場合の徴収法14条の取扱いについては、文理解釈をすれば他の租税に対して抵当権を設定した公課が優先します。しかし、同条は抵当権の設定を差押えと同視して優先を認めるものなので、差押先着手が働かない公課と租税の間では同条の適用はなく、公課による抵当権の登記日と法定納期限等の先後で優劣をつける取扱いをしています（徴基通8-7）。

☞　建物を担保に取るときは、火災保険に加入していなければならず（通50四）、抵当権設定に合わせて保険金請求権に質権を設定します（通規11⑤）。相続税延納担保ではそれを条件に許可していますが、猶予等の場合は省略するケースが多く見られます。

☞　株式を担保に取る場合に、通則法基本通達50-1は「など」として幅を持たせていますが、上場株に限定する書き方をしています。それに対して国税庁が出している「相続税・贈与税の延納の手引き」は、それしかない場合には、取引相場のない株式（同族会社株式）の担保提供を認めています（令和5年版10頁）。両者は同じ規定が根拠なので、両者に差異を設ける解釈をするのは難しいです。

（3）抵当権付き債権を差し押さえた場合

　抵当権によって担保されている債権を差押えした場合には、差押えの効力は抵当権にも及びます。そして、この抵当権に効力が及んでいることを公示するため、抵当権に付記登記を行います（徴64）。なお、差し押さえた債権の債務者が履行しなければ抵当権を実行することになりますが、この場合は担保に徴した場合とは異なり、裁判所に競売を申し立てます。

権利部（乙区）（所有権以外の権利に関する事項）			
順位登記	登記の目的	受付年月日・受付番号	権利者その他事項
1	抵当権設定	令和3年12月18日 第243670号	原因　令和3年3月15日金銭消費貸借令和3年3月15日設定 債権額　金5,000,000円 利息　年2.675%　損害金　年14.5% 債務者　中央区築地1-3-3　港町商事株式会社 抵当権者　世田谷区旭丘3-4-5　世田谷土木株式会社（→滞納者）
付記1号	1番抵当権差押	令和5年12月9日 第268669号	原因　令和5年12月9日東京国税局差押 債権者　財務省

　（注）　この差押えを抹消するためには、前提になる債権差押えの解除が必要です。

（4）仮登記請求権を差し押さえた場合

　第三者が所有する不動産を滞納者が取得したが、何らかの事情で移転登記ができないときに、自己の権利を保全するための登記が1号仮登記といわれるもので（不動産登記法105一）、その登記請求権を差し押さえた上で（徴基通73-1-⑬）、その旨を当該仮登記に付記登記することができます（昭32.8.8民事甲1431民事局長通達）。したがって、調査等で滞納者が仮登記をしている不動産があることが判明した場合には、相応の評価をして、その仮登記請求権を公売することになります（徴89①）。

権利部（甲区）　（所有権に関する事項）			
順位登記	登記の目的	受付年月日・受付番号	権利者その他事項
1	所有権移転	平成21年3月8日 第24635号	原因　平成21年3月8日売買 所有者（原所有者）
2	条件付所有権 移転仮登記	平成30年4月16日	原因　平成29年4月2日売買（条件　農地法第5条の許可） 権利者（滞納者）
	余　白	余　白	余　白
	2番仮登記の 条件付所有権 差押	令和3年8月25日 第362256号	原因　令和3年8月25日築地税務署差押 債権者　財務省

　（注）　公売した登記請求権は買受人に付記登記で移転しますが、権利関係は、①原所有者→②仮登記をしていた滞納者→③仮登記請求権の買受人になるので、買受人は本登記を請求できる所有権があるかが問題になります。というのは、仮登記権者の地位は物権ではなく、買主としての債権的請求権です。そして、公売は滞納者からの承継取得なので、買受人は滞納者の有する登記の請求権を取得したに過ぎませんから、買受人は原所有者からの所有権移転の合意がない限り（民176）、本登記を求めることはできません（最判昭46.6.11）。滞納者でない原所有者を公売に巻き込むことはできませんから、事後に原所有者の承諾を要する条件を付して公売することになります。

3　税務署はなぜ任意売却に応じないのか

　任意売却の話を税務署や地方団体の徴収担当とした際に、ほとんどの
ケースが「滞納税金の全額を納付しなければ、差押解除はできません」と
いわれて、拒否されたと思います。差押えをしている物件を競売に付した
ときに、滞納税金の全額を徴収するのは無理だとわかっていて、しかも公
売で見込まれる税への配当額よりも多く、任意売却に応じたほうが有利だ
と説明しても、全額納付がなければ差押解除に応じないといわれて、納得
できなかったと思います。徴税側がそうした回答をするのは、登記の抹消
＝差押えの解除ができる場合に限るとしていることに原因があります。

（1）差押解除を認める場合とは

　徴収法は、差押えを解除できる場合を限定しています。法律そのものが、
滞納者の財産を公売（換価）して、税金を徴収する「滞納処分」を目的に
作られていますから、差押えの解除は「公売してはならない場合」と「公
売する必要がない場合」しかないのは、法律の目的からして当然です。

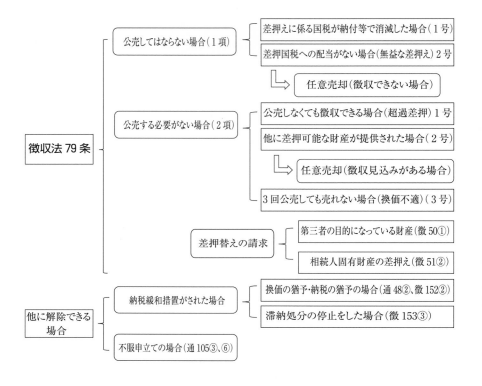

〈換価不適な場合の解除規定〉

　平成26年4月施行の改正で、換価不適財産の差押解除規定が作られました（徴79②三）。ごく簡単にいうと、3回公売に付しても売れなかった物件は、何度も公売する手間をかけても売れないから、公売不適な財産として、差押えを解除してよいというかなり大胆な制度です（同様の措置が民事執行法68条の3①にあります）。

　背景として、長期にわたり滞納整理が進展しない事案の中には、不動産を差し押さえているけれどその公売処理が進まない。物件によっては、十数回も公売に付しても売れない物件があり、差押えをしている以上は他の徴収方途も取れずに事案の処理が膠着してしまっているケースがありました。そうした事情も踏まえて、この規定は作られたと思われます。

（2）任意売却に対する基本的な姿勢

　税金を徴収する手続は、とても強い力をもって滞納者に受忍を強いるものですから、法律に従わなければなりません。とはいっても、債権者からの申立てにより競売を淡々と進める強制執行とは違って、債権者と執行機関が同じ滞納処分では、差し押さえた財産を機械的に公売していくのではなく、行政として滞納者の納税誠意等も勘案しながら進行します。ですから実際のところは、差押えはしたけれど公売までには至っていないケースが、かなりあります。

　こうした様子見をしていたり、諸般の事情から公売が遅延している状況のときに、差押財産を公売という手続を経ないで処理する「任意売却」の話が出てきても、それは徴収法がそもそも予定していないケースです。

　しかし、行政法規は現実社会の写し鏡ですから、課税要件は文理解釈でいかないと世の中が混乱しますが、手続面では社会に適合するように、法の趣旨に反しない範囲で運用することが望まれます。そうした観点から、法律が予定しない任意売却への対応として、従前には「ほぼ公売したのと同様の結果になるのであれば、差押えを解除する」という弾力的な取扱いがあったようです。それが平成22年6月により法律に近い形となって、「国税徴収法基本通達」の中に新しい取扱い（以下、「任売通達」といいます）が織り込まれました（徴基通79-9）。

〈なぜ徴収法79条2項2号該当なのか〉

　任売通達が認める差押解除は、徴収法79条2項2号に該当するものとし

ていますが、同号は差押財産に見合う他の財産の提供がされて「差押替え」した場合の規定です。任意売却の際には、差押えを解除しても何か他の財産を「差押え」しませんが、任意売却で受け入れた金銭をもって「適当な財産を提供した場合」に当たると解釈して、法律の適用範囲に収めたのだと思われます。その一方で、いわば差押替えの請求に近いものであることを勘案して（徴50①、51②）、それらの場合と平仄を合わせるために、金銭を受け入れざるを得ない特段の事情（換価困難性）がある場合に限り、任意売却を認める解釈にしたのだと思われます。

（3）任売通達が認める差押解除ができる場合

　任売通達の前提は、差押財産の代わりに金銭を受け入れることをもって差押えを解除することですから、当然に、差押財産から配当の見込みがある場合になります。見込みがないのに金銭を受け取ったのでは、いわゆる「ハンコ代」になってしまいます。また、同通達の根拠である徴収法79条2項2号は、滞納者からの申し出がされたときの取扱いですから、差押解除は滞納者からの申し出によることが必要です。滞納者からではなく、買受希望者からの求めには応じることはできません。

基本通達79条関係9 なお書き	差押財産を換価に付しても入札または買受申込みがない場合等があること
	滞納者がその差押財産を売却した代金のうちから、その売却代金を徴収法128条1項1号の「差押財産の売却代金」とみなした場合における国税への配当が見込まれる以上の金銭をもって滞納国税を納付すること
	徴収上弊害がないと認められること

 徴収法79条2項2号に該当するものとする

〈任意売却とハンコ代（判付料）〉

　「徴収見込みがない」と知りつつ差押えを行うのは、後に解除の必要性が生じたときに、それと引き換えに「ハンコ代」と称するいわゆる「差押解除手数料」を徴収するためと説明するものを見ます。仮にそのような納付を受けたとしても滞納額に比して僅少ですし、いつ納付になるかわからないもののために、わざわざ手間をかけて差押えをするメリットはありません。そうした差押えを行うのは、滞納者が納税誠意を見せず、他に効果的な滞納整理の方法がないためやむを得ず行う場合などがあります。

　一般に公表されている取扱いは以上ですが、これではどのような場合が該当するのか明らかではありません。もう少し、内容を考えてみることにします。

イ　「差押財産を換価に付しても…」

　換価に付しても買受見込みがないという要件を、誰も買い手の付かない無価値な財産（換価不適財産）とするならば、一定の要件を満たすことで差押えを解除できます（徴79②三）。しかし、任意売却の申し出がされたということは、購入希望者が少なくとも1人はいるわけで、換価不適財産ではありません。ですからこの取扱いは、金銭的な価値はあるけれど「公売するには支障があるケース」を意味していると考えられます。

　具体的なケースとしては、次のような事情がある場合が想定されます。

公売に付したが買受人がいないケース	…任意売却の申し出以降に、実際に公売に付さなければならないので、ケースとして現実的ではありません。
買受人が限定されるケース	…建物の敷地が差押財産で（その逆もあり）、建物の所有者が買受希望をしている場合 …差押財産が共有財産で、共有者が買受希望をしている場合（夫婦共有財産などが該当します） …差押財産が無接道地で、隣接地主が買受希望をしている場合 …差押財産が農地で、転用目的以外の買受適格者が買受希望をしている場合
法律で公売が制限されるケース	…換価の猶予期間中など、法令で換価の制限がされている場合 …差押財産を換価したならば、事業の継続や生活の維持が困難になる場合（猶予か滞納処分の停止該当）

想定されるいずれの場合も、かなり条件が限られます。よくありがちな任意売却の持ち込まれるケースは、この取扱いに該当することは少ないと思います。

ロ　公売した場合の配当見込額以上の納付があること

任意売却を認めるに際して必要な納付額は、次のような額になると考えます。

$$\boxed{\text{対象財産の基準価額}} - \boxed{\text{優先債権等の額}} \leq \boxed{\text{納付額}}$$

任意売却の申し出に際して売却予定価額が提示されたときには、適切なものかを判断しなければなりません。差押財産の価額のうちから、優先抵当権額を差し引いた額以上で金銭の納付を受けることが任売通達です。したがって、売却予定価額は一般に取引される妥当な価額でなければなりません。そして、徴収実務での財産評価は、評価公売事務提要に示された「基準価額」（徴基通98-2-(2)）で行いますから（⇨ Chapter8・277頁）、少なくとも任意売却の申し出で示された金額が基準価額以上であれば、適切な額として判断されると考えます。

なお、優先債権等の額については、徴収法15条以下が適用されるので、根抵当権であれば差押通知書を受けた時の債権額が限度になります。

ハ　徴収上の弊害がないこと

「徴収上の弊害」とはどのような場合を意味するのか、具体的なことは示されていません。しかし、任意売却が公売に似た機能を持つので、公売の際の買受人として相当でない者が任意売却の買受人になる場合には、徴収上の弊害があると考えます。例えば、公売手続に参加することが制限されている者（徴108①参照）や滞納者本人や税務関係職員（徴92）、あるいは暴力団員等に該当する者（徴99の2）です。なお、対象物件が滞納者との共有財産で、買受人が滞納者の親族である場合には、その譲受資金を滞

258

納者が提供していることが明らかであれば、それは徴収上の弊害に当たると考えます。

（4）参加差押えの場合

　任意売却の申入れがされたときに、解除を求める登記が差押えならば、いわゆる任売通達による対応ができます。しかし、その登記が参加差押えの場合は、同通達の対象外です。というのは、参加差押えの解除ができるのは、滞納国税の全額が納付あるいは消滅した場合に限られているので（徴84①）、任売通達が依拠する徴収法79条2項2号に相当するものがないからです。

　もっとも、先行する差押えが解除されれば、最初にされた参加差押えは差押えに転換されるので（徴87①）、それから以降は任売通達による運用が可能です。要するに、差押えをしている徴税機関が任意売却に応じなければ、参加差押えは登記を抹消する法律上の根拠はないことになります。

　なお、参加差押えには、徴収法79条1項2号（無益解除）に相当する規定がないので、参加差押財産からの徴収見込みがない場合でも、解除することはできません。

（5）担保のための抵当権の場合

　不動産を任意売却する際に、抵当権者が応じないときに使われるのが抵当権消滅請求です（民379）。買受人側が先に物件を取得した上で、提示した買取額を抵当権者が受け取れば抵当権を抹消し、あるいはそれを拒否すれば抵当権者自らが競売を申し立てる選択を強要されます（民386）。これが税債権が担保として抵当権を設定している場合にも適用されるかは、裁判所で争われた事例はないようですが、国税の徴収において滌除（てきじょ）（平成15年に抵当権消滅請求に改正）の規定は適用されないとして、否定した判断があります（平12.9.29裁決）。

　差し押さえている不動産から税金を徴収できる見込みがある場合に、任意売却の申入れがされたときの運用が、いわゆる「任売通達」です。

　それに対して、差し押さえている不動産を換価しても滞納税金を徴収できない場合は、同通達が予定するケースではなく、徴収法79条1項2号により差押えを取り消すことができます。実際に任意売却として申入れがされるケースを見ると、かなりの頻度で後者が含まれます。

| 差押不動産から徴収が見込める場合 | ➡ | 任売通達による差押解除(徴 79②二相当) |
| 差押不動産から徴収できない場合 | ➡ | 差押えの取消し(徴 79①二) |

（1）配当見込みのない財産の差押え

　差し押さえた財産から税金の徴収ができない、いわゆる「無益な差押え」について徴収法は、まずは「差し押えることができない」（徴48②）とし、さらには、差し押さえている財産がその状態となったときは「差押えを解除しなければならない」としています（徴79①二）。

　にも関わらず、物件の価額よりも税金に優先する担保権の債権額のほうが超えている場合…公売しても配当が見込まれない財産であっても、差押えになっているケースは多く見られます。このような差押えは違法である、だから直ちに差押解除しなければならないという側に対して、差押えをしている側は「直ちに徴収できないとはいえず、無益な差押えではない」として、両者の考え方は平行線になります。同様の主張が任意売却の側からされても、答えは同じです。どちらの主張が正しいのか、考えてみます。

　（注）　このケースは、国税側から見れば「任売通達」のケースではないのですが、申出側から見れば任意売却なので、その一類型として取り扱います。

| 差押財産の評価額 | ＜ | 優先する債権等の額 | ➡ | 配当見込みなし | 無益な差押え？ |

イ　徴収法における「無益な差押え」の意味

　争訟事件においては、徴収法48条2項に違反した差押えは違法で、その差押処分は取り消されます（平20.8.11裁決）。しかしその判断は、「徴収できない」という事実が確定しているからそうなるのであって、徴収できるか否かが「一見して明らかでない限り」は、直ちに違法になるものではないという判断が示されています（高松高判平11.7.19）。要するに、「徴収できないこと」の立証が前提であり、それがハッキリしなければ「徴収できる見込み」は否定できないので、違法にはならないという論理です。

徴収できない事実が確定	…徴48②違背		違法な差押え
徴収できるかどうか未確定	…抵触はしていない		違法とまではいえない

　こうしたことから実務では、差押財産の評価額や優先債権額がいくらなのか、といったことの「正確な」算定がすぐにはできないこと、また、優先債権が将来に向けて弁済がされていけば、いずれ配当の見込みが生じるといった、「一見して明らかでない」理由から、配当見込みに関わらずに差押えをしているようです。

　※その際に問題になるのは、いつの時点を見て「徴収できない」とするかです。差押えは滞納者の財産を換価するための前提手続であり、滞納処分の本体ではありません（⇨ Chapter 7 ・246頁参照）。なので、徴収できるかは差押え時ではなく、換価した時で判断することになります。

　しかし、このような理屈を盾にして、「一見して明らかでない」、「将来のことはわからない（静岡地判平26.9.8）」といい続けて、どのような場合でも直ちには「徴収できないとは決まっていない」として解除しないと、そもそも無益な差押えを禁止している意味は？　ということになりそうです。

ロ　差押えの取消し

　おそらくこうした判決が出されたのは、「徴収見込み」という将来予測を理由に違法性を問われても、裁判所としては、将来のことはわからないから直ちに違法とはいえない、という結論を出したのだと思います。それに、差押え（滞納処分）が無益かどうかは公売（換価）したことの結果で決まるので、差押財産を公売してみたら配当額が0円であっても、差押えをしたこと自体に違法を問うことはできないと考えます。

裁判所の判断	税務署の判断
無益かどうかわからない	徴収見込みを判定
違法な差押えにはならない	無益と判断すれば取り消す

しかしながら、適法に行われた処分であっても、その後の事情から行政庁がその処分の継続が不適切と判断したときは、自ら撤回（取消し）をすることはできると考えます。ですから、差押財産を巡り、滞納者及び差押財産の関係者との間に具体的な利害が生じたときに、改めて「徴収見込み」の判断を行い、公売しても滞納税金を徴収できないと判断したときは、その差押えを取り消すことはできると考えます（取消しの手続は、徴収法80条の差押解除によります（徴基通80-13））。

改訂前の本書では、解除の根拠を徴収法79条1項2号に求めていましたが、この規定は「見込がなくなったとき」であり、差押え時には徴収可能だったが、その後の事情変化（滞納財産の減価）があって、事後的に無益な状態になった場合をいうものです（『国税徴収法精解』（令和6年改訂版）657頁）。ここで検討しているケースは、そうした事情変化はありませんから、徴収法79条1項2号でなく、見直しによる取消しとして解除することになります。

（2）無益判定に際しての評価

差し押さえた財産から税金を徴収できるか否かは、その財産の価額に対して、差押えした税金に優先する債権がどの程度上回っているかにより決まります。

イ　差押財産の評価

　無益による差押えの取消しは、公売しても税金を徴収できないと判断した際に行います。したがって、差押えが無益か否かを判定する基準は、仮に税務署がその財産を公売するときの評価額になります。

　先ほどの任売通達では、差押財産の相当額のうちから優先抵当権の額を差し引いた額以上を納付してもらうので、提示された売却予定価額を評価する目的は、適正な市場価額以下でないことを確認することでした。ですから、基準価額により判定するのが妥当です。それに対して、無益で取り消す場合は、公売することが前提になるので、処分予定価額（⇨見積価額、Chapter 8 ・278頁）により評価するのが合理的と考えます（徴基通48- 5 ）。

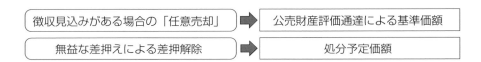

　「基準価額」とは、目的財産が市場で形成される時価に相当する額を一定の評価基準に基づき算定した額です。それに対して処分予定価額は、公売する際に示される「この金額であれば公売市場で売れるだろう」というものです。そのため、公売による特殊性減価をした後の額になります。

ロ　優先債権の額

　無益判定を行う際において、差押えしている物件に設定された優先債権額は、設定された抵当権等の担保債権者を調査して把握します。その際に、優先する債権の額が差押財産の評価額を 1 円でも上回っていれば、無益と判定するのは疑問です。というのは、処分予定価額とは、その額以下では公売では売らないという最低の額であり、その額で必ず売却するものではありません。実際に公売を行うときは、それ以上の額で売却されること

も多くあります。また、優先する債権額も近い将来において弁済等により減額される可能性も否定はできません。

　そうしたことで、計算した処分予定価額よりも優先債権の額が相当程度超えていなければ、無益による取消しはできません。

（注）　任意売却を予定している物件に設定された滞納税金に優先する担保権が「根抵当権」である場合には、差押えがされた時に根抵当権者にその旨が通知（徴55）がされていれば、その通知の時の債権額までしか税務署に対して優先権を主張できません（徴18①）。

〈法律にない差押解除はできるのか？〉

　よく言われるのが、法律に規定がないから差押解除はできないですが、もう少し考えてみます。というのは、行政理論の一般として、適法にされた処分であっても、それを行った処分庁は、その取消し（職権取消し）を認める明文の規定がなくても、不利益処分については可能としています（宇賀克也『行政法概説Ⅰ（第8版）』418頁）。そうなると徴収法79条等の該当条文がなくても、差押えを解除（取消し）する余地が出てきます。

　考え方としては徴収法の差押解除規定に、排他性を認めることもありますが、むしろ国税庁の取扱いを見ると、登記等の対抗要件を具備していないため、名義人である滞納者の財産として差し押さえられた場合に、一定の条件を前提に解除を認めていること（『国税徴収法精解』（令和6年改訂版）658頁）、また、差押えの解除ではなく「税務署長による差押えの取消し」を認めていることがあります（徴基通80-13は、不服申立て等を『含む』としているので、それ以外のケースを想定しています）。徴収法は差押えを取り消す場合を明文で置いているので、このような職権取消しは排除されるとの考え方もありそうですが、少なくとも国税側の見解は排除はしていないようです。

Chapter 8

公売…買う人が留意すべきこと

　インターネット公売（ネット公売）でレア物件を購入された方もいると思いますが、手続が普通のネットオークションよりも面倒だったり、完全ノークレーム・ノーリターンだったりと、かなり違っていたと思います。滞納税金の徴収は、納税者が自主的に納めてくれれば良いのですが、場合によっては財産を差し押さえて、公売しなければならないこともあります。そうした財産を売却する際に、画期的な手法だったのがネット公売です。最近はリユース市場が拡大しているので、ネット公売も乗れることができるのか、公売をするほうの側からでなく、買うほうの立場に立って考えてみることにします。

Q8　公売…買受けの手続と返品の可否

　国税局が提供しているネット公売の情報を見ていたら、前から欲しいと思っていたブランドの高級腕時計が出品されていました。国税局が売っているので間違いがないと思ったこと、入札で競ってしまったことから、落札は思ったより高額になってしまいました。ところが届いた時計を見てみると、針は動くのですが内部ムーブメントに問題があるらしく、それなりの日差が出ています。確かに公売情報には「動作保証はしない」と書いてありましたが、買った代金には見合わないものでした。返品かあるいは修理代は出ないのでしょうか？

A　公売物件を買った場合には、一般の売買にあるような売主の担保責任は適用されません。また、公売情報に「動作保証はしない」旨の記載があり、それを知っていながら自らの判断で高い金額で買ってしまったのですから、それは買った側の問題です。しかも、公売による売買は、法律によるノークレーム・ノーリターンですから、代金を支払ってしまった以上は、返品も修理代の請求もできません。

　「公売」とは、滞納税金を徴収するために、差し押さえた滞納者の財産を売却して金銭化し、それを滞納税金に充てるための手続です。滞納処分の中では、メインの手続になります。公売する物（公売物件）は滞納者の所有ですが、あたかも税務署や市役所などの「官公庁が売っている」ように見えるので、買う側にすればきっと間違いのない品物を安心して買えると思っているかもしれません。

　しかし公売とは、差し押さえた滞納者の財産を、強制的に「滞納者に代わって」税務署が売っているに過ぎません（承継取得）。ですから、買った物に何か品質上の問題があったとしても、公売をした税務署が売主としての責任を取ることはありません。もちろん、売主である滞納者に対して

も、強制的に売られてしまう立場なので、文句を言うことはできません。そこのところをよく理解した上で、公売に参加するようにします。

1 公売の特殊性

　欲しい物があったときに、どこで買うのか？　一般的には小売りの店舗やオンラインショッピング、C to C ならばフリーマーケットやネットオークションなどがあります。そうした中で、普段は手に入らない珍しい品物を売っている、あるいは一般の市場価格より安く売っているなどの理由から、人気なのが「官公庁オークション」です。平成15年に東京都が最初に開始し、平成19年からは国税も加わり、年間で約40億円規模の市場になっています。

　最近は、動産や自動車から公売対象を不動産に広げるなどして、特に地方税の公売はほとんどネット公売で行っています。

　どうしてこのようなネット公売をするようになったのか、それは公売市場の特殊性というものがあったからと考えます。

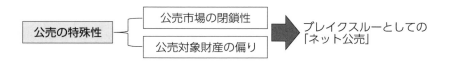

(1) 公売市場の閉鎖性

　税金などの金銭債権を強制的に実現するための「公売又は競売」は、明治の時代から「入札」と「競り売り」という、二つの方法で行われています（徴94②）。そのうち税金による公売は、家財道具を大量に売った戦後の一時期を除いては、基本的には「期日入札」という形式で行われていました。

　入札は、わが国固有の伝統的に行われてきた方法です。公売を行う場所

（税務署など）と公売を行う日（期日）を決めて、そこに買受けを希望する者を集め、それぞれが買おうとする金額を書いた紙を箱の中に入れる「入札」を行います。その中から、最も高い額で札を入れた者に売却する方法です。誰がいくらで入札したのかわからない、という疑心で他の人よりも高額な入札を誘います。

　外国では、オークション（競り売り）が一般的です。オープンな場で、競合する相手よりも高い価格で落札を目指すのですが、正確にビッドを把握するオークショニアの技術が要りますので、簡単にできる入札が公売では使われていました。そのときによく指摘されていたのが、公売市場の閉鎖性です。

　どのようなことかというと、公売期日の公売会場に、公売財産を専門的に扱う業者が参集して、一般の人が公売に参加しづらい雰囲気になっている。あるいは悪質な業者が密かに談合して、落札価額を上げないようにするといったケースも…それが発覚すれば公売妨害として排除対象になりますが（徴108①一）…あった可能性もあります。こうした閉鎖的な雰囲気を除去する意味からも、ネット公売のようなオープンなやり方は期待されています。

　（注）　不動産の公売では、長期にわたり無居住の放置された家屋だったり、前の居住者の家財があったり、賃借権を持つ権利者がいたりして、一般の人では購入しづらい物件も含まれています。それが原因で、専門の業者が多く落札することも事実です。しかしオープンな形にすることで、多数の入札者を集めて落札価額を上げる努力は必要です。

(2) 公売対象の偏り

　もう一つの特殊性は、公売財産が不動産に偏っていたことでした。現在のように誰もがスマートフォンを持つ以前の固定電話の時代には、「電話加入権」という財産価値のある権利があり、1回線が6～10万円ほどで売買されていました。昭和から平成にかけて、公売財産の大半は電話加入権でした。しかし、平成の半ば頃から携帯電話の普及とともに譲渡価値が消失し、今では差押えもほとんどしていません。徴収法73条として、差押財産の多数派を占めていた時代の痕跡が残っています。

　そうなると、差押えの対象は不動産や自動車ということになりますが、不動産は誰もが持っているものではありません。さらには、優先抵当権が付いていることも多く、そうなると滞納処分そのものが難しくなります。自動車はローンの支払中は所有権留保されていますし、差押えを登録しても（徴71①）、現物を確保できなければ公売できません。まして、リースやカーシェアであれば、滞納者に所有権がありません。

　そうした中で平成の途中から、金銭化の容易な債権に差押えのターゲットが移ったのですが、事業に必須の預金や売掛金の差押えは、滞納者の事業継続に相当なインパクトを与えるので、実施には必要性等の十分な判断が求められます。そこにネット公売が現れて、比較的に事業や生活維持に影響の少ない、動産に対する滞納処分ができる環境が整ってきました。

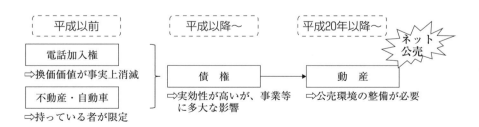

　しかも、強制換価手続の法律は、もともとは動産執行を中心に組み立てられています。徴収法の差押手続は動産から始まっていますし、昭和54

272

年以前の旧民事訴訟法は、動産執行の手続を他の財産で準用する形になっていました。実際に、国民が豊かになる以前の強制執行の対象は、動産が中心です。今でも外国の滞納処分は、徴収制度の作りもあって、不動産執行には抑制的です。それが高度経済成長期を経て、いわゆる消費文化が広まり、美術品や貴金属製品のようなプレミア付きでない動産は、公売しても買う人がいない状況になりました。差し押さえて公売しても買受人がいない、そのため高価なものでない限り動産の差押えはしていませんでした。

　ところが平成の半ば頃から、誰も見向きもしなかったブリキ玩具が高価で取引がされるようになったり、高級腕時計や衣類のビンテージものに破格の値段が付くようになります。あるいはリサイクル指向の高まりから、普段の生活用品も買取りや販売のリセール市場ができて、ようやく動産も公売すれば売れる環境ができてきました。そうした中で、動産執行の効果的な方法として、ネット公売が着目されたのです。

（注）　公売を行った際の財産別売却率は、動産が9割以上に対して不動産は4割以下と開きがあります。その要因には、動産は市場における売却可能性を見込んだ差押えをしているのに対して、不動産はそうした考慮はせずに差押えをしていることがあると思われます。以前のような、業者ばかりの閉鎖的な公売市場では、宅地分譲などの事業採算の見込みがなければどんなに安くても買い手は現れません。公売の売却率を上げるためには、一般の方も気軽に公売に参加できるオープン化は必要なことだと考えます。

（3）公売のこれからの方向性

　ネット公売という方法であれば、公売市場の閉鎖性というものが解消されます。また、動産執行もハードルが低くなるという、滞納処分に影響する環境の変化に資するところがあります。

　なぜ、このようなことを述べたかというと、徴収法で定める公売の手続は動産の競り売りという基本形が長い間変化しておらず、CtoCの一形

態でありながら、その制度上の枠組みに縛られて拡大の波に乗れない可能性があります。

　そうした古さから来る問題点は、公売を行う税務署側から見た論考でも意識されています（山本茂「公売促進に向けた一提言」（公）租税資料館）。そこでは効率よく公売を行うことに視点が置かれていますが、公売財産に資金を出してもよいと判断する、買う側の視点も重要だと思います。そうした立場から、内容は大きく分けて、①値段の付け方（見積価額の決定）、②買受人の決定方法（所有権の移転）、③公売財産の引渡し、そして④クレーム処理（担保責任）の順で見ていきます。

2　公売財産の値段はどうやって決まるのか

　品物を売買するときの価額の決め方には、売り手が付けた値段に買い手が応諾する場合と、買い手が付けた値段に売り手が応諾する場合があります。一般的に商品を企画して製造・販売するB to Cは前者ですが、個人間同士で売買するC to Cには両方の形があります。

　これまで個人間でする物の売買は、不動産など仲介業者がいればともかく、何かの幸運がなければマッチングは難しいものでした。それがプラットフォームとして、「ネットオークション」や「フリーマーケット」が提供されて、容易になってきています。両者とも売り手側が販売したい品物をネット上に公開して、それを欲しい者が買うシステムですが、値段の付け方が違います。ネットオークションは売り手が最低価額を設定し、買い手側に競合する者がいれば値段が上がっていき、最終的に最高価の者が購入権を取得する方法です。フリーマーケットは販売価額を売り手が設定し、それに対して買い手側が希望価額を申し入れ、場合によっては値下げして合致すれば売買が成立する方法です。

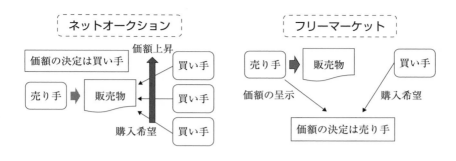

（1）見積価額を決める理由

　徴収法が定める公売のやり方は単純化すると、その金額以下では売らないという最低売却価額を決めて、その金額以上で最も高い額で買受希望をした者に、公売財産を購入してもらう方法です。実際の手続に違いはありますが、基本的なところはネットオークションと同じです。ですから公売をするにはまず最初に、最低売却価額である「見積価額」（徴98①）を決めますがこれが難物です。

　個人間でするオークション取引では、価額は売り手の判断で自由に付けることができます。スタート価額が高過ぎれば買い手が付かないだけですし、逆に低過ぎれば（1円で設定することも可能です）自分が思っていたより安く落札されても、それは売主側のリスクになるだけです。

　そうした市場原理で決まる市場価格（時価）を、公売の際に事前に把握することは不可能です。売ることの効率性だけで見れば1円スタートにして、売れた値段が市場の決めた価額だと言い切ることも可能ですが、徴税機関に強制的に財産を売られてしまう滞納者にとっては、一般的に想定される市場価格以上で、できるだけ高価にしてもらわなければ納得できま

せん。また、税金を徴収する税務署側にとっても不利益になるので、そんな乱暴なことはできません。

　そこで、手続保障の意味から見積価額を設定するのですが、高過ぎれば売れないリスクがあります。手間と時間がかかる公売の手続を、買い手が付くまで価額を下げて何度でも行うことも、事務効率の点からはよろしくありません。そこで、買い手が付いてある程度の競争になるような価額を算出しなければなりません。

〈見積価額の趣旨とは〉

　公売や競売をする際に、最低売却価額を決めて行う例は外国にも見られます。ドイツでは他の権利者を害してまで競売を申し立てる権利はないとの理由から、厳格に無剰余執行を排除し（ZPO803②）、最低売却価額はその無剰余執行に該当するか否かを判定する基準として存在します。フランスでの最低売却価額は、債権者が競売の申立事項として算定し、仮にその価額での競売が成立しなければ、競売を申し立てた側の責任として、債権者がその価額で競売物件を買い取る義務を負います（L-322-12②）。

　日本での見積価額の初見は明治22年の滞納処分法ですが、当時の強制執行は古い身代限法です。滞納処分の基本方針はその頃から、私債権の強制執行とは無関係に税金を徴収する（自力執行）ので、他の私権利者に配慮する無剰余執行の排除という考え方はありません。しかも、ドイツの影響を受けたとされる民事訴訟法の制定前ですから、そちらから考え方を取り入れた可能性もありません。要するに、最低売却価額がなければ無制限に売却額が低くなる可能性があり、滞納者も徴税側も困るといった当時の公売実施上の問題点を背景に、この制度が作られたと考えます。

（2）見積価額の算定

　買受希望者を多く集めるため、見積価額を出す際には一般的に取引される市場価格よりも、安めの価額設定にします。それが公売の際にする減価

です。

イ　基準価額の設定

　市場価格は、いわゆる「時価」といわれるものです。金や上場株式のように、日々取引される市場があればこの額だと決められるのですが、不動産や動産などは実際に取引（公売）してみなければそれはわかりません。ですが前もって、「評価」という一定の基準で時価に相当するものを算定したのが「基準価額」です（徴基通98- 2 -(2)）。

　公売する際の基準価額は、「公売財産評価事務提要」（平26.6国税庁通達）にある評価基準により、不動産であれば、取引事例を比較するなどして算定した試算価格や、不動産鑑定士が出した鑑定評価額を参考にして出します。また、動産であれば、同種の取引事例に精通者の意見を加えて算定します。

　こうして出される基準価額ですが、評価基準で出したものはあくまでも標準的な額です。それから、売れるまで市場に寝かせておくことができない公売の即時性などを加味した「市場性減価」を行います（徴98①前段、徴基通98- 2 -(2)(注)）。実際の公売での市場性減価は、30％ほどを見込んでいるようです（徴基通107- 1 - 2 参照）。

（注）　不動産で例えるならば、売主が1,000万円で売りたいと思ったならば、その価額で売りに出して買い手が付くまで待ちます。ところが公売では「売却期日」が決まっているので、期日に売れなければ、公売手続をやり直さなければいけません。要するに、期日において確実に売るために、いわば「売り急ぎ」で安くするのが「市場性減価」です。

なお、強制執行では、どのような評価を経て売却基準価額（基準価額に

相当するもの）を出したのかは、公表された「評価書」で見ることができます（民執規30①）。一方の公売では、公売情報に見積価額が記載されるだけで、その評価の内容は公表されません。

ロ　公売特殊性の減価

　公売には、通常の売買とは異なることによる特有の不利な要因があり、次のような特殊性が認められるとして、基準価額からさらにおおむね30%程度の範囲で減価する取扱いをします（徴98①後段、徴基通98-3-(2)）。実際の公売でも、最近は30%を減価している例が多いようです。

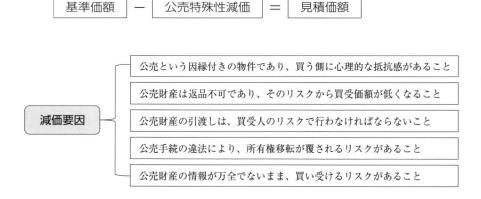

ハ　評価における減価

　公売する際の見積価額（処分予定価額）は、基準価額を算定する際に市場性減価30%し、更にそこから公売特殊性30%を引きますから、おおむね半分からのスタートになります。さらには、最初の公売では買い手が付かなくて再公売する際には、市場性が劣る合理的な理由があったとして、前の見積価額より30%の市場性減価をします（徴107②、徴基通107-1-2）。

　こうしてみると、大胆に減価しているように見えますが、結果から見れば、売れる財産は見積価額の数倍で落札されることもあります。また、売れない財産はそれだけ減価しても買い手は付きません。時間をかけて厳密

に市場リサーチすれば、もう少し客観的な売れる額に近づく可能性はありますが、それも程度ものです。一般の売買とは違って、滞納処分はできるだけ早く滞納税金を徴収するという迅速性が求められますから、こうした割り切った減価がされています。

（注1）　強制執行の評価書では、市場性減価をする要因は記載しますが、減価割合の理由までは記載しません。また、売却率を上げるために売却基準価額から一律に20％を減じたものを「買受可能価額」として、それ以上の額であれば入札可能としています（民執60③）。公売をする際に減価は必要ですが、その割合は経験則的なもので決めるしかなく、30％を減価する合理的な根拠は示せないので、裁判所も割り切って考えているようです（東京地判平29.6.29）。

（注2）　固定資産税の滞納処分で、固定資産税評価額以下の見積価額を出すことの是非については、課税と公売は評価の目的が違うので、見積価額の算定方法に合理性があれば、額が下回っていても低廉公売にはなりません（東京地判平6.2.28参照）。

（3）フリーマーケットとの違い

　公売や競売は、できるだけ高い価額で売るために、買受希望者に競合させて値段を吊り上げる方法を取ります。昔のように物がない時代ならば、容易に買い手が付いたので、その方法でも上手くいきました。しかし今は、

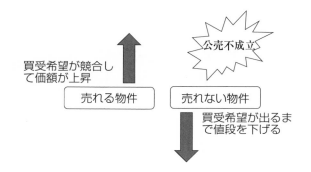

動産も不動産さえも選好みがされる時代です。公売に出しても買い手が付かなければ、同じ価額で再び売りに出しても買受希望が競合することは、まずありません。後は値段を下げていって、買受人が現れるのを待ちます。価額を下げても3回以上売れなければ換価不適財産として、公売を諦めて差押えを解除します（徴79②三）。

　要するに、当初の見積価額で売れない財産は、売れる額まで値段を下げるしかなく、その段階で競争になって落札額が反騰する可能性はまずありません。

　このような価額の下げ局面での売り方は、フリーマーケットに近くなります。徴収法は公売するときに必ず競争を求めますから、市場性減価により段階的に値段を下げていっても、そこでの競争という形を取らざるを得ません。制度の仕組みから公売でフリーマーケット方式は採用できませんが、例えば最初の公売で売れなかった物件は、指値は一応の目安にして、一定期間内で最も高く買受希望を出した者に売却するという制度の導入も考えられます。結局のところ公売の手続は、売り手と買い手の価額調整をどうやって決めるのかという方法論ですから、買い手側の競争が働かない局面で参考になるかもしれません。

　なお一般市場では、オークション方式よりも、買う側にとって簡便なフリーマーケット方式が、シェアを拡大している現状があります。

　（注）　民事執行では買受可能価額を段階的に下げていくときには、その際に競争させず、一定期間中で最も早くその値段で買受希望をした者に売却許可をする「特別売却」をしています（民執規51①）。

3　公売財産の買受人はどうやって決まるのか

　公売は、公売物件を最も高い価額で買いたいと希望する者に売却する手続です。売却する方法には、前に述べた「競り売り」と「入札」がありますが、他に上場株などの価額が競合しない財産に使われる随意契約（徴

109①）と、これまで一度も適用事例がない国による買入れがあります（徴110）。ここでは、ネットオークションで使われる「期間競り売り」を例に説明します。

(注)　差押財産の公売は、原則は差押えした税務署が行います。しかし公売を実施するためには一定の手間を要することから、効率的に実施するため、国税では公売事務を国税局に集中する運用を行っています(徴182③)。

　　　また、地方税では、広域連合や一部事務組合（地方自治法284②）で設置した滞納整理機構等の団体で、公売実務を共同処理する市町もあります。

〈国による公売財産の買入れ〉

　公売に付しても買受人が皆無、あるいは見積価額以下での入札しかない場合には、見積価額で国が公売物件を買い入れるという規定があります（徴110）。かなり古い、明治22年の滞納処分法からある制度ですが、買受けの予算付けがないために、過去に一度も発動した例はないようです。現行法制定時の検討でも「特に廃止する理由はない」として存置しています。

　なぜこのような仕組みが作られたかですが、明治22年以前の滞納処分では最低売却価額がなかったため、公売しても売れなければ政府が公売財産を没収して、滞納税金を徴収したことにしていました。明治17年の松方デフレにより、米価が暴落して大量の地租滞納が発生した際に、全国の耕作面積の1割を超える公売が行われます。その結果、農地の地価が全国的に暴落する事態が発生して、農地が唯一の担保だった当時の地方金融を混乱させます（松方正義財政演説）。また、タダ同然になった土地を収公しても、財政難の国庫は潤いません。そうした事態にならないよう、政府が最低売却価額で土地をいったん買い入れることで地価を安定させて、後に払い下げる仕組みを作ったのだと思います。

---

(1) 買受希望の申込み

　税務署（国税局）では、定期的に公売を行っています。不動産など入札

で行うものは毎月1回、動産などネット公売は年4回程度行っています
が、いずれも公売する財産の情報は、公売公告で公開し、売却する財産ご
とに番号（売却区分番号）が付されています。

  (注)　例えば土地ならば、各区画（筆）ごとに番号（地番）が付されます。
　　　しかし、建物敷地のように、複数筆の土地や家屋を敷地と一括して公売
　　　するときは、それらをまとめた番号（売却区分番号）を付して行い、バ
　　　ラ売りには対応しません。

  (注)　買受希望者に情報提供される形には、国税庁ホームページや税務署等
　　　で閲覧できる公売情報の冊子、ネット公売であれば実施サイトがあります。

公売情報を見て、公売財産を買いたいと思った希望者は、ネット公売で
は、希望する財産の売却区分番号を指定して、官公庁オークションのシス
テムから参加申込みをします。一般のネットオークションとの違いは、匿
名による公売への参加ができないこと及び公売保証金が必要な場合にはク
レジット払いの登録または銀行振込みをすることです。

  (注)　一般のネットオークションやフリーマーケットでは、アカウント名だ
　　　けがシステムに表示されます。それに対してネット公売では、参加申込
　　　みは実名登録が必要なこと、落札して最高価申込者になった場合には公
　　　売実施の徴税機関において、カナ氏名が公示されます。

以上の事前手続をした上で、買受希望者は公売情報等に記載された見積
価額以上で、この金額なら出しても良いと思う額で入札をします。ネット
公売では「入札」という用語を使っていますが、徴収法上の公売方法でい
えば「競り売り」です。したがって、システムの画面で競合相手の現在価

額が表示されるので、落札したい場合には増額しての再入札をします。こうしたネットオークションのやり方は共通ですし、入札額の減額や入札そのものの撤回も同様にできません。

　（注）　動産等のネット公売は「競り売り」の方法で行いますが、不動産は次順位買受申込者の決定をするので「入札」の方法により行います（徴104の2）。

　（注）　一般的な「競り売り」では、ビットした額での買受申込みになりますが、ネット公売では予算の上限（最高入札額）を入力するとその上限まで自動的に相手の入札に加算して入札していく「自動入札」が用いられています。

　なおネット公売で注意するのは、仮に間違って高額な入札をしてそれで落札になった場合には、自動的に買受人にされてしまい、買受申込みの撤回ができないことです。その一方で、公売をする徴税機関からは、諸般の事情からキャンセル（公売中止）をすることがあります。

　（注）　徴収法上の「入札」には、指定された期日に買受希望者が出向いて入札を行う「期日入札」と、指定された期間に郵送などの方法を含めて入札を行う「期間入札」があります。入札は競り売りとは違って1回だけしかできません。もちろん、入れてしまった入札を撤回することもできません（徴101②）。

(2) 買受人の決定と所有権移転

　ネット公売の入札期間が終わると、その時点で最も高い額で入札した者が「最高価申込者（最高価入札者）」に決定されます（徴104①）。要するに落札者ですが、落札者が直ちに財産の買受人になるわけではありません。

　動産であれば落札されたその日に（徴111）、不動産は落札から21日後に（徴規1の6）、その他の財産ならば7日後に（徴113①）、買受人として不適格でないかを確認した上で、最高価申込者に対して「売却決定」という手続が行われます。それで落札者は晴れて買受人となりますが、売却決定

がされた当日中に買受代金を支払うのが原則です（徴115①、③）。しかしネット公売の場合は、落札者が決まった当日に買受代金を支払うのは無理なので、通常は1週間ほど後に指定された日までに、公売を行った徴税機関の窓口納付または銀行振込みで納付します（徴115②）。買受代金を支払えば、そのときに買受人は落札した財産の所有者になります（徴116①）。

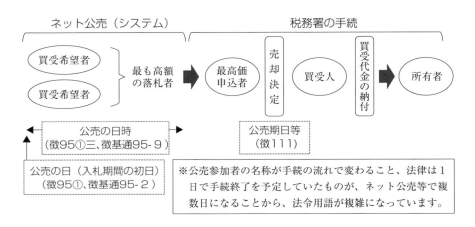

一般的な取引では、売買の合意（契約）がされた時に所有権は移転するのですが、徴収法では代金の支払い時に所有権が移転するように変えています。入札という買受けの申込みがされて、それに対して売ることを示す売却決定は、民法の考え方からすれば売買契約に相当するものです（徴基通111-4）。そうなると、合意により権利移転するのが原則ですから（民176）、売却決定時に所有権移転するという考え方もあり得ます（旧徴収法）。しかし現行徴収法は、ギリギリまで滞納者の権利を保護する法政策を取ったことから、民法の意思主義から離れて、代金納付の時まで所有権は移転しないとしています。

〈暴力団員等の買受け防止措置〉

　令和3年1月以降の公売においては、暴力団に不動産を取得させないための措置が施行されました。具体的には入札時に、自らが暴力団員または構成員でなくなった日から5年以内の者であることを陳述すること（徴99の2）、公売を実施する税務署長等は、最高価申込者がそれら暴力団員等でないことの調査を警察に依頼し（徴106の2）、暴力団員等に該当することが判明したときは最高価申込者の決定を取り消すとしています（徴108⑤）。その調査が必要なため、不動産の売却決定日は公売期日等から21日後になっています（徴規1の6）。

（3）ネットオークションとの違い

　ネットオークションでは、落札しただけでは契約は成立せず、当事者間での合意が別途にあった時に売買契約が成立するとしています（名古屋高判平20.11.11）。オークション会社は、当事者同士で売買する場（プラットフォーム）を提供しているだけで、売買によるリスクは自己責任とする利用規約ですから、そうした判断になります。ネットオークションでは、システムに「取引確定ボタン」が設定されていて、それを落札者が押した時に当事者の合意がされたとしています。

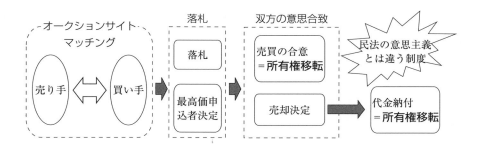

　平成19年4月施行の徴収法改正で、公売保証金（徴100①二ほか）と最高価申込者決定の告知（徴106①）などを手当てして、ネット公売に対応しています。仮に、売買という民法の枠内で徴収法が適合するならば、別

途に「官公庁オークション」でなくても、一般のネットオークションの中で公売すればよいはずです。

　そこで、まず障害になるのは、ネットオークションにはない公売保証金ですが、動産執行で件数が多い50万円以下ならば不要ですし（徴令42の5）、公売保証金を求めるかどうかの必要性は立法政策の問題です。その他に、徴収法が規定する公売に関する手続がありますが、提供されている一般のシステムでは対応できませんが、別途に手続を踏めばなんとかなるかもしれません。

　しかし、そうした障害がクリアできたとしても、売買契約により所有権が移転する民法の原則とは異なる徴収法の規定を、民法が支配するシステムの利用規約の中では、落札者に適用することはできません。すなわち、徴収法に従った利用規約を適用できる別のシステムがない限り、ネット公売はできないのです。

　市場参加者の多さを考えれば、一般のネットオークションに公売物件を出すことは「公売市場の拡大」に向けては有利です。また、公売物件の買受人が非居住者（外国人）を排除していないことからは、その是非はともかくとして、海外市場も視野に入ります。しかし、所有権移転に関し徴収法が特例である以上は、「官公庁オークション」の中で市場拡大をするしかありません。

〈公売手続のわかり難さ〉

　徴収法の公売に関する手続は、法律が作られた当時の主流だった「動産の即売会（競り売り）」をベースにしています。動産の即売会では、公売を行う日に買受希望者を目の前にして競り売りを行い、その場で入札等がされて買受代金を支払い、そのまま買受人が品物を持って帰ります。

　それを想定して法律が作られているため、公売を行う日において入札等を行い（徴95①）、直ちに売却決定を行うとともに（徴111）、買受代金を納付させて（徴115①）、公売財産を引き渡します（徴119①）。しかも買受希望

者は公売会場にいるので、最高価申込者の決定はその者に対して口頭で行い、その際に相手を特定するため名前は把握しますが（徴106①）、住所は把握しません（入札書には同名異人を想定して、住所を記載させます（徴101①））。更には、売却した動産は代金納付したら持ち帰りますが、名前しかわからないので後で売却決定を取り消しても物が返ってきません。なので、即時取得を設けています（徴112①）。

　こうした方法をネット公売に適用するため、法律は1日で全部済ませる「公売の日」について、システム上の落札→公売実施庁による最高価申込者の告知（HP等）まで時間を要することから、「公売をする日（公売期日等）」を公売の日とは別の日にしたり（徴111）、買受人が決まっても直ちに代金納付ができないので、期日の延長をするなど（徴115②）、規定の読み方が難しくなっています。

4　買い受けた品物の引渡し

　公売であっても、買い手側からみれば「物を買う」行為ですから、少なくとも買った品物が満足な状態で自分の手元に届くことを期待します。その点に関して公売では、次のような買受人のリスクがあります。

（1）公売における危険負担

　一般に物を売買したときは、契約時に所有権が移転します。対面で取引したときは、代金の支払いと同時に商品は引き渡されますが、ネットを経由する非対面の取引では同時履行は無理なので、代金の支払いとは別に、商品は宅配などで配送されます。その際に、購入したものが配送の途中で亡失したり、破損したときの負担を誰が負うかについては、改正民法はそれまでの債権者主義を改めて、目的物の引渡しがされるまでの危険負担は売り手側で、買い手側は買った商品が届かなかったり、届いた商品が毀損していたときは代金の支払いを拒否できるようになりました（民536、567

①）。こうしたトラブルを防止するため、ネットオークションでは間にエスクロー（収納代行）（⇨ Chapter 5・188頁以下）を入れるのが一般的です。

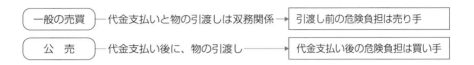

```
一般の売買 ── 代金支払いと物の引渡しは双務関係 → 引渡し前の危険負担は売り手
公   売 ── 代金支払い後に、物の引渡し ─────→ 代金支払い後の危険負担は買い手
```

　ところが公売を規定する徴収法は、そうした民法の規定には服しません。代金納付がされて買い手に所有権が移転してからの引渡しですから、代金の支払いと品物の引渡しは双務関係にありません。そのため、代金納付から引渡しの前に棄損しても、その危険負担は買い手側が負うことになります（徴基通116-3）。ネット公売ではエスクローが入る余地はありませんし、公売財産の受取りを配送で行う場合は買受人のリスクで行います。配送中に損傷したり行方不明になっても、代金は返ってきません。
　（注）　買受代金の納付前に生じた損傷は、滞納者の負担になるので（徴基通116-3）、公売は中止して売却決定までの手続を取り消します。

(2) 買受人による引取り

　公売はまさに売りっぱなしの制度ですが、他にもリスクがあります。一般の売買では少なくとも普通の売り手ならば、買い手に商品を引き渡します。もし引渡しがされなかったり、不可能になれば、契約不履行により売買契約は解除されます（民542①）。
　ところが公売の対象が動産や自動車のときに、徴税機関が直接に占有していれば現物の引渡しはほぼ確実ですが（徴91）、例外的に滞納者が使用中の状態で公売した場合には、買受人は売却決定通知書を渡されるだけで、実際の引渡しは自分で受けなければなりません。引渡しがされなくても、税務署は手伝ってくれません（徴基通119-2）。
　それよりも、問題は建物の場合です。というのは、公売で徴税機関は登

記上の権利移転はしますが、現物を引き渡す義務は負っていません（換価事務提要101-(8)）。いわゆる「現況有姿」の公売ですから、買い受けた建物に占有者がいたり、前所有者の家財道具が残っていたりすれば、それらを買受人は自らの負担で除去する必要があります。また、土地を買った場合でも、その土地に自販機や構築物があったときの撤去や、敷地内に現況では存在していなくても公図に青道（水路）や赤道（里道）があるときの払下げは、買受人がしなければなりません。

（注）　一般に土地を売買する際には、売主側が隣接地権者との間で「境界確定」を行い、必要に応じて確定測量図を作成します。しかし公売は現況有姿でするので、隣接地との境界が不明であっても、境界確定は行わずに売却します。ですから、買受人が転売するときは改めて境界確定が必要になりますし、そのための費用負担もしなければなりません。

財産が空家状態であっても、ドアが施錠されていれば前使用者の占有は継続しているので、買受人であっても占有者の同意なく建物に立ち入ることはできません。勝手に立ち入ると住居侵入罪（刑130）や不動産侵奪罪（刑235の2）の成立する可能性がありますし、勝手に残置物を捨ててしまうと器物損壊罪（刑261）や窃盗罪（刑235）の可能性があります。従前の占有者との話合いができなければ、占有移転禁止仮処分申立てを行い、その後に建物明渡請求訴訟を提起し、勝訴判決を得て建物明渡しの強制執行が必要になります。こうした手続をするのに数か月から1年程度の時間を要しますから、公売に参加することの難しさや、落札価額の低下の原因になっています。

（注）　地方団体による公売では、残置物の処分をしやすくするために、建物の前使用者から「残存財産の所有権放棄同意書」を徴しているようですが、税務署の公売ではしていません。

〈競売不動産の引渡命令〉

　民事執行の競売では、買受人に対抗できない占有者に対して引渡命令（民執83①）の申立てをすることができ、裁判手続によらず簡易な手続によって明渡しの強制執行をすることができます。しかし、公売にはそうした制度は用意されていません。問題意識は現行徴収法を制定する際にもあって、引渡命令を徴税機関が発して、それを債務名義に建物明渡しの強制執行を行うという案が出されていました（租税滞納処分手続に関する中間覚書）。しかし、滞納処分は金銭債権の強制換価手続をする制度の枠内にとどめるべきとの判断から、法制化はされませんでした。

（注）　軽自動車は、道路運送車両法4条の自動車ではないので、動産として滞納処分を行います（徴基通56-6）。軽自動車も道路で走行するため、自動車検査証の発行・備置が必要ですが（同法66①）、権利の得喪に関係ないので、軽自動車を公売しても名義変更の嘱託（徴121）はできません。また、公売した動産を買受人に直接引渡しの場合は、原則として売却決定通知書を交付しませんが（徴118）、それでは買受人は名義変更ができないので、実務的には通知書を作成・交付しています。

　　　⇨売却決定通知書は、売却決定に係る処分の通知ではなく、買受人の権利取得証明として出すものです。動産の公売で現物の引渡しを受けたときは、別に証明は不要なので、交付しない取扱いをしています（徴基通118-2）。

5　買い受けた品物の返品

　ネットオークションやフリーマーケットでは、買主側がその商品を買うかどうかの判断は、ネット上の画像と簡単な説明文だけでします。情報

量が少なければ追加で質問することもできますが、いずれにしても現物を直接に見たり、手に取って確認することはできません。そのため、商品の品質や状態は曖昧なまま購入することになります。品質や状態をどのように評価するかは個人差です。少ない情報量の中でも購入するかどうかは買い手側の責任として、一般的にはノークレーム・ノーリターンのルールを表示して運用されています。

　しかし、買い手側が購入を判断するに至る重要な要素につき、売り手側の説明が間違っていれば錯誤無効（民95①）になる可能性があります。あるいは、契約内容に適合しないほどに壊れているなど品質に問題があり、そのことを売り手が知っていながら説明や画像のアップをしていないときは、ノークレーム・ノーリターン特約を付けていたとしても担保責任が問われます（民566）。

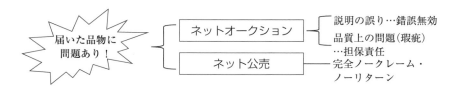

　いずれにしてもネット上での売買では、売り手側は誠実さをもって商品の情報を提供する義務があり、それが守られていなかった場合には返品を認めるルールがあるのですが、そうした点は公売ではどうなっているのでしょうか。

　（注）　ネットオークションなどの通信販売は、クーリングオフの対象にならないので、取引確定ボタンを押した後に、買い手側からの一方的な契約解除はできません。ただし、売り手側が販売事業者に該当する場合には特定商取引法が適用されるので、ノークレーム・ノーリターン特約がなければ、届いた商品の品質に問題がなくても、消費者側の送料負担で返品（法定返品権）することができます（同法15の3①）。

(1) 公売財産に関する情報提供との関係

　ネットオークションでノークレーム・ノーリターン特約があったとしても、売買契約の内容に適合しないほどの大きな品質の問題（瑕疵）があり、それを売り手側が知っていれば返品は可能です（経済産業省「電子商取引及び情報財取引等に関する準則」Ⅰ-7-4）。ところが、ネット公売の説明を見ると、次のようなことが書かれています。

・公売財産に隠れた瑕疵があっても、執行機関は担保責任を負いません。
・公売財産は現況有姿で引き渡します。ノークレーム・ノーリターンでお願いします。
・落札後のキャンセルはお受けできません。

　要するに、公売財産の品質に大きな問題があっても、どのような場合でも返品は受け付けず、すべては買い手側の責任です、ということです。

　競売や公売は裁判所や税務署が行うのですが、公売される物の所有者は滞納者です。本人の意思に関係なく売られてしまう滞納者に、買い手側からの担保責任をそのまま負わせるわけにはいかないので、品質に関する責任は適用しません（民568④、徴126）。すなわち、法律においてノークレーム・ノーリターンになっているのですが、品質に関する担保責任を負わないのであれば、買い手側としては間違って買わないように十分な情報の提供をして欲しいところです。

　民事執行法では不動産に限っていますが、競売財産につき、いわゆる三点セットといわれる「財産明細書」「評価書」及び「現況調査報告書」を公開しています。法定記載事項でなくても、買受けの意思判断に影響を及ぼすような事項の記載がなかった場合には、売却許可の取消しが認められる場合があります（民執75①）。

　それに対して徴収法では、公売財産に関して記載する情報（公売公告の記載事項）で法令が定めているのは、公売財産を特定するための「名称」「数量」「性質」「所在」と「重要と認められる事項」です（徴95①）。公売財産の品質に関しては、特に記載するようになっていません（換価事務提要

34- (9))。実務では、公売情報の「特記事項」として物件情報にある程度は記載しますが、法定記載事項ではないので、例えばアップした公売財産の画像を取り違えていたなどでない限りは、その内容で売却決定を取り消すことはありません。

（注）　入札期間の途中で、入札価額に影響を及ぼすような公売財産に関する事実が判明した場合には、公売の中止がされます（換価事務提要39）。

公売公告の記載事項は、明治30年の旧徴収法の時代から変わっていません（旧徴収法施行規則19）。当時は動産公売の際には、公売会場で現物を目視してから公売に参加するのが当たり前の時代ですから、並んでいる公売財産のどれかという特定性があれば十分で、品質は買受希望者が目視で判断してくださいということだったのでしょう。裁判所は、ネット公売をしていないので旧来の方法でも可なのでしょうが、滞納処分で動産公売をネットでするのであれば、提供する情報の範囲とそれが間違っていた場合の対応くらいは、ルールがあったほうが買う側も安心できると思います。

（2）落札後の買受辞退・返品の可否

　結論からいいますと、ネット公売で入札した後になって、買い受けを辞退することは、ほぼできないと考えてください。しかし色々な事情から、落札後に買受けを止めたいときにどうすればよいか、あるいは、ネット公売で買った物の品質に、問題があるときはどうなるのかを見てみます。

イ　落札のキャンセル

　ネット公売で落札してしまったが、思い直してキャンセルしたいときは

どうしたらよいか。方法は一つだけです。買受代金を支払わないこと、それしかありませんが一定のペナルティを受けます。

本来なら入札前に買受希望する品物を下見できればよいのですが（換価事務提要27）、来訪者がいないことから、最近は国税局の下見会は開催されていないようです。自動車で下見会をしても、外観を見せるだけで、エンジンを掛けたりはできません。また、建物の公売では事前内覧ができないので、落札後に現地確認したら思いのほか管理不良物件だったりして、落札の辞退を申し出る者がいますが、いったん落札者（最高価申込者）になってしまうと、そうしたことはできません。

これが一般の取引ならば、売買契約の解除は当事者が合意すれば可能です。ネット公売でも「取引確定ボタン」を押す前に、売主に連絡してキャンセルすることは可能です。ところが公売では、買受けの申込み（入札）をすると、その取消しも、より低い額でのやり直しもできません。間違った入札であっても、錯誤による無効の主張は公売手続の安定性から排除されるので、そのまま落札になると売却決定がされて、入力した金額での買取義務が生じてしまいます。

（注）　落札（最高価申込者の決定）や売却決定は行政処分ですから、法律に基づき行政庁が取り消さない限り効力は消滅しません。また、処分の取消しを求めて不服申立てすることも、落札者は処分により利益を受ける立場なので、不服を申し立てる適格がありません（最判昭53.3.14）。

そうなると、落札してしまったけれど、買受けをキャンセルしたいときはどうすればよいでしょうか。方法は、買受代金を支払わないで、売却決

定を取り消してもらうしか方法はありません（徴115④）。それで買取義務を免れますが、公売秩序を乱したとして公売保証金を入れていれば没収されます（徴108③）。また、2年間は公売に参加できないペナルティが課せられますが（徴108①四）、そうしたリスクを受忍すれば落札をキャンセルできます。

ロ　落札して届いた物が壊れていた場合

　ネット公売では、例えば100万円以上もする高級腕時計を落札して、買受代金を払って物を受け取ってみたところ、内部のムーブメントが動作不良だったりする可能性もあります。壊れていてまったく作動しなければ、その旨は公売情報に記載すると思いますが、買受人側では許容範囲を超える日差があっても記載されていないこともあります。自動車の場合には、専門業者が見れば事故履歴や水没車かどうかわかりますが、それを知らずに公売してしまうリスクも否定できません。一応は、専門の業者に見てもらってはいますが、査定保障があるわけではありません。

　一般の売買ならば程度にもよりますが、壊れている旨を告知していなければ、売主の担保責任として、損害賠償や返品（契約解除）、修繕や値引きが認められます（民562①）。ところが公売では、売主が品質に関して負う担保責任は適用されません（民568④）。ですから公売情報には、「真贋保証はしません」「完動保証はしません」と告知した上で、公売特殊性減価により見積価額を低く抑えています（⇨ Chapter 8 ・278頁）。

　（注）　真贋保証はしないとしていますが、偽ブランド品や贋作を真作として
　　　　売ってしまうと商標法違反（同法78）や場合によっては詐欺罪（刑246①）
　　　　に触れる恐れもあります。公売財産の表示に際しては、ある程度の真贋
　　　　鑑定は踏まえていると思いますが確定はできないので、このような表示
　　　　をしているようです。また、多くのブランド企業はリセール市場におけ
　　　　る真贋鑑定に対応していません。

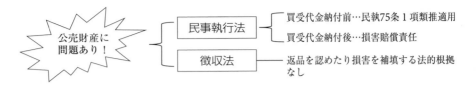

こうした公売財産にあった品質の問題を買受人が売却決定の後に把握した場合には、強制執行では買受代金の納付前であれば、民事執行法75条1項を類推適用して、売却決定許可を取り消すことがあります。また、代金納付後であっても、現況調査報告書が執行官の合理性のない調査及び判断に基づいて作成され、当然に書くべきこと（例えば暴力団等による財産占有や、いわゆる事故財産）が記載されておらず、それにより間違った買受けをしたときには、注意義務違反による損害賠償が認められています（最判平9.7.15）。

ところが公売においては、売却決定がされた後に、強制執行のような公売財産の品質を理由とする取消しはありません（徴117）。また、公売財産の品質に関して、公売公告への記載がそもそも義務付けられていません。だから、そうしたリスクを織り込んで公売特殊性による減価をしており品質を問題とするキャンセルや修理代の請求、値引き等を認める理由がないのです。買受人側のリスクとして、そうしたことを織り込んだ金額を考えて落札するしかありません。

（注）　公売で取得した建物が事故物件の場合に、そうした事情は公売公告に記載する重要事項（徴95①九）に該当するが、徴収法には民事執行法のような調査義務はないこと、その事実を公売を担当する徴収職員が知らず、また、事実を把握する端緒もなかったので、買受人は公売庁に損害賠償を求めることはできないとした事例があります（前橋地判平31.3.15）。

6　売却決定の取消し

　公売の手続は、強制的に滞納者の財産を換価して滞納税金を徴収するものなので、手続を後戻りさせない作りになっています。しかし、そこまで安定性を重視していながら、財産を売られてしまう滞納者の権利保護には配慮していて、買受代金が納付されて所有権が移転した後であっても、売却決定が取消しになって買受人が所有権を喪うことがあります。

　(注)　公売はそれによって滞納者は権利を強制的に奪われることから、より権利保護の要請が働きます。公売は役所の掲示板に貼り出す公売公告（徴95①）で開始されますが、公売実施を滞納者等に知らせる公売通知（徴96①）は、それが返戻になれば公売をしない取扱いをしています（換価事務提要47-(5)）。

　滞納者への公売通知はわかりますが、同じく通知する公売物件の権利者も同様に取り扱うべきかは要検討です。登記のある抵当権者の中には、所在不明になって公売通知が返戻になることもあります。権利者の保護は差押え時における通知（徴55）と差押換えの請求（徴50）で確保されているので、財産を喪う滞納者と同列ではありません。また、公売通知は権利義務を確定する、不服申立ての対象になる処分ではないので（東京高判平7.3.7）、処分の効力を生じさせるための公示送達をするものではないし、手続を欠いたとしても売却決定の違法理由にはならないと考えます。返戻で所定の所在調査を経ても不明なときは、公売通知は不送達で公売を進めるのが妥当と考えます。

(1) 売却決定が取り消される場合

　買受代金が納付された後でも、納付前に滞納税金が完納または消滅していた事実が判明した場合には、売却決定は取り消されます（徴117）。せっかく落札した者には残念ですが、所有権が移転する前に公売する理由が消

滅したので、公売財産が買えなくても仕方がありません。ところが問題は、買受代金を納付して所有権が移転した後になっても、公売の手続に違法があり、それを理由で買った物を返さなくてはいけない可能性があることです。

売却決定が取消しになる場合	買受代金納付前に、滞納税金の消滅が証明された場合（徴117）
	買受代金の納付がされない場合（徴115④）
	買受制限を受けていることが判明した場合(徴92、106の2⑤、108②)
	法律の規定により換価制限を受けた場合(徴114)
	争訟により売却決定が取り消された場合

☞ 動産または有価証券は、売却決定が取り消されたとしても、そのことを知らずに、取消し前に買受人が代金を支払っていた場合には、公売財産を返還する必要はありません（徴112①）。

（2）滞納処分の手続違法による取消し

　売却決定も行政処分ですから、税務署が取り消さなくても、不服申立てや裁判所で違法と判断されれば取り消されてしまいます。差押えから公売に至る滞納処分の手続は、前段階の手続違法で公売の手続が覆されないように（違法性の承継）、不服申立てがされたときは換価を制限する一方で（通105①）、不服申立てに期間制限を設けて安定を図っています（徴171①）。

　（注）　争いの結果が出るまで売却決定をしなければよいのでは、といわれそうですが、同じ公売について何度も繰り返し争われて公売遅延になるケースがあります。そのような場合には、濫用として見切りをつけて売却決定を認める判断がされています(東京高判平22.5.20、大阪地判令3.11.11)。

　一応その整理で公売の安定を図っているのですが、場合によっては買受人への権利移転後に覆ることがあり得ます。公売処分に不服申立てがされたときは換価しないのですが、取消訴訟の場合は滞納処分は続行できるので（行訴25①、執行不停止）、売却決定及び買受代金の納付がされます。そ

の訴訟で、売却決定で公売に関する処分は目的を達して消滅したと考えれ
ば、判決は却下されます。しかし、徴収法がその後の権利回復を予定する
規定（徴135①）を置いているので、回復すべき法律上の利益を認めて（行
訴９①）、争いを認める判決が出ています（東京高判平28.1.14）。事件は請
求棄却でしたが、ケースによっては買受人が公売物件を取得して相当の期
間経過後に、売却決定が取り消されて買受人は権利を喪失する可能性があ
ります。

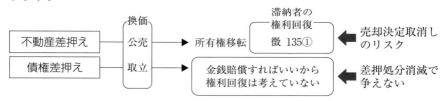

　なお、債権差押えの場合は、違法で取り消されても金銭賠償すれば済む
ので、不服申立てによる換価制限（通105①）は受けませんし（徴89①、徴
基通67-3-1）、取立て後の権利回復も考えていません。なので、不服申
立てがされても取立ては実行され、それで差押処分は消滅して取り消すも
のが無くなるので、裁決は却下になり、訴訟も同じになります（大阪地判
平12.11.30）。

（注）　民事執行法では、売却許可の取消しは執行抗告に依らねばならず（民
　　　執74①）、それができるのは売却許可がされてから１週間以内に限られ
　　　ます（民執10②）。その期間を過ぎてから売却の許可が確定し（民訴
　　　122、民執74⑤）、それから代金の納付という流れになりますから（民執
　　　78①）、滞納処分のような問題は起こりません。

〈「違法性の承継」とは〉
　　課税処分の違法は滞納処分の取消請求での違法理由にならない、あるいは
　差押えの違法は公売処分の違法理由になるという「違法性の承継」の問題は、
　少し理解しづらいところがあります。

基本として行政の手続（処分）は、一つの手続を行ってその効力が確定し、それを基礎にして次の手続を行うという原則があります。

　このように行政の手続（処分）は必ず前に進んでいく「漸進性」があるので、後行の処分のときに先行処分の違法を問題にする…手続のちゃぶ台返しのようなことは認めず、「違法性は承継しない」が原則になります。しかし滞納処分のように、滞納者の財産を換価するという「一連の結合して一つの法律効果を実現させるもの」の場合には、例外として「違法性の承継」を認めることになります。

　しかしそうはいっても滞納処分を進めていく上では、やはり「漸進性」がないと困るので、違法性を承継しながらもその承継を段階的に切断する規定（徴171）を置いています。

イ　事後に売却決定が取り消された場合の問題

　買受代金の納付前に、滞納税金を完納していたことが判明して売却決定が取り消される場合には、納付した買受代金は、遅延利息等を付して返却されます（徴135①一）。訴訟で売却決定が取り消された場合も同様ですが、問題は買い受けた不動産が転売されていたり、建物を取り壊すなど現状の変更があった場合です。

　というのは、売却決定が取り消されると、買受人は当初から公売財産を取得していなかったことになって、無権利者になります。また転売されて善意の第三者が登記を経ていても、無権利者からの取得ですから、移転登記は抹消されます。

　これが一般の取引ならば、民法94条2項（虚偽表示）の類推適用などで

保護される可能性もありますが、公売による取得は売買とは違うので適用されません。原因を作ったのは違法な手続をした税務署であり、買受人も第三取得者も善意・無過失な、いわば純粋な被害者なのですが、支払った代金を返してもらう他に生じた損害の補填は、国家賠償法に基づく訴訟をしなければ受けられません。

ロ　徴収法173条1項による救済

このように買受代金の納付後の売却決定の取消しは、かなり面倒な問題を生むのですが、滞納者の権利保護に重きを置く徴収法は、遡及的な公売の取消しを制限することはしていません。

ただし、事後の争いで売却決定が取り消されることを想定して、処分の違法が軽微な場合には、一種の事情判決（行訴31①）に準じた規定を置いています（徴173①）。おそらく実際のところは、滞納処分に関する手続が争われても、簡単に売却決定が取り消されることはないと思いますが、どのような判断をするかは裁判所の専決事項です。もっとも、不動産の差押えの際に滞納者に差押書の送達が欠落していて、処分無効（徴68②）を理由に、買受人などに対して登記抹消が請求された場合には、負けてしまう可能性はあります（東京地判平30.2.16参照）。

補足　換価代金の配当に関する問題

不動産を公売する際に、税債権に優先する私債権の抵当権が登記されているが、抵当権者の所在が不明で公売通知書が届かない、あるいは債権現在額申立書が提出されず調査（徴130②）も困難な場合があります。これが強制執行であれば、抵当権者であっても配当要求がなければ切り捨てるのですが（民執87①）、滞納処分では調査権限があるのでそうもいきません。また、裁判所に公示催告を求める「除権決定」の手続もありますが（不動産登記法70①）、抵当権の登記権利者でない税務署はできません。仕方なく配当額を供託するのですが（通121、昭44.12.11「滞納処分における供託手続等について」通達1の(2)）、

誰も取りに来ず、放置された供託金のその後が問題になります。

　供託金の払渡請求権に係る消滅時効は、還付請求権及び取戻請求権のいずれも10年です（民166①二）。しかし、供託の原因債権となる配当受領権が時効になったときは、還付請求をする権限を喪うので（最判平13.11.27）、原因債権が生じた配当日から5年で抵当権者は権利を喪います。それに対して供託した側の税務署の取戻請求権は、配当受領権者の還付請求ができなくなって10年間は行使することが可能です。

　実務では、この場合は配当手続は終了したとして、事後における措置（配当受領権者の還付請求権消滅による取戻し）はせず、20年経過後に供託所が便宜時効による歳入納付をしていますが、公売後に滞納税金が残っていても取り戻した供託金はそれに充てられないので、国税は何もしていません。ただし、自治体と国との違いがあるので、地方税では検討が必要かもしれません。

（注）　換価代金を配当する際に、それを取りに来ないのではなく、配当する債権に問題があって交付ができないときは、供託する手続になっています（徴133③）。滞納処分ではほとんど例がないのですが、問題が解消しても債権者側が対応せず、時効もないので、払渡しができずに長期間放置されているケースが強制執行では相当数あるようです。そのため、一定期間を経過したときは、手続を踏んで払渡しを終了する手続が作られ、同様に徴収法も改正されました（令和6年度改正）。

Chapter 9

M&A
（事業再生）
と滞納リスク

企業リノベーションとして行われる事業再生ですが、税制面からの促進として組織再編税制が整備されています。その一方で、再編により不採算事業として切り離された側に滞納税金が残っていることもあり、その徴収に徴税側は知恵を絞ります。組織再編のスキームを組む際には、再生する側の企業にどの程度の資産価値があるのかデューデリジェンス（投資先企業の価値やリスクの調査）が行われますが、滞納税金の負担があるか否かは重要なポイントになります。あまり馴染みのない、合併による納税義務の承継、連帯納付責任そして第二次納税義務などの「納税義務の拡張制度」ですが、どのようなケースで追及されるのかを見ていきます。

Q9　M&A（事業再生）と滞納税金の追及

　当社の取引先であるＡ社は、江戸時代から続く老舗の和菓子屋で、全国の百貨店に出店するなど売上げは好調でした。しかし、**無理な事業拡張が原因で資金繰りが悪化し、廃業するかどうかの瀬戸際に来ています。当社としては古くから続く商品の製造を継続してほしいので民事再生を提案しましたが、多額の滞納がある税務署が協力してくれません。そこで、当社がスポンサーになって第二会社方式の会社分割を行い、事業の存続をさせたいと考えています。税金の他に社会保険料などの滞納も多額にあって、それらを新しく引き継ぐ会社で納付する余力はありません。どうしたらよいでしょうか？**

A　事業再生を目的にした事業譲渡や会社分割などの、いわゆる第二会社方式を行う際には、租税債権などは合意による減免等ができないことから、徴税側は再生計画に応じません。それで滞納をそのままにして事業再生をした場合には、民法424条の詐害行為取消権の行使がされたり、あるいは徴収法38条の「事業を譲り受けた特殊関係者の第二次納税義務」が課せられることがあります。それらの適用がされないか、要件に注意する必要があります。

　事業の拡大や後継者問題などで、M&A を検討されている企業経営者も多いのではないかと思います。M&A…Mergers（合併）and Acquisitions（買収）とは、言葉どおりに企業の合併及び買収です。その目的は、買収側にとっては、強化したい事業や新規参入したい事業をスピーディーに得られること。また、売却側にとっては、これまで蓄積した技術や経験を継承する「後継者不足」の問題解決や、それで調達した資金による新たな事業拡大や発展を可能にすることがあります。

　こうした事業のリノベーションで有用とされる M&A ですが、やはり

物の売買と同じように隠れた瑕疵、例えば滞納税金の問題があります。事業が移転することに伴い生じる課税をどうするのかという「組織再編税制」は整備されましたが、それとは別に、買収される側の企業が税金を滞納していることがあります。企業を丸ごと吸収合併するときは、買収時の企業評価に反映させますが、会社分割や事業譲渡の形で引き継ぐときは、引き継いだ事業に滞納税金が追随してくるのか否かは、それにより買収価額に影響が出て、M&Aの際のデューデリジェンスにおいて、重要なファクターになります。

その一方で、税務署側からすれば、担税力のある事業の部分を滞納者から分離されてしまうと、滞納税金の徴収が難しくなります。平成26年1月に中小企業庁が示した「中小企業承継事業再生の実施に関する指針」で「第二会社方式」が示されて以降は、企業再生を目的にした会社分割や事業譲渡が行われ、民事再生に協力しない滞納税金を切り捨てる再生計画も見受けられ、そうなると税務署のほうもいろいろと知恵を絞って追及してきます。こうした意味で、M&Aは徴税手段の限界、つまり納税義務の拡張がどこまで可能なのかを試される分野になります。

┌╌╌〈納税義務の拡張とは〉╌╌╌╌╌╌╌╌╌╌╌╌╌╌╌╌╌╌╌╌╌╌╌╌╌╌

徴収関係の用語に「納税義務の拡張」があります。滞納税金の徴収は「滞納者の財産」を換価して行うのが原則ですが（徴47①）、それを拡張して「滞納者以外の第三者の財産」から徴収しようとするものです。これには、第二次納税義務、連帯納付義務及び納付責任、納税保証があり、課税の場合と同様にそれらの第三者に「告知」することで納税義務を課し、滞納者の枠内に引き込むことで滞納処分を可能にします。

似たものに、滞納者が死亡や合併で不存在になったときの「納税義務の承継」があります。滞納者であった被相続人の納税義務を相続人に負わせるものですが、相続人は、放棄しない限り、相続開始と同時に一切の権利義務を承継するので（民896）、相続人はまさに滞納者です。ですから納税義務を

課す「告知」は不要であり、実務として出している「承継通知書」は、各自
の承継額を知らせる事実の通知に過ぎません。承継通知の取消しを求めて争
訟しても、それは処分ではないので争うことはできません（最判令2.6.26）。

（注）　譲渡担保権者の追及は、第二次納税義務者とみなして（徴24③）、譲
　　　　渡担保財産に対して行うので、「告知」の手続を置いています（徴24②）。

1　M&Aの手法にはどのようなものがあるのか

　M&A の手法は多岐にわたりますが、大きく分けて資本業務提携、合併、
買収といった分け方がされます。

　滞納処分をする財産の移転を伴わない業務提携を除いて、未納税金の徴
収がその他の手法にどのような影響を与えるのか、まずは M&A で用い

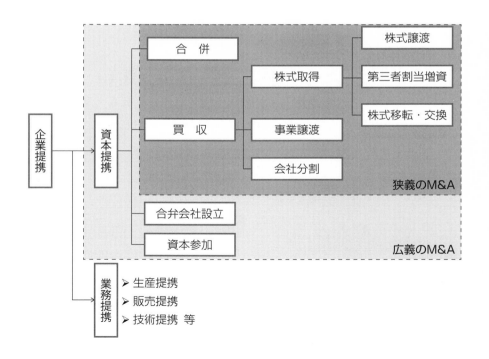

られる手法のアウトラインを見ていきます。

(1) 合 併

　合併は、複数の会社を1つに統合する手法です。合併には「吸収合併」
と「新設合併」がありますが、いずれも会社を丸ごと飲み込む形になるの
で、契約で税金を除外するような合併はできません。

① 吸収合併

　合併する会社のうちから1つの法人を残し（合併法人）、それ以外の法
人（被合併法人）は合併により消滅させます。消滅した被合併法人の財産
や負債などの権利義務はすべて合併法人に承継されます（会750①）。

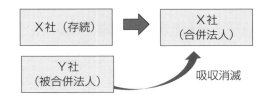

② 新設合併

　いったんすべての既存会社を消滅させて、それとは別に新たに法人（合
併会社）を設立し、その新設した合併法人に消滅させる法人（被合併法人）
の権利義務を承継させます（会754①）。吸収合併と同様に、被合併法人に
課せられた税金は合併法人が承継します。

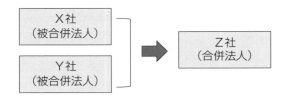

(2) 買 収

　買収は、必要とするノウハウや事業を他の会社から得るために、会社の

支配権（議決権）を握って子会社化したり、必要な事業部門だけを切り取って買い取ることをいいます。買収の主な方法には「株式取得」、「事業譲渡」、「会社分割」があります。

イ 株式取得による買収

株式取得による買収は、相手の会社が株式会社の場合に、発行済み株式の過半数を取得して経営権を得る手法です。株式取得には「株式譲渡」「株式移転」「株式交換」「第三者割当増資」などの手法がありますが、いずれも、買収する会社の株式を取得するだけで財産移転は伴いません。

また、親会社と子会社は別法人ですから、原則として、子会社の税金を親会社が責任を負うといった関係はありません。

したがって、買収した会社の税金は当該会社のみが責任を負います。

① 株式譲渡…買収する側の会社（親会社）が相手先の会社のオーナーから直接に株式の譲渡を受けて子会社化する手法です。オーナー企業が多い中小企業を対象に M&A が行われる際には、この手法が多く採用されます。従業員の雇用や事業の形態などは、そのまま継続できることがほとんどです。ただし、株式の譲渡は資本取引でないため、譲渡した側（下図 X 社株主）に譲渡の利益が出れば課税されるリスクがあります。

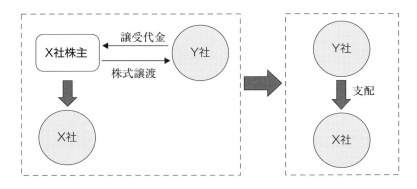

② 株式移転…複数の企業で、企業統合を行う際に用いられる手法です。新規に親会社を設立して、統合する企業の株式と新設親会社の株式を交換することで、グループ企業を100%子会社化します（会774①）。「経営統合したいけど会社が1つになる合併には抵抗がある」といったときに、持株会社（ホールディングカンパニー）と呼ばれる親会社を作るやり方です。

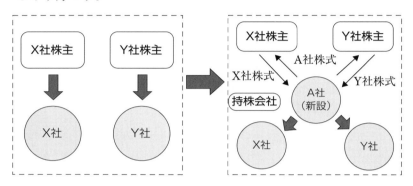

③ 株式交換…目的は株式移転と同じく、複数企業による組織再編です。親会社を新設する株式移転に対して、株式交換ではグループ化する会社の1つを親会社にします。子会社になる側の株主は、持ち株をすべて親会社に渡して100%子会社化し、代わりに親会社側の株式を取得して株主になります（会769①）。

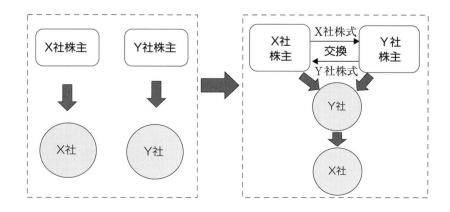

④　第三者割当増資…親会社が株式を取得して子会社化することは株式
譲渡と同じですが、株式を取得する方法が譲渡によるのではなく、子
会社側が新規に株式を発行して、それを親会社に引き受けてもらうこ
とで統合します（会204①）。増資による資金注入が行われるので、子
会社側の財務強化をしたい場合や、会社を支配することが目的でなく
業務提携の強化として行われることもあります。

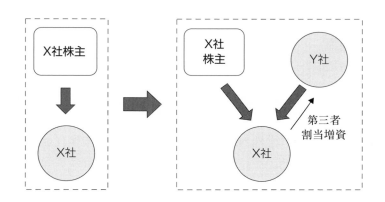

ロ　事業譲渡

　事業譲渡とは、事業の全部または一部を他の会社に譲渡する手法です。
固定資産（有形資産・無形資産）、売上げなどの流動資産、人材、技術など
が譲渡対象となります。売却側の企業の中で優良な事業を切り離して譲渡
したい場合や、潜在的な債務、その中には未納税金も含まれますが、それ
らを切り離したい場合にこの手段が利用されます。

　滞納について考えると、合併や買収はいずれも滞納している会社そのも
のは存続するのですが、事業譲渡や再生型の会社分割では、優良部分だけ
を切り離して、滞納している不採算部分を清算したりします。ですから、
事業譲渡を受けた会社に税金が追及されるかどうかのリスク管理が必要に
なります。

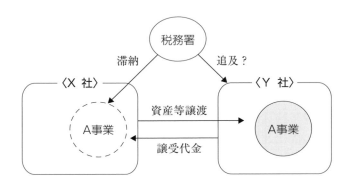

ハ　会社分割

　会社分割は事業譲渡と同様に、分割元になる会社（分割法人）から一部を分離（分割）して、他の会社（分割承継法人）に承継させる手法です。分割には、新設した会社に承継させる「新設分割」（会2三十）と、買収側である既存の会社に承継させる「吸収分割」があります（会2二十九）。

　更には、承継する側の会社が対価として、自らの株式を分割法人に交付する「分社型分割」と、分割法人の株主に交付する「分割型分割」があります。後者については、分割会社の未納の税金について連帯納付の責任が課せられます（Chapter 9・338頁）。

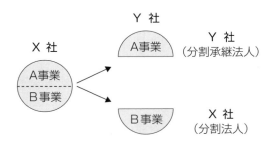

　個人の場合は死亡により、法人の場合は解散等により消滅すると、権利主体としての納税者は存在しなくなります。そのときに税金はどうなるの

でしょうか。税金も債務の一つですから、原則からすれば、当事者の一方の不存在により消滅するはずです。しかし、納税者の財産や債務が誰かに引き継がれたときは、税金も当然に引き継いだ者に納税義務が移行することになります。それを「納税義務の承継」といいます。

（1）被合併法人から引き継がれる納税義務

　会社法は、「合併により消滅する会社の権利義務の全部」は、吸収合併であれば合併後存続する会社に、新設合併であれば合併により設立する会社に、それぞれ承継させるとしています（同法2二十七、二十八）。この承継される義務の中には税金も含まれるので、会社法の規定だけでもよさそうですが、通則法はあらためて継承する税金を以下の3種類に分けて明確にしています（通6、地税9、9の3）。

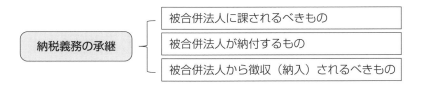

イ　被合併法人に「課されるべき税金」とは

　合併の効力が生じた時において、既に課税要件が充足して納税義務は成立していますが、いまだ被合併法人で申告等がされずに、具体的な納税額が確定していない税金のことです。普通は、法人税であれば中間分や確定申告分のことを考えますが、この「課されるべき税金」には、被合併会社がした申告に是正する事項があったときも含まれます。合併後に、修正申告や更正処分がされた場合には、合併法人は延滞税や加算税も含めて、納付しなければなりません。

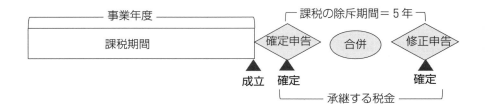

賦課課税方式による場合

　固定資産税や個人住民税などの普通徴収で納税義務が確定する地方税では、賦課期日に被相続人（被合併法人）は存在していましたが、賦課決定をして納付通知書を送付する時点では死亡（合併）しているケースがこれに該当します。

（注）　法人住民税や法人事業税は申告納税方式なので、国税の法人税と同じになります。

☞ 賦課期日における納税者は被相続人（被合併法人）なので、同人の納税義務を相続人（合併法人）が承継することになります。被相続人（被合併法人）が納付すべき額を相続人（合併法人）が承継した割合で按分（合併の場合は全額）して賦課決定を行い、被相続人（被合併法人）に対する課税である旨を明示して、各相続人（合併法人）に課税通知がされます。

☞ 賦課決定の時点で既に名義人は死亡していたが、それを知らずに被相続人宛に賦課決定の通知をしたときは、相続人の全員に対して賦課決定したものとみなされるので（通13④、地税9の2④）、改めて相続人に課税通知をする必要はありません。なお、この規定は相続の場合なので、合併には適用されません。

☞ 上記は、賦課期日に納税者である被相続人が存在していた場合ですが、賦課期日前に死亡していたときは、存在しない者は納税者になり得ないの

で、そうした者に対する課税通知は無効です（死亡者課税）。

Q9-1 当社が合併した法人について税務署が調査に来て、10年以上も前にその当時の社長から時価の半分以下で不動産を譲り受けていたことを原因に、社長の滞納税金で徴収法39条（無償又は著しい低額の譲受人等の第二次納税義務）の第二次納税義務に該当すると指摘してきました。もちろん、合併の際に第二次納税義務のことは聞いていませんし、そもそも10年以上も前のことです。第二次納税義務を課すことは可能なのでしょうか？

A 法人税などの課税は、不正等がない限り法定申告期限から5年で課税できなくなります（通70①）。第二次納税義務は滞納税金を徴収するための手段ですから、古い税金で滞納処分が出されるのと同様に、第二次納税義務の原因となった滞納税金がある限りそのリスクはなくなりません。したがって、10年以上も前にあった原因ですが、第二次納税義務は賦課されます。

　合併によるM&Aでは、被合併法人のすべての権利義務を合併法人は承継するので、表明保証などでリスク回避を試みたとしても、過去の課税漏れを指摘されれば効果はありません。一般的に課税は5年で除斥期間になるため（通70①）、いったんは株式譲渡などで子会社化した上で一定期間を置き、潜在的な瑕疵がないことを確認してから合併することが行われています。

　ところが、第二次納税義務にはそうした除斥期間というものが存在しません（最判平成6.12.6）。元になる主たる納税義務（滞納税金）がある限り、その補充性から、いつまでも過去にあった事実に基づいて第二次納税義務は課せられます。しかも、被合併会社側が自ら第二次納税義務を負っていると自覚していることは、極めて稀です。第二次納税義務は表明保証保険の補償対象からも除外されているのが一般的なので、この問題は金額次第

ではかなりリスクがあります。

☞　第二次納税義務関係事務提要（平29.3.3国税庁／最新改正令和6年2月
　　22日）の30は、被合併会社に対して告知済みの二次義務は合併会社に承継
　　される旨のみを記載していますが、合併後に「課されるべき税金」として
　　承継する二次義務も除外する理由はないので、合併会社に告知できると考
　　えます。

ロ　被合併法人が「納付する税金」とは

　合併の効力が発生した日において、被合併法人につき既に申告などがさ
れて納税額が具体的に確定している税金のことです。合併法人は、合併時
において納期限が確定している被合併法人の税金を納付する義務がありま
すから、当然にどのような税金を引き継ぐのかは、合併の際に把握してい
るはずです。そのため会社の決算書や納税証明書を取得するなどして確認
するのですが、場合によっては被合併法人で簿外になっていて、納税証明
でも把握できないケースがあります。

Q9-2　当社が合併した会社が10年以上前に、その当時の社長の
滞納税金の支払いについて納税保証をしていたようです。
それを原因にして、このたび「納付通知書」というものが当社に届い
たのですが、これは納付しなければならないのでしょうか？

A　合併により合併法人は、被合併法人の債務をすべて承継します。
合併前に被合併法人が第三者の滞納税金について納税保証をして
いた場合には、たとえそれが10年以上前のものであっても、保証債
務の履行として滞納税金を納付しなければなりません。納付がない場
合には、納付通知による督促の後に、滞納処分がされます。

合併する際に、被合併法人において納税義務が確定している税金で未納になっているものがあれば、未払租税公課として貸借対照表に計上されているのが普通です。ところが、例えば被合併法人のオーナーが個人的に多額の税金を払わなければならず、その担保として自分の会社に納税保証をさせている場合があります。そうした隠れた債務を対照勘定により計上していればよいのですが、簿外になっているケースもあります。

　被合併法人が負担している保証債務が私債権のときは、契約は合併法人に引き継がれますが、その後の履行のことを考えて、債権者側から覚書等の作成を合併法人に求めてくるので、その時点で保証債務の存在は明らかになります。

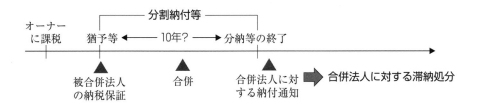

　ところが、滞納税金の担保としての納税保証人に、被合併法人を差し入れていた場合には（通50六）、担保のもとになった税金が分納等されている限り、税務署は何も行動を起こしません。納付が滞って初めて、保証債務の履行を求めてきます（通52①）。そうなると、場合によっては合併から10年以上も経ってから納税保証の履行を求める「納付通知書」が来ることがあります。それを表明保証違反として損害賠償を求めても保証期間は3年程度なので、合併法人が背負うことになってしまいます。

　☞　納税保証の有無を把握するために、被合併会社から「納税証明書（その3）未納のない証明」の提出を受けても、保証債務の履行を求める納付通知書が出されていなければ記載されません（通基通123-3）。ただし別途に、被合併法人が納税保証をしていることを把握している場合には、滞納税金

を管轄する税務署長に請求すれば、納付の履行状況や滞納の残額等の通知を受けることができます（民458の2、通基通50-7-2）。

☞　営利法人が当該法人の役員につき保証債務を負うことは、それが取締役の通常の業務執行の範囲を超えて多額の場合は、取締役会決議がなければ無効になるので（会362④二、東京地判平26.9.16）、納税保証においては決議議事録の提出を求める取扱いをしています（通基通50-7-(2)）。

☞　私債権の保証債務では、主たる債務者の履行を補充するものとして、催告の抗弁権（民452）と検索の抗弁権（民453）があります。しかし納税保証は、滞納者（主たる債務者）から徴収不足のときに滞納処分すること（通52④）、滞納者の財産を換価した後でなければ納税保証人の財産を換価できない（通52⑤）という制度保証があるということで、そのような抗弁権はないと解されています（東京地判平22.4.27）。

ハ　被合併法人から「徴収されるべき税金」とは

合併の効力が発生した日において、被合併法人が、給与等の源泉徴収をしていたときは、「徴収されるべき税金」として合併法人は納付しなければなりません。また、個人住民税などの特別徴収に係るものは、合併法人が納入する義務を負います（地税9の3①）。

なお、給与等の源泉所得税はその支払いと同時に、源泉徴収義務者側で納税額を計算しているかどうかに関係なく、納税義務が確定します（通15③二）。それが期限内に納付されなかったときは、税務署は告知（通36①）により、源泉徴収義務者にそれを納付するよう確認の行為をします。そうした合併時には未告知だった源泉税額も、「徴収されるべき税金」として、合併法人は納付しなければなりません。

※源泉徴収は、所得税に相当する額を支払いの際に源泉徴収義務者が「徴収して」、それを納付する制度です（所183①等）。なのでそれが納付されないときは、税務署が職権で税額を決める決定（通25）ではなく、徴収すべき額を notice する告知（通36）をします。なので、被合併法人が無申告だっ

たときは「課されるべき」になり、源泉が未納付のときは「徴収されるべき」になります。

（2）納税義務の承継手続

　合併による納税義務の承継は、「当然に」引き継がれるので、何らの処分（通知等）がなくても合併法人は被合併法人の未納税金を納付する義務を負います。同じく被相続人の死亡により納税義務を承継する個人のケースでは、他の相続人が放棄したり限定承認などして相続分を知り得ないこともあるので、確認的な意味で通知する取扱いがされています。法人合併では、被合併法人のすべての納税義務を承継するので、そのような通知はされません。

　なお、被合併法人から承継する税金は引き継いだ財産の多寡に関係なく、延滞税や加算税なども含めたすべての税額になります。仮に、被合併法人の純資産額が1,000万円しかなくても、未納税額が1億円ならばその全額を合併法人は納付しなければなりません。

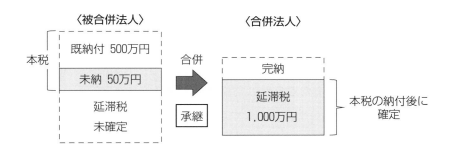

　また、延滞税は本税の完納を待って税額がいくらになるのか計算されます（通62①）。古い年分の本税が残っているときは、かなりの額で未確定の延滞税が隠れている場合がありますから、要注意です（納税証明書には、未確定延滞税の具体額は記載されません）。

(3) 合併無効と連帯納付責任

　合併を無効とする判決が確定した場合には、その判決の効力は遡及しません（合併の時に遡って無効になるわけではありません）（会839）。しかし合併が無効になれば、合併した時から無効とされるまでの間に合併法人が負った債務の履行は誰がするのか、問題になります。

　そこで、債務の履行を担保するために、合併が無効になって元に戻った被合併法人は、その債務につき連帯して責任を負うことになります（会843①）。同様に、合併が無効になる前に合併法人に課せられた税金も、被合併法人は納付する責任を負うことになります（通9の2）。

3　信託に係る納税義務の承継

　財産が信託になっている場合の税法上の基本的な考え方は、受益者が信託財産を所有しているとみなして取り扱うので（所13①、法12①）、一般的には受益者に課せられます（受益者課税の原則）。しかし固定資産税は、台帳主義（課税台帳に記載された者を納税者とする課税方式）のため、信託財産の名義人（受託者）に課せられます（地税343②）。

　死亡や破産等により受託者の任務が終了し（信56①）、新たな受託者が就任した場合には、前受託者の信託に関する権利義務は新受託者に承継されます（信75①、②）。

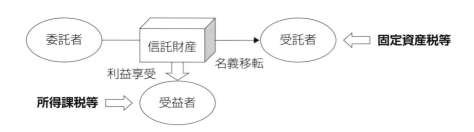

信託と課税主体…信託財産責任負担債務

　信託に係る国税は原則的には受益者課税で、受託者が信託財産から生じる納税義務＝信託財産責任負担債務を負う「法人課税信託（法2二十九の二）」の例は少ないです。しかし地方税では、固定資産税は不動産の名義人である受託者に課税されます。最近は、高齢者の財産保全を目的にした「家族信託」が活用されていますが、固定資産税の納付は委託者がする旨の特約が付されていても、あくまでも納税者は受託者になります。

（1）信託の終了と権利義務の承継

　受託者が信託法56条1項各号の理由により任務を終了した場合は、受託者の負う信託財産責任負担債務になる固定資産税などの納付義務も承継します（通7の2、地税9の4）。これは、信託財産責任負担債務は、信託財産をもって履行する責任債務なので、その帰属が別の受託者に移転すれば納付義務も承継させることが担税力の観点から適当なためです。

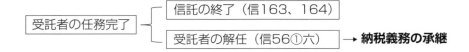

　（注）信託は当事者の合意（契約）で成立することからは（信3①）、当事者の一人である受託者が離脱すれば信託は終了するように思われがちです。しかし信託法は、受託者の任務終了は、信託の終了と別に考えていて、受託者が1年以上不存在にならない限り、信託は継続するとしています。

受託者の解任と課税主体

　家族信託などで親族を受託者にしている場合は、固定資産税の課税通知は名義人である受託者にされます。ところが親族間のトラブルなどで受託者が解任されても、直ちにそれが不動産の登記に反映がされない場合があります。前受託者の任務は新受託者が就任するまでは続きますが（信75③）、就任以

降に賦課期日が来たときは、名義変更がなくても納税者は所有者なので（地税343①）、新受託者に課税しなければなりません。

ア　受託者が複数いるときに、そのうちの1人の任務が終了した場合には、他の受託者は任務終了受託者の権利義務を当然に承継します（信86④）。そのため、税金の納付義務も他の受託者が承継します（通7の2②、地税9の4②）。

イ　受託者が死亡したときには、信託財産は相続財産に含まれないので、帰属主体が無くなります。そのため、相続人が明らかでないときの相続財産法人（民951）と同じく、信託財産は法人と擬制されて（信74①）、税金の納付義務も信託財産法人が承継します（通7の2③、地税9の4③）。

　　ただし、受託者の死亡で信託は終了しませんから、その後に新受託者が就任したときは、前受託者の任務終了時に遡って承継することになります。そうなると、信託財産法人は成立しなかったものとみなされて（信74④）、納付義務は新受託者に承継させます。

　　なお、信託財産法人が分割されて、信託財産の受託者が分割承継法人になったときは、その法人が税金の納付義務を承継します（通7の2④、地税9の4④）。

ウ　信託財産責任負担債務については、新受託者に承継した後であっても、前受託者は引き続き自己の固有財産をもって承継した債務を履行する責任を負います。ただし、その債務が信託財産だけで履行する責任を負うもの（信託財産限定責任負担債務）、例えば固定資産税については、新受託者に承継した後は責任を負いません（信21②、通7の2⑤、地税9の4⑤）。

　　その一方で、信託財産責任負担債務は前受託者が残したものですから、新受託者は固有財産まで責任を追及されることはなく、信託財産だけをもってその債務を履行する責任を負います（信76②、通7の2

⑥、地税9の4⑥)。

4　株式取得による買収と税金の納付

　株式を取得する方法で企業買収を行った場合には、親会社と子会社の関係にあっても、それぞれは独立した納税義務者ですから、原則として相互にグループ企業の納税について責任を負うことはありません。また、株式取得による企業再編を行ってもそれは資本取引であり、グループ化した会社からの資産流出は予定されていませんから、責任財産の追及という意味での滞納税金を徴収する特段の仕組みもありません。

　ただし、次のようなケースは、別途の配慮が必要になります。

(1) グループ通算制度（連結納税制度）と連帯納付責任

　「グループ通算制度」とは、国税庁長官の承認を受けて、完全支配関係にある企業グループ内の各会社を、それぞれ納税単位として法人税の申告・納付を行いながら、各会社間での損益通算等の調整を認める制度です。これまでの企業グループ税制は、親会社が一括して申告・納税する「連結納税制度」がありましたが、会社間の損益合算や修正等があった際の調整が煩雑との指摘があり、令和4年4月以降に開始する事業年度からグループ通算制度に移行することになりました。

　連結納税制度は、連結親会社が納税義務を負います。グループ通算制度では、各会社がそれぞれ納税義務を負いますが、いずれであっても、前者であれば連結親会社の連結法人税について（旧法81の28①）、後者であれば他の通算会社の法人税について、グループ内の企業は連帯して納付する責任を負います（法152①）。

　連結納税制度は、グループ企業の所得を通算して、連結親会社がまとめて申告・納税するので、各グループ企業は共同してその納税に責任を持つことになります。それに対してグループ通算制度は、申告・納税は各企業

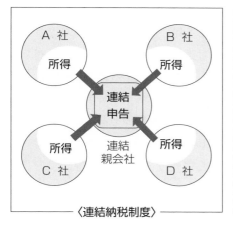

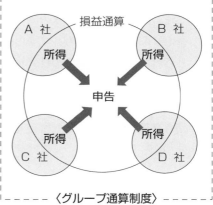

がするので、他のグループ企業が納税に責任を持つためにはそれなりの理由が必要です。多額な繰越欠損金がある会社と通算して利益圧縮がされていた場合に、それが否認されたとしても遮断措置により、利益を圧縮していた会社の申告は是正できません（法64の5⑤）。そのような場合の徴税確保という政策的理由から、グループ通算制度の連帯納付責任が作られたと考えます。

☞　通算完全支配関係にある期間中に納税義務が成立した法人税については、その後に通算完全支配関係が解消しても、他の通算法人の法人税に関する連帯納付責任は消滅しません。

☞　通算法人が負うことになる連帯納付責任には、限度がありません。そのため、ある通算法人が通算事業年度中に所得がなかったとしても、他の通算法人が納付する法人税の全額について連帯納付責任を負います。

☞　連帯納付責任は法律上当然に負うものなので、特に格別の確定手続を経なくても納税しなければなりません（最判昭55.7.1）。課税に相当する手続はありませんから、連帯納付責任を直接に取り消す争訟はできません。

☞　他の通算法人の法人税を徴収するときは、督促状が送付されます（通37①）。そこには、徴収しようとする他の通算法人の納税地及び名称、連帯納付責任による法人税である旨が記載されます。連帯納付責任を争う場合に

は、督促の取消請求の中でその違法理由として主張できます。

☞ 連帯納付責任は、本来の納税義務がある他の通算法人から徴収できるか否かに関係なく負うものです。連帯納付責任には、いわゆる補充性がないとされているので検索の抗弁権がなく、納税義務のある他の通算法人に滞納処分がされるよりも前に、差押えがされても文句はいえません。しかし取扱いとしては、特段の支障がなければ、納税義務のある本来の通算法人からの徴収に努めるとしています（『国税通則法精解』（令和4年改訂版）215頁）。

〈グループ法人税制〉

完全支配関係にあるグループ企業が一体的に経営されている場合には、連結納税の選択の有無に関わらず、それらグループ企業間で行われる資産の譲渡、寄附、配当等は、税務上において損益を認識せず、繰越欠損金の通算を認める制度をいいます。こうした法人所得の制度は、平成22年10月以降の譲渡に適用され、親会社と子会社の関係だけではなく、株式等の直接保有・間接保有を問わず、完全支配関係にある法人すべてを対象にしています。

（2）共同事業者の第二次納税義務（徴収法37条）

納税者の事業に欠くことのできない重要財産があり、それは納税者の支配株主になっている別会社（親会社）が所有していたとします。その重要財産を利用して納税者が所得を得ていたときに、その所得に係る税金を滞納した場合には、親会社が所有する重要財産に対して徴収法37条の第二次納税義務を負うことがあります。

Q9-3 大型レジャー施設を運営する企業グループがあり、基幹企業である親会社がレジャー施設を保有して、他の関連会社はその施設を利用した事業を営んでいました。しかしそのレジャー施設そのものが不採算になったので、施設を保有している親会社だけをグループから分離して当社が買収することにしました。関連会社は税金を滞納していますが、納税を追及されることはないでしょうか？

A グループ企業などで事業に必須の資産を保有している会社を買収した場合には、グループの他企業がその施設により所得を得て課税され、その税金が滞納になっていたときは、徴収法37条の第二次納税義務が課せられることがあります。

　滞納者が同族法人のときに、滞納者の支配株主が事業に必要な重要財産を保有している場合には、実質的に支配株主が共同して事業を営んでいるとみなして第二次納税義務を課するのが徴収法37条です。

　グループ法人税制を利用して、子会社の資金を配当金やその他の方法で親会社が吸い上げているケースがあります。そうした場合には、子会社の滞納を親会社に追及する合理性はあると思われます。

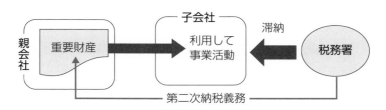

　☞ 似た制度として、共同事業に係る連帯納付義務があります（通9）。これは民法上の組合などの共同事業による生産物に対する課税についてであり、グループ企業でレジャー施設を一体的・共同的に運営し、そこから生じた所得は各自に課されるので対象にはなりません（『国税通則法精解』（令和

4年改訂版）203頁）。

徴収法37条の適用要件

☞ 滞納会社が同族会社である場合に、その判定の基礎となった株主（親会社）が「重要財産」を保有していること（逆のパターンでは追及されません）。

☞ 重要財産が、滞納会社の事業の遂行に不可欠であること。

☞ 重要財産を供されている事業に係る税金を納税者が滞納していること。

☞ 重要財産に関して生じた所得が納税者の所得となっていること…「所得」の解釈については、税法上の「課税所得」に限らず、経済的な利得も含まれる解釈がされています（徴基通37-2-(5)）。そうなると、親会社から重要財産を無償または低額で提供されているケースは該当することになりますが、適正賃料を支払っていればどうなるの？　となります。しかし、所得＝課税所得と考えれば、重要財産（レジャー施設）から生じた所得の一部が滞納者の個別的な所得（黒赤に関係なく）として把握される限り、賃料の支払いに関係なく第二次納税義務がかかることになります。実際に、賃料の支払いは判断の要素にしていない例（東京地判昭37.12.25、裁決平3.1.29）がありますし、重要財産が納税者の事業と不可分の一体性があり、納税者の事業に貢献していることをもって、この要件の充足を認める判断がされています（東京地判平24.9.7）。

☞ 徴収法37条の第二次納税義務は、対象になった重要財産が責任の限度ですから（物的納税責任）、本来は追及財産を手放さない限り、その財産への滞納処分を受けることになります。ただし、追及財産の価額に相当する金額を一時に納付し、徴収上支障がなければ、それ以上の追及はしない取扱いがされています（徴基通32-16-(2)）。

5　事業譲渡

　「事業譲渡」とは、会社の事業から一部分だけを切り出して、他の会社に譲渡することです。譲渡の対象は、一定の目的のために組織化された有形、無形の財産・債務、人材、事業組織、ノウハウ、ブランド、取引先と

の関係などを含めた「事業」という固まりです。

　中小企業の事業譲渡でよくある例では、譲渡する側の会社が経営的に不全な状態になっている場合に、譲受側の会社が欲しいと思っている事業を個別に選定して、その部分だけ譲り受けるケースです。その際には、契約で譲渡する事業（資産・債務・取引先等との契約）の範囲を定めることができるので、帳簿外にある債務（簿外債務、偶発債務など）を遮断できるメリットがあります。しかし、責任財産の流出という点からは、譲渡した会社側の滞納税金が追及されます。

　☞　会社法において「重要な財産の譲渡（会362④一）」と、「事業譲渡（会467①）」は区別されています。主たる財産を移転させて残った会社を抜け殻にするような行為は、事業体そのものを移すに等しいので事業譲渡に該当します。その際には、株主総会の特別決議を経ていなければ、譲渡自体は無効になります（最判昭61.9.11）。

（1）事業譲渡による税金

　会社が事業譲渡をしても、株主に税負担はありません。しかし、事業を譲渡した会社は、いわゆる組織再編税制の対象外ですから、法人税及び課税資産を譲渡したことによる消費税が課せられます。

イ　法人税

　事業譲渡により得た対価がそれら資産の簿価を上回っていれば、その利益に対して約40％程度（法人事業税と法人住民税を含めて）の税金が課せられます。

ロ　消費税

　事業譲渡は資産を個別に譲渡するので、それぞれの譲渡資産に対して消費税がかかります。

（2）事業を譲り受けた特殊関係人の第二次納税義務（徴収法38条）

　事業譲渡で優良な事業を譲渡した場合に、残された会社の税金はどのように徴収するのでしょうか。事業譲渡が廉価にされていれば、第二次納税義務（徴39）の対象になります。しかし、適正な価額で対価が支払われていれば、そのような追及はできません。

　とはいっても、対価を支払い、適正な価額で譲り受けていても、滞納会社から事業用資産を一体として子会社に移転させて継続して事業を行っているような場合には、譲り受けた子会社に対して徴収法38条の第二次納税義務の検討がされます。

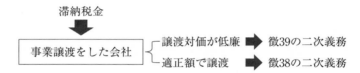

滞納税金

事業譲渡をした会社 ── 譲渡対価が低廉 ➡ 徴39の二次義務
　　　　　　　　　　└─ 適正額で譲渡 ➡ 徴38の二次義務

Q9-4 当社はタクシー事業を営む会社ですが、増車をしたいと考えて、事業不振になっている同業者から営業権を取得することにしました。そこで、譲渡会社が設立した子会社に営業車を含めた事業譲渡を行い、その子会社株式を当社が取得する形でのM&Aを行いました。その際に、事業譲渡に対する消費税が発生しました。譲渡会社は解散済みですが、納税はどうしたらよいでしょうか？

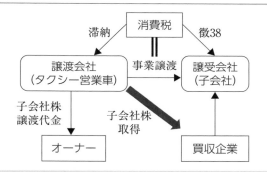

A　滞納会社が一定の組織化された資産やノウハウなどの固まりを譲渡した場合には、その事業を譲り受けた者は徴収法38条の第二次納税義務を課せられることがあります。本問では、営業台数を増やすために車両や車庫などを一体として譲り受けているので、事業譲渡を受けた子会社が第二次納税義務を負います。

徴収法38条の適用要件

要件1 譲渡する「事業」とは、組織化された資産やノウハウ等の固まりをいいますから、事業に供していた重要な財産であっても、その財産を単体で譲渡すれば徴収法38条の「事業の譲渡」には該当しません（徴基通38-9）。タクシー事業は営業区域が決まっていて、タクシー特措法の指定地域で台数制限があるときは、許可を持っている既存会社から営業車や車庫などを含めた事業譲渡を受けて、運輸局の許可を取得します。ですから、譲受側が営業車を単体として譲渡を受けたと認識していても、「事業の譲渡」

に該当して徴収法38条の対象になります。

要件2 事業譲渡の効力発生日において、譲渡の相手先が被支配会社であること…譲渡側が50%以上の株式を保有する子会社に事業を譲渡した場合に適用されます（徴令13①五）。**Q9-4**の例（裁決平31.3.26参照）は、いわゆる「第二会社方式」による事業再生を利用した営業権の取得です。徴収法38条がもともと狙っていたのは、滞納者が事業の実体を継続したまま、法的な帰属主体を動かして納税を逃れる行為（脱皮行為）です。事業再生のための第二会社方式では、事業実体は変わるのですが、成立要件から見れば徴収法38条の対象に取り込まれます。

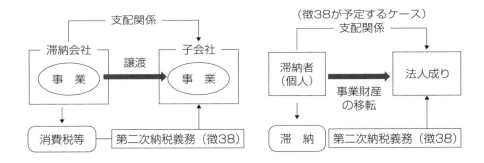

要件3 譲渡した事業に係る税金を納税者が滞納していること。

要件4 事業を譲り受けた被支配会社が、同一または類似の事業を行っていること…平成29年1月から適用された法改正で、譲受人が「同一の場所」で事業を行っているとの要件がなくなりました。徴収法38条が当初に考えていた脱皮行為に対する追及ならば、「同一の場所」という譲受人との緊密性は要件として必要です。しかしその要件を外したということは、譲渡の当事者の緊密性はもはや重要ではなく、第二会社方式による事業譲渡をターゲットに取り込みやすくするための改正だったと思われます（舩津高歩編著『国税徴収法基本通達逐条解説』大蔵財務協会336頁参照）。

☞ 平成29年1月から適用の改正は、追及する限度を、それまでの「譲受財産」から「譲受財産の価額」に変更しました。これは、濫用的事業譲渡に対して残存債権者が請求できる「承継した財産の価額」に合わせたものと思わ

れます。

　事業を譲渡する際には積極財産とともに、その後の事業継続に必要な債務も引き継ぎます。そこで、「譲受財産」は引き継がれた事業（純財産）になるという主張がされましたが、裁判所は滞納者の責任財産が外部に漏出したことに対応する制度であることを理由に、純財産ではなく「積極財産」という判断をしています（東京高判平23.2.22、徴基通38-16）。

　　　「譲受財産の価額」を計算するにあたって考えなければならないのが、譲受財産に担保権が設定されていた場合です。改正前は「譲受財産」という物的第二次納税義務だったので、譲受財産を公売して優先担保権への配当を差し引いた額しか徴収できません。改正されて限度が変わりましたが、滞納税金を徴収できない優先担保権分も追及可とするよう、そこまで変えたとは思えません。また、抵当権があればその分は個別財産の価額から差し引くので、残額が譲渡した積極財産の価額になると考えます。なお、被担保債権が再生計画で減額されたときには、優先債権は減るので、限度額の計算は減額後でいくべきです。

(3) 詐害行為取消権の行使

イ　事業譲渡が詐害行為に当たるか

　事業譲渡は個別財産の権利移転ですから、適正な価額による対価が支払われていれば詐害性は低いように思えます。しかし、価額が相当な場合であっても、破綻懸念企業の場合は詐害行為とされる可能性があります。特に、事業譲渡先が資産と一緒に債務を引き受けているような場合には、譲

渡先企業から弁済を得られる債権者と、移転元に残されて破綻により弁済が期待できない債権者との間に不平等が生じるので、詐害性が認められやすいです。詐害行為とされた場合には、譲渡先企業は取得した資産について返還義務や価額賠償義務を負うことになります。

ロ　濫用的な事業譲渡に対する請求権

　平成27年5月施行の会社法改正では、濫用的な事業譲渡への対応として、会社分割と同様の規定が作られました（会23の2）。考え方や問題点は、会社分割の場合と同様です（Chapter 9・339頁）。

6　会社分割とは

　「会社分割」とは、分割元になる会社（分割法人）から事業の全部または一部を分割して、新しく会社を作るか、他の会社に包括的に承継させる組織再編行為です。会社分割は、分割法人から事業の一部を他社に移転させるという点でみれば事業譲渡と似ていますが、単なる契約上の取引なのか、それとも会社法上の組織再編行為であるかの違い、また、会社分割の

	事業譲渡	会社分割
法令上の取扱い	取引法上の契約	組織再編行為
債権者の保護	債権者保護手続は不要	原則、債権者保護手続必要
雇用関係	個別同意	包括承継 （労働者保護手続は必要）
許認可	再取得が必要	再取得が必要 （自動的に承継されるものもある）
消費税等の税務上の取扱い	・消費税：課税 ・不動産取得税：課税 ・軽減措置：受けられない	・消費税：非課税 ・不動産取得税：非課税 　（一定の要件を満たせば） ・軽減措置：受けられる

場合には、事業の移転に伴い発生する課税を繰り延べたり、消費税を課税されない税制上の特典（組織再編税制）という違いがあります。

（1）新設分割と吸収分割

　会社法では、分割した事業の承継先が新会社であるか、既存の会社であるかによって新設分割と吸収分割に類型化しています。新設分割は1つの会社が2つの会社に分割される形になるのですが（会2三十）、吸収分割は1つの会社が分割されて、その分割された部分（事業）が他の既存会社に吸収される形です（会2二十九）。

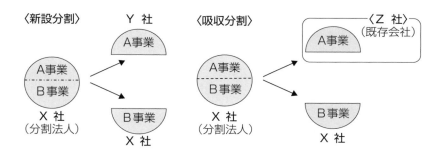

　承継の対価について会社法は株式に限定していないので、現金等による会社分割も可能です。そうなると現金対価による事業譲渡と差はないのですが、税効果において、株式以外のものを交付したときは適格会社分割にならないので（法令4の3）、一般的には会社分割は株式を対価にします。

（2）分社型分割と分割型分割

　会社を分割して資産を他の会社に移転したときは、原則として、時価により資産を分割先の会社に譲渡したことになって、その譲渡益及び譲渡対価に法人税及び消費税が課されます。しかしそれでは、バブル崩壊後に生じた企業再編の流れを阻害するとされて、課税を繰り延べる措置が税制上講じられました。その際に、事業を単純に売却するようなものにまで繰り延べを認めることは適当でないので、分割前と分割後の継続性や株式以外

の交付をしないなどの「適格要件」を満たすことを条件に繰り延べが認められています。

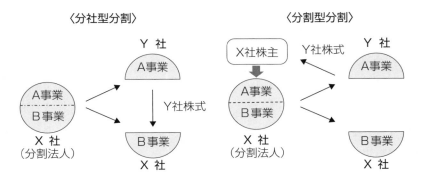

〈分社型分割〉　　　　　　　　　　　〈分割型分割〉

　そして、法人税法は、分割の対価である株式の交付先を分割法人にする「分社型分割」については適格要件を満たせば繰り延べを認め（法62の3①）、株式の交付先が分割法人の株主である「分割型分割」では適格要件を満たしていても、交付される株式の額が出資額を超える場合には、株主に対してみなし配当課税をします（所24①）。

> 〈組織再編税制〉
>
> 　近年において活発化している組織再編（M&A）では、合併や会社分割、株式移転・交換、事業譲渡等により事業の継続や企業活動の活性化が図られています。その際に、企業間で資産が移転するときに課せられる時価評価による譲渡課税や消費税課税がされると、その負担が組織再編の障害になっているとされ、平成13年4月施行の税制改正で、実質的に「移転資産に対する支配が再編後も継続していれば」、資産の移転がなかったものとみなす課税の繰り延べ等をする「組織再編税制」が作られました。

（3）会社分割の使われ方

　「分社型分割」とは、対価である株式を分割法人が取得するやり方であり、

簡単にいえば「事業の子会社化」です。これに対して分割型分割は、対価である株式を分割法人の株主が取得するやり方であり、合併の逆バージョン、1つの会社を2つに割るイメージになります。それぞれのパターンで、どのようなケースで使われるかを見ると、ざっくりと次のようになります。

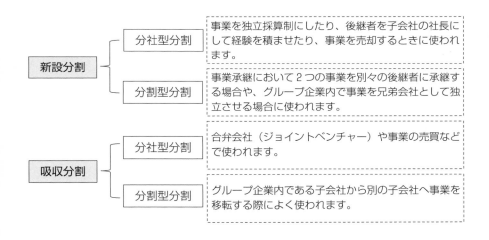

新設分割	分社型分割	事業を独立採算制にしたり、後継者を子会社の社長にして経験を積ませたり、事業を売却するときに使われます。
	分割型分割	事業承継において2つの事業を別々の後継者に承継する場合や、グループ企業内で事業を兄弟会社として独立させる場合に使われます。
吸収分割	分社型分割	合弁会社（ジョイントベンチャー）や事業の売買などで使われます。
	分割型分割	グループ企業内である子会社から別の子会社へ事業を移転する際によく使われます。

（4）分割法人の滞納の追及

　M&Aの手法として会社分割が使われるのは、おそらくは税対策効果、すなわち組織再編税制の適用を考えていると思いますが、適格要件の支配継続性について、平成29年10月から適用の税制改正で大きく見直しがされました。

　改正前は、分割後に「分割法人」と「分割承継法人」の双方について、「一の者による支配が継続していることが見込まれていること」が要件だったので、分割する際に分割法人の清算や売却が予定されていれば非適格分割でした。それが改正後は、分割承継法人との間だけの支配関係の継続が見込まれていればよくなったので（法令4の3⑥二イ、⑦二）、他の要件さえ満たしていれば、適格分割は適用されます（スピンオフ税制）。これによって、事業のうち不採算部門は分割法人に残し、継続を図る事業だけを分割

承継法人に移転し、その後に分割法人を清算する、いわゆる第二会社方式による事業再生が税制面で容易になりました。

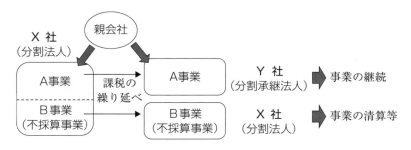

〈スピンオフ税制〉

　組織再編税制の課税の繰り延べは、100％支配関係があるグループ内で組織の再編が行われたときに、経済実態は変化しないことを理由に認めたものです。そのため分割後に、グループ内から外れる法人がある場合は非適格分割とされていました。しかしグループ企業から、一部の事業を切り出すことのニーズがあり、株主支配が継続していれば分割法人と分割承継法人の関係性はなくなってもよいとするスピンオフ税制が平成29年10月から適用されています。関係性が切断されるので、分割法人の継続性は適格分割の要件から外れ、事業再生での活用が見込まれています。

イ　会社分割と連帯納付責任

　会社が分割されると、分割前にあった税金の納税義務は分割法人が負い、分割承継法人が引き継ぐことはありません。その一方で、課税したときには税金の引き当てだった資産（事業）は分割承継法人に移転してしまうので、徴税に困難を来たします。そこで分割承継法人は、承継した財産価額を限度として、分割前の税金について連帯納付責任を負うのですが、これは分社型分割の場合には適用されません（通9の3）。

　分社型分割では、分割承継法人に承継させた財産価額に相当する株式を

分割法人が取得するので、税金を担保する責任財産は減少していないという理由からです（『国税通則法精解』（令和4年改訂版）208頁）。

　しかし現実のところ、資産繰りに窮して会社分割を行う場合には、支援するスポンサーがいない限り再生は困難です。そのため、対価として取得した分割承継法人の株式は通常はスポンサーに買い戻され、代金は分割法人の債務の弁済に充てられてしまうことがほとんどです。また、会社分割は再生後の事業継続に必要な債権者は承継するので、その債務額を差し引いた純資産での株式評価額（買戻価額）はそれほど高額になりません。それに対して、事業再生に協力する立場にない租税債権者は、分割承継会社に承継されない債権者（残存債権者）に真っ先にされてしまいます。

ロ　濫用的会社分割の取消し

　事業再生のための会社分割は、債権者に不当な不利益を与えない限りは有益な手法です。会社法は債権者保護のため、会社分割に異議を述べる手続を設けていますが（会789①二、810①二）、分社型分割がされたときは、連帯納付責任を負わないのと同じ理由で、分割会社に残された残存債権者は異議を申し立てることができません。

　そこで、債務切り捨てを目的に会社分割が使われた場合（濫用的会社分割）には、詐害行為取消権（民424）により分割承継法人への追及がされます。最高裁判決（平24.10.12）は、残存債権者は詐害行為取消権により新設分割を取り消すことができるとした上で、債権の保全に必要な限度で分割承継法人への権利承継の効力を否定することができるとしました。

　この判断からは、分社型分割に対する滞納税金の追及手段として、詐害行為取消訴訟の提起ができることになりますが、滞納していること＝すなわち詐害性があるというわけではありません。

　というのは、事業再生で銀行や取引先の債権者は一定の減免等をして協

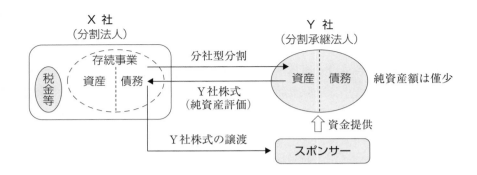

力しますが、税債権等は「即時全額納付」と「延滞税等の減免拒否」なので、金額が大きく資金的な余裕がなければ、事業再生はうまくできません。租税債権に担保物権のような権利があれば別ですが、租税優先権（徴8、地税14）は強制換価手続の際に換価代金を分配する基準でしかなく、場面が違う会社分割で働くものではありません。再生計画の際に租税債権を優先弁済するのは実体法によるものではなく、公益性への配慮からになります。

　そうしたことで税金や再生に必要のない債務は切り捨てられるケースが出てきます。そのため裁判所も、分割承継法人の株式は「公然性」がなく、安価に処分するのが容易であり、実際に無財産になった分割法人が安価に処分してしまった場合には、不利益な資産換価として詐害性を認める判断をしています（福岡高判平24.6.8）。

　（注）　租税優先権については、強制換価手続においてのみ発動することは（『国税徴収法精解（令和6年改訂版）』139頁）、差し押さえた預金を銀行が相殺する際に、税の徴収より貸付金の回収を優先することが問題になり、最高裁がその上告理由を認めなかったことで確定しています（最判昭27.5.6）。

ハ　濫用的会社分割に対する請求権

　上記のような濫用的な会社分割が増えたことから、立法的な解決がされました（平成26年会社法改正）。残存債権者を害することを知って吸収分割・

新設分割がされた場合には、2年以内であれば、分割承継法人に対して残存債権者は、承継した財産の価額を限度として、債務の履行を請求できるようになりました（会759④、761④、764④、766④）。この請求権の行使は、租税債権者を除くとはしていません。

☞ 税などの公債権は自力執行や時効など、私債権と多くの違うところがありますが、同じく「債権」であることに変わりはないので、私債権を規律する民法等の多くは公債権にも適用されます。ですが、特に自力執行権という強力な権限を持つ債権保全の局面では、通則法40条のような準用がない限り適用を否定する見解があります（排他性）。詐害行為取消権（民424）の準用（通40）は現行法になってから…それ以前は適用がなかった？という説明（『租税徴収実務講座（改正民法対応版）Ⅰ 租税通則手続』（令和2年）ぎょうせい110頁）からは、そうした考え方になります。ただしこれは、旧徴収法は15条で民法424条に相当する規定があり、まずはそれを適用すべきこと。更には、旧法においても「旧法15条に規定がない事項は民法の規定が適用される」と解していたので（桃井ほか『条解国税徴収法』412頁）、通則法40条は確認規定と考えます。ですから、税債権等に会社法759条4項等の適用を否定する理由はないと考えます。

どのようなケースが残存債権者を害する場合に当たるのか、どのようなケースが濫用的な会社分割になるのかは明らかではありませんが、最高裁判決（平24.10.12）は補足意見で「承継法人に引き継がれた債権者と残存債権者との著しい不平等」を生じるような分割がされたときは、濫用的とされる可能性は高いとしています。要するに、すべての債権を満足させる事業再生は無理なわけですから、円滑な事業再生という点で分割前に各債権者が仕方ないと思わせる弁済計画の提示が必要、ということになりそうです。

ところが、そうした再生計画に租税債権者は一切関わらないのが、徴収制度の立ち位置です。また、税金を分割承継法人が引き継ぐこともできず、事業再生をするような分割法人に猶予の措置を取ることも考えられませ

ん。滞納税金が多額でそれを納付すると再生計画が成り立たない場合に、再生に非協力の税債権を除外したことを「濫用的な会社分割」とするかは、裁判所の判断次第です。

二 事業を譲り受けた特殊関係人の第二次納税義務（徴収法38条）

基本的には、事業譲渡の場合と同じです（⇨ Chapter 9・330頁）。いわゆる「第二会社方式」による事業再生について、滞納会社の事業の一部を譲渡した場合と同様に、連帯納付責任を負わない分社型分割をターゲットにするものです（徴基通38-9-(4)）。しかも、詐害行為取消権の行使であれば「詐害性」が、残存債権者の請求権ならば「濫用性」の立証が求められますが、分社型分割に対する徴収法38条の適用は、会社分割後に株式が買い戻されても、分割時には親子会社関係にあるので、そうしたハードルがなくなります。

☞ 会社分割のうち、分割した事業を既存会社が吸収して行う「分社型吸収分割」では、分割法人が対価として交付される株式は既存会社のものなので、滞納をしている分割法人と分割承継先になった既存会社は親子会社関係にないことが普通です。それに対して税効果を目的に行われる「分社型新設分割」は、分割承継法人は新設するので、徴収法38条の要件を満たすことになります。

☞ 分社型分割が法人税法62条の3で適格分割と認められるためには、「分割の日」において分割対価資産（分割承継法人の株式）の交付を受けていることが必要です（法2十二の十イ）。分割により移転する事業資産の「対価」として株式が交付されるので、売買と同様に両者は同時履行の関係にあるのが普通です。ところが「分割の日」の午前中に、先行して交付を受けた株式を売却し、午後に事業資産の移転をしたケースがありました。地裁は事業資産の移転と株式の交付（会社分割）は密接不可分の関係にあるとして二次義務の適用を認めましたが（高松地判令4.2.2）、高裁は事業資産の移転時には株式は売却されて親子会社関係にない（徴令13②）ことを理由に、二次義務の適用を否定しました（高松高判令4.8.30）。

　組織再編税制の適用を受けつつ、徴収法38条の適用を逃れるスキームですが、徴収法24条（譲渡担保財産への追及）を逃れるための契約を否定した最高裁の事例（最判平15.12.19）と似たところがあります。確かに二次義務の要件は課税と同様に拡張解釈を許しませんが、必ずしも文理で読めない会社分割に徴収法38条の適用を認めながら、徴収法施行令13条2項の文理を押し通した高裁の判断はよくわかりません。

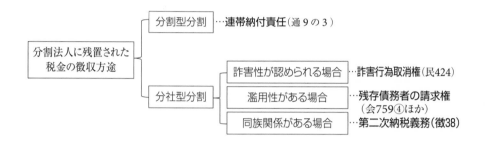

　なお、「事業の譲渡」と「会社分割」は文理において違う以上は、要件に該当するかの判断は制限的にすべき、という解釈があります（中山裕嗣『徴収・滞納処分で困ったときの解決のヒント』大蔵財務協会180頁）。それに対しては、実質的に事業譲渡と会社分割は同様の効果を目的にしていることを理由に（冬木千成『国税徴収法基本通達逐条解説』大蔵財務協会325頁）、徴基通38-9-(4)は会社分割を対象にしています。平成28年度の同法改正が第二会社方式に対する追及を目的にしているならば、会社分割も含まれることになります。これについて高松高判令4.8.30は、国税庁の考え方に基づき徴収法38条の適用を認める判断をしています。

　☞　事業譲渡に対する徴収法38条の限度は、積極財産の価額といいました。では、会社分割の場合も同じように、分割承継法人に引き継いだ積極財産の価額でしょうか、それとも分割した財産の対価である分割承継会社の株式の価額（純資産価額）になるのでしょうか。考えるときのポイントは、連帯納付責任に関する分社型分割と分割型分割に対する立場の違いです。もともとの制度の設計は、分割型分割は引き継いだ積極財産の範囲で納付

責任を負わせる一方で、分社型分割は対価として分割承継会社の株式を取得しているので納付責任を負わせないという割り切りでした。そこだけ見ると、分社型分割に追及できる限度は株式の価額（純資産価額）になりそうです。

　しかし、納付責任を負わせないことから生じる徴税面での不都合を、徴収法38条という別の徴収方途で補充的にリカバリーしようとするわけですから、事業の譲渡の場合と同様に、限度は積極財産の価額ということになると考えます。

ホ　同族会社株式の第二次納税義務（徴収法35条）

　同族会社の株式等を持っている会社が滞納していて、その株式等を差し押さえて公売しても買受人がいないか、あるいは株式等そのものに譲渡制限等がされている場合には、その同族会社は徴収法35条の第二次納税義務を負います。

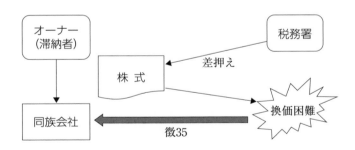

Q9-5　A社は某市駅前でパチンコ店を営業していましたが、諸般の事情で滞納したまま休業になっていました。営業免許取得の目的でA社から新設分割したB社で事業を再開することにしたところ、税務署にB社の株式を差し押さえられました。公売されて第三者が入り込むと困るので、税務署と交渉して買い取る話をしたのですが、評価額で折り合いがつきません。どうしたらよいでしょうか？

A　同族会社の株式を保有している者が滞納していて、その株式が差し押さえられている場合には、株式が未発行であればその株式に係る同族会社は、徴収法35条の第二次納税義務が課せられることがあります。

　パチンコ店などの風営法で営業が規制される事業では、新規に営業許可を取得するのは大変です。そのため、既存の事業者を合併したり（風営法7の2①「合併承認」）、会社分割（風営法7の3①「分割承認」）といった、営業権の確保を目的とするM&Aが行われます。上記の事例は、事業再生を目論んで会社分割を行ったケースです。

　個人の事業者が法人成りして事業用資産をすべて法人に移転させた場合には、その個人の財産は法人の株式以外にさしたるものがなく、その株式を差し押さえて公売しようにも市場性が低いことから、徴収が困難になります。そうした実態を踏まえて、法人成りした相手から直接に徴収できるようにしたのが徴収法35条です。ケースは分割会社ですが、分割法人が親会社であり、差し押さえた子会社株式について公売が困難となれば、子会社である分割承継法人への徴収法35条の適用が検討できます。

徴収法35条の適用要件

☞　滞納者が同族会社の株式を持っていること…事業再生をする場合に、会

社の経営基盤が傷んでいれば、スポンサーを見つけての身売りになります。しかし、自らの業績不振部分を切り捨てる目的で会社分割をしたときは、分割承継法人の株式は持ち続けることになります。

☞　その株式につき、①公売しても買受人がいないか、②譲渡制限または株券の発行がないため譲渡に支障があれば、徴収法35条の適用ができます。ところで②の要件は「又は株券の発行がないため」としているので、素直に条文を読めば、株券不発行会社（会214）にも適用があるように思えます。しかし国税庁の取扱いは、株券発行会社が株券を未発行の場合（会215④）に限定しています（徴基通35-7）。平成16年の会社法改正前は、株券が不発行のときは、株式を差し押さえた税務署はその発行を会社に求め（旧商法226ノ2④）、期限までに発行がなければ徴収法35条を適用するとしていました（昭42.3.20「商法等の一部改正に伴う徴収事務の取扱いについて」6-(3)）。当時は株券のない株式譲渡は無効で（旧商法204②）、株券が無ければ株式の公売は困難だったためです（『国税徴収法精解』（令和6年改訂版）352頁）。それが会社法改正で、株券不発行が認められ、不発行会社の株式は株主名簿の記載で譲渡ができるようになりました（会130①）。それに対して発行会社の株式は、株券の交付がなければ無効なので（会128①）、会社法改正前の徴収法35条のターゲットは発行会社の株式が未発行の場合に限られることになります（本書改訂前とは説明を変更しました）。

原則発行のときに株券の発行がないケース	不発行会社（会社法の原則）	➡ 適用なし
	発行会社の未発行	➡ 徴収法35条の適用

ヘ　脱税行為と第二次納税義務（徴収法40条－令和7年1月1日施行）

「偽りその他不正の行為」により会社が税を逃れ、また還付を受けたことに課税がされても、それが滞納になり滞納処分できる財産が会社に皆無であれば滞納処分ができず、徴収することはできません。その際に、脱漏所得や滞納会社の財産を会社の「オーナー社長」が手にしても、それが不当利得や他の第二次納税義務等に該当しなければ、滞納会社とは別人格な

ので、滞納処分により徴収することはできません。

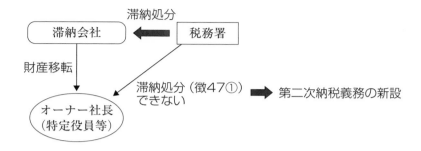

　最近の税に関する不正行為の対応強化の一つとして、徴収できなければ意味がないことから、一定の場合に「オーナー社長（特定役員等）」に第二次納税義務を課すことが新設されました。

（注）　本法に関する取扱い（通達）はいずれ公開の見込みですが、以下は現時点での筆者の見解になります。

①　対象になる国税

　株式会社、合資会社または合同会社が「偽りその他不正の行為」により免れた国税及び附帯税

　☞　偽りその他不正の行為があって7年遡及で修正申告を含む更正決定等を（通70⑤）する中には、偽りその他不正に係る部分とそうでない過少分が混在することがあります（最判昭51.11.30参照）。いわば巻き添え的に7年遡及になる過少申告分ですが、この部分は「偽りその他不正の行為」による税金とはいえないので二次義務の対象からは区別すべきです。

②　第二次納税義務者（特定役員等）

　滞納会社が特定同族会社（法67②）の場合で、その判定の基礎となる株主かつ役員（いわゆる「オーナー社長」）

　☞　適用になる財産の移転は不正行為のあった時以降に限られますが、不正行為と移転する財産の牽連性が求められていません。また、移転の事実だけがあればよく、誰にとか、目的までは求めていないため、特定役員等が

行為者ならば、使途不明金や遊興費の費消も適用の可能性があります。

③　第二次納税義務の限度額

偽りその他不正の行為により「①免れた国税・還付の額」と、それらの行為後に特定役員等が「②移転を受けた又は移転した財産の額」のいずれか低い額（金銭的第二次納税義務）

```
┌─────────────────────────────┐  ┐
│      脱税・不正還付の額       │  │
└─────────────────────────────┘  ├─ いずれか低い額
┌─────────────────────────────┐  │
│ 脱税等で得た・流出させた財産の額 │  │
└─────────────────────────────┘  ┘
```

☞　「会社財産」が「移転」することを対象にするので、債務免除などの財産移転を伴わない行為は対象でありません。一方で、財産権の「移転」であれば形態を問わないので、配当や役員報酬等も対象になります。

☞　「会社財産」の「移転」でも、会社の事業遂行で通常必要なものは該当しません（徴令14の2）。売上原価と販管費は金額が異常ならば対象ですが、それ以外の取引はそれに加えて内容の異常性も対象にします。

Chapter 10

徴収共助条約
（海外資産からの税の徴収）

　経済活動のグローバル化が進む中では、国内で生じた納税義務が果たされないまま納税者が外国に出国してしまったり、あるいは非居住者に課税処分がされることがあります。ところが、納税義務を強制的に履行させる滞納処分は、国家主権の行使という性質から国外での権限行使ができず、結果として財産があるにも関わらず徴税できない状況になります。そうした問題は各国とも同じなことから、平成23年に国際的な徴税機関の執行を共助するOECD条約が発効し、国内法の整備がされました。

　この章では、納税者本人が出国してしまった場合に選任される納税管理人の役割を見た上で、更には外国の徴税機関との間での徴収共助を見ていきます。

Q10　国際間の徴収共助…納税管理人の責任

当社は、外国法人を親会社とする国内サービスを受け持つ内国法人です。本社から派遣されて、２年間ほど当社で勤務していた外国籍の社員がいました。その社員が国内オフィスに在籍していた期間中の所得税を当社で源泉徴収していましたが、その間に本社から得たインセンティブ報酬については、申告をしないまま帰国しました。当社が納税管理人になって、その社員が帰国した後に申告は済ませましたが、納税はしていないようです。納税管理人である当社は、何か責任を負わされるのでしょうか？

A 　納税管理人は、行政上の便宜のために、納税者から委任を受けて、国内において税に関する代理を行う者です。納税者本人になり替わるものでも、共同して納税義務を負っているのでもありません。したがって、申告書を提出したのが納税管理人だったとしても、滞納税金の納付について責任を問われることはありません。

　経済活動のグローバル化が進む中では、海外オフィスに勤務する社員が国内に駐在して、その給与を国内オフィスで負担するケースがあります。そうした国内で行われた役務提供に対して給与や報酬が支払われる場合には、国内オフィスはその社員に課せられる所得税について源泉徴収する義務が生じます。それで課税関係が終わればよいのですが、その社員が帰国した後に、インセンティブ報酬があったことなどを原因に所得税が追徴課税されることがあります。このような場合には、その社員が国内に預貯金を残していたり、海外から納税額を送金してくれればよいのですが、納税をしないケースも少なからず見受けられます。

　非居住者に対する課税関係では、給与等を支払っていた国内オフィスが納税管理人になっていることも多いですが、納税に関する納税管理人の責

務はどこまでなのか、さらには、帰国してしまって国内財産のない者の滞納税金を、どうやって税務署は徴収するのかを見ていきます。

　（注）　非居住者が滞納するケースには、この他に日本に住んでいた居住者が海外に出国して、非居住者になる場合が考えられます。しかし、この場合は国内資産があったり、国内にいる親族を経由して接触することで納税に至ることが多く、税金の徴収が困難になることは少ないようです。それに対して、もともと期限付きで居住していた外国籍の納税者が非居住者になる場合には、出国してしまうと自主的な納税を期待できないことが多くなります。

〈住民税の取扱い〉

　事例の社員が納税すべき道府県税及び市町村税（併せて市町村が徴収するので「住民税」という言い方をします）は、次のようになります。

　国内で働いていた期間が1年未満とした場合に、出国が1月1日以降ならば前年の所得に課税されます。出国が12月31日までならば原則として課税されません。

　なお、住民税は原則として住民記録台帳に基づき課税するので（地税294②）、住民票の登録がない3か月以下の非居住者は（住民基本台帳法30の45）、1月1日現在に国内にいても、課税はされません（給与支払報告書等に基づき、みなし住所での課税は可能ですが（地税294③）、既に出国しているなどしていれば課税は困難です）。

1　国際間で課税する際の原則とは

　所得に対する課税は、世界各国にあります。しかし、同じ所得に対して各国がそれぞれで課税していたのでは、課税される側はたまったものでは

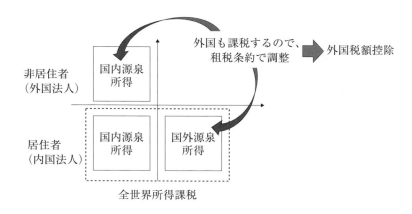

ありません。そこで、どの所得に対して、どこの国が課税するのかという
国際間での課税ルールが作られます。基本は、課税される者がもっぱらど
この国で所得を得ているのか（居住者、非居住者または内国法人、外国法人）
と、課税される所得がどこの国で発生したのか（国内源泉所得と国外源泉
所得）です。おおまかにいうと、日本の居住者は、原則として、日本国内
はもちろん国外で得た所得も課税されます（全世界所得課税）。その一方で、
非居住者は、日本国内で得た国内源泉所得のみが課税の対象になります。

（1）「居住者」と「非居住者」の区別

　所得税では「居住者」か「非居住者」かで、税金がかかる所得の範囲が
異なります。国内に「住所」を有し、または、現在まで引き続き1年以
上「居所」を有する個人を「居住者」とし（所2①三）、「居住者」以外の
個人を「非居住者」と規定します（所2①五）。「住所」とは文字どおり住
んでいる所であり、生活の本拠となる場所です（所基通2-1）。「居所」と
は生活の本拠ではないものの、現在そこで生活している場所のことです。
例えば、海外オフィスの社員が単身で来ている場合には、家族の住んでい
る本国の場所が住所ですが、その者が国内で滞在しているホテルなどは居
所になります。こうした短期間の滞在をしている者が、国内に留まってい
る期間が1年以上の場合には「居住者」となりますが、1年未満であれ

ば「非居住者」になります。

国内に住所があるか、引き続いて1年以上居所がある個人	居住者 → 外国籍で、過去10年間で居所のある期間が5年以下 → 非永住者 居住者	
居住者以外の個人 → 非居住者		

※本設例の外国籍の社員は、トータルして1年以上は国内で勤務していたとすれば「居住者」に該当しますが、期間が5年を超えていないので、所得税法上の「非永住者」になります（所2①四）。

（2）「国内源泉所得」と「国外源泉所得」の区別

　国内源泉所得とは、所得を得た原因や場所が国内にある所得のことです。日本に関係して稼いだ所得は、原則として日本に課税権があるということです。では、何をもってこの両者を区別するかは、国内源泉所得は所得税法161条に、国外源泉所得は同法95条4項にそれぞれ列挙されています。

　本設例のような社員の雇用に関係する所得は、その勤務が「国内において行われているか」、「国外で行われているか」で区別されます。すなわち、支払われた給与等に係る勤務が国内にいる期間のものは、支払者が外国法人か国内法人かに関係なく、国内源泉所得になります。その逆で、海外オフィスに1年以上の長期出向している社員（役員は除きます）の給与は、国内法人から支払われたものであっても国外源泉所得になります。

　☞ みなし国内払い…外国法人が国内源泉所得になる給与を支払っている場合には、その外国法人の国内支店は所得税を源泉徴収する義務があります（所212②）。

※本設例の外国籍の社員のような非永住者は、国外源泉所得で国内に持ち込まれなかったものは課税対象から外されます（国税庁タックスアンサーNo.2010）。

※1年以上長期出向の目的が留学や事業習得のときに、その者の生計や教育のため国内法人から支払われた給与は、留学先の国でも租税条約により非課税となることがあります（日英租税条約19条等）。

（3）恒久的施設(PE)

　国際間での課税では以上の原則に加えて、非居住者等が「恒久的施設：PE」を有するかどうかで、国内源泉所得か国外源泉所得かの区別が変わります。外国法人が国内に事業の拠点となる PE を有している場合には、その PE を一種の国内子会社に見立てて、PE に帰属するすべての所得を、それが国外で得た所得であっても、国内源泉所得として課税します。

　本設例の納税者は非永住者ですから、 PE に関する問題は直接には影響しないのですが、外国法人が PE を有する場合には、その者の所得につき源泉徴収が免除される場合があります（後掲 **(4)** 参照）。

☞　「恒久的施設」とは

　　恒久的施設（PE）とは、一般的には非居住者が国内で行う事業の管理を行う場所（拠点）のことです。個人の場合には、出国後に家族が居住する国内の自宅があったとしても、それをもって恒久的施設とはいいません（国税庁タックスアンサー No.2883）。

　インターネット内で取引がされるYouTubeやTikTokなどプラットフォーム事業では、それら運営会社に滞納者が請求権を有していても、運営会社はシンガポール等の外国法人のため、国外財産として差押えできないとされています。しかし、それら外国法人がオフィスとして実体のあるPEを置いている場合に、国内源泉所得につきPEに対して課税通知を行うことからすれば、同様に徴税権の行使である差押通知書の送達も、国内にあるPEにすることで差押えの効力を生じさせる考え方を検討すべきと思います（⇨ chapter 5 ・186頁）。

（4）非居住者に係る源泉徴収

　非居住者について源泉徴収する対象は、居住者よりも広くなっています。例えば、非居住者が所有する土地等を譲渡した場合や、事業用不動産の賃料、人的役務の提供事業の対価などの支払者は源泉徴収する義務があります（国税庁タックスアンサー No.2885）。非居住者は、個人なら課税する際に国内に居なかったり、法人でも実態が不明というケースがあるので、徴税を確保するために源泉徴収するのです。なお、租税条約で日本が課税しない場合や、一応は大丈夫だろうということでPEがある場合は、免除証明書の交付を受けることで（所214）源泉徴収をしないで済みます。

〈非居住者に係る源泉徴収〉

　非居住者の所得に係る源泉徴収は、居住者より範囲が広く、そのため税務署の調査で指摘されるケースがあります。それだけの負担を支払者側に負わせるのは、やはり徴税の確保という目的が大きいからです。法人税の不動産譲渡に分離課税が導入されたのは平成3年度の税制改正ですが（平成10年度から適用停止）、きっかけは都内一等地の某所にあった建物を売却し、買換特例の猶予期間中に巨額の譲渡代金を海外に流出させて滞納になった事件が契機だったと聞いています。また、人的役務の提供事業も、海外の某有名

ピアニストが日本公演した際に、外国プロモーターが所得を申告しなかったからと聞いています。

（5）納税者の出国と住民税の特別徴収

　同じく個人に課税する所得税と住民税ですが、現年度に課税する所得税は収入発生時に源泉徴収をするので、出国による滞納が防止されます。それに対して前年の所得に対して翌年に課税する住民税は、その納期には納税者が出国して徴収できない、あるいは特別徴収ができないという問題があります（下掲課税①）。

　解決策としては国税と同様に、現年度課税をする方向が示されていますが（平24・税制抜本改革法７②ニ⑶）、特別徴収時の課税団体の特定や課税確定時の税額調整（年末調整）などの問題があり、いまだ検討中です（令和５年度総務省自治税務局「個人住民税における現年課税化について」）。

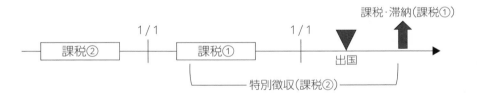

　なお、特別徴収義務者に課税通知がされた住民税については（課税②）、給与支払額が出国時以降の月割残額を超えているときは、次の一括徴収をします。

　①　12月末までに出国する場合は、納税者の申出があれば、出国前に支給する給与から特別徴収する。

　②　１月から４月末までの間に出国する場合は、出国前に支給する給与から特別徴収する。

2　納税管理人とは

　本設例は、非永住者が出国して非居住者になったケースですが、国内に
いた期間の税金を申告せずに出国した場合には、その申告は誰がするので
しょうか。海外から e-Tax などのネット環境を活用したり、自ら紙ベー
スでの申告書を作成して提出することも現実的には可能です。しかし法律
は、日本に納税義務のある者が国内に住所及び居所を有しないときは、納
税管理人を定めなければならないとしています（通117①）。

(1) 納税管理人は何のために必要なのか

　納税管理人とは、簡単にいうと非居住者に代わって、国税に関する手続
を処理するために選任する、税務に限った特殊な代理人です。もっぱら行
う仕事は、税務署に確定申告書を提出したり、税務署から送られる書類を
受領したり、税金を払ったり、還付金を受領することです。

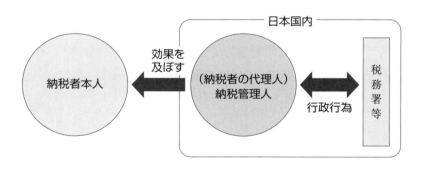

　以前であれば出国してしまうと難しかったでしょうが、今の環境ならば、
紛争地域や秘境といった特殊な場所なら別ですが、申告や納税はオンライ
ンで可能です。ですから外国にいる納税者から見れば、あえて納税管理人
を立てる必要性は感じていないかもしれません。しかし税務署のほうから
見ると、納税に関する申告や処分といった行為は「文書の送達」がなけれ

ば効力が生じませんから、法施行地である国内に文書が届く場所があったほうが便利です。

　また、外国にいる納税者と税金の納付や還付を直接に行うことは、海外への送金仕向けや外国通貨との換算といった問題があります。そこで、国内に納税者の代わりになる立場を置くことで、税に関する処理を簡易かつ確実に行えるというメリットから納税管理人の制度があります。

(2) 地方税の納税管理人

　国税の納税管理人は、国税は国内すべてが管轄なので、その手が及ばない国外に納税者がいるときに選任します(通117①)。それに対して地方税は、その市町村に管轄が限られるので、納税者が課税する市町村の域外にいる場合に選任する違いがあります(地税300①等)。また、国税の納税管理人は必要があれば選任するに対して、地方税の納税管理人は必ず選任しなければならず、それをしなかった納税者には刑罰を科す強いものです(地税302等)。

　もともと納税管理人の制度は、不動産所在地の市町村が国に代わって地租を徴収する際に、不在地主対策として作られたもので(水澤謙三郎『国税徴収法釈義』(明治40年)57頁)、罰則も地租法から引き継いだものです。しかし、居住地以外に不動産を所有するケースは多くありますが、課税通知が届けば納税管理人を置いていないのがほとんどで、実際のところ地方税の納税管理人は機能していません。

　また、国税とは違って、地方税では国内に滞納者がいる前提なので、書類の送達に関し滞納処分は除外され(地税20①)、非居住者が納税管理人を選任していても送達はできない不都合があります。

(3) 納税管理人の選任はどのようにするのか

　納税管理人を選任したときは、その選任に関する届出書を、納税地を管轄する税務署に提出して行います(通令39①)。また、納税者が帰国して

居住者に戻れば、納税管理人を解任する届出書を提出します（通117②）。この納税管理人は、法人でも個人でも構いません。

　非居住者であれば現行法では納税管理人を選任しなければならない、というものではありません。税に関する手続がなければ不要です。次のような場合に、納税管理人が立てられるようです。

国外に出国して非居住者になる場合	国内において不動産の賃貸・売却の収入がある場合 国内で株式等を売却した場合 国内所得としての配当・利子等が生じた場合
国外に居住している日本人の場合	国内において非居住者を相続人とする相続が生じた場合 国内において財産の贈与が生じた場合
国外に居住している場合	住民税や固定資産税の納税義務がある場合
外国法人で国内 PE がない場合	国内において納税義務が生じる場合
出国税の納税猶予を受ける場合	

　最近の非居住者に対する課税調査の際に、国内に書類等を送付する納税管理人がいないため支障があることから、税務署長が納税管理人を指定できる制度が令和3年度の改正で作られました（通117③〜⑦）。この制度では、例えばネット環境でゲームを提供している外国法人については、そのゲームをアップしているプラットフォーム事業者（通117⑤一ハ該当）、国内にある投資用不動産を所有している非居住者については、その不動産賃料を管理する会社（通117⑤一ロ該当）について、なかば強制的に納税管理人（特定納税管理人）に指定するものです。

　このように特定納税管理人が指定された納税者（特定納税者）が滞納したときは、滞納処分に関する書類は「それに類する事項」として含まれると解されていますが（通基12の2）、地方税の納税管理人は国外を想定していないので、同様の手当てはありません。

〈納税管理人による申告書の作成〉

　国税庁のホームページを見ても（国税庁タックスアンサー No.1923）、納税管理人は「非居住者の確定申告書の提出」とは書いてありますが、納税者の代理人として「申告書の作成」をできるとは書いてありません。納税者本人に代わって確定申告書を作成する行為は税理士法 2 条の「税理士業務」に該当し、報酬の有無に関係なく、税理士業務は税理士以外の者が行うことは禁止されています（同法52）。したがって、納税管理人が税理士でない場合には、納税者本人から委任を受けていたとしても、確定申告書を作成することはできません。

（4）納税管理人が負う責務とは

　納税管理人に選任されていた場合に、納税義務を負っている非居住者が支払うべき税金を納税しなかったとき、納税管理人はどのようなリスクを負うのでしょうか。

　一見すると、納税管理人は申告及び納税の代理人ですから、提出した申告に仮装隠蔽があったり、納税を怠ったりしたときには、一定のペナルティが科されるようにも思えます。しかし、納税管理人は、制度の趣旨からいって、行政上の便宜のために国内における納税者の代わりをしているに過ぎません。納税者本人になり替わるものでも、共同して納税義務を負っているのでもありません。したがって、申告書を提出したのが納税管理人だったとしても、その税金の納付について責任を問われることはありません。

Q10-1 滞納者は、国内法人に勤務する X 国籍の者であり、国内勤務した際のインセンティブ報酬等について確定申告をしましたが、その国税を納付せずに出国し、現在は X 国に居住しています。税務署は国内にある財産（解約未済の預金残高）に滞納処分をしましたが、それでは滞納額を徴収するに足りませんでした。このような場合に、X 国にいる滞納者から、滞納税金を徴収することはできるでしょうか？

A 滞納者が居住する X 国が徴収共助条約（OECD モデル）の締結国で条約が発効している場合には、X 国（相手国）の税務当局に徴収共助の要請を行い、相手国の徴収法規に基づき、日本国の滞納税金を徴収することができます。

　日本で生じた納税義務を履行していないが、しかしその者は国外に多大な財産を持っている。任意に納税してくれれば別ですが、滞納税金を十分に納付できるにも関わらず、徴収法は国内にしか適用されませんから、国外にある財産には手出しができません。財産はあっても、「滞納処分をすることができる財産がない」ため、これまでは滞納処分の停止及び納税義務の消滅をせざるを得ませんでした（徴収法153⑤）。国内で得た所得に課せられた税金なのに、それを滞納者の財産から取れない理不尽さがあるのですが、それは滞納処分が国家主権の行使だからです。

3　非居住者に対する徴収手続

(1) 地方税と外国人課税

　事例は、国税を滞納している場合ですが、こうした国際間の滞納の問題

は、地方税において顕著に発生しています（総務省自治税務局「グローバル社会における個人住民税のあり方」令元6.17個人住民税検討会資料）。例えば、住民税は前年度課税のため、翌年の1月以降に納税者が出国したときは特別徴収ができないので、普通徴収になります。しかし課税通知をしても納税がなければ滞納になってしまいます。また、最近は東京・大阪などの大都市や北海道のリゾート地等で、非居住者が不動産を取得することが増えていますが、そうした者が固定資産税や不動産取得税を滞納するケースも問題になっています。

〈出国査証と滞納〉

　納税者が税金を払わないで出国することを阻止するため、現行の徴収法を制定する際には、出国時の越境管理において納税証明を求め、その証明がない場合には出国させないという案が出されていました（昭和33年「租税徴収制度調査会答申」）。調査委員会では反対意見もなく、当時のアメリカでも行われていた制度だったのですが、短期の非居住者にまでそれを求めると証明事務が追い付かないこと、出国事務が煩雑になるという法務省の反対もあって成案にはなりませんでした。出国の自由という憲法問題がありますが、現在でもASEAN諸国では、効果的な手法として使われています。

〈在留資格と滞納〉

　徴収法制定時には滞納者が国外に出ていくことを気にしていましたが、最近は滞納している外国人は再入国させない方向性が見られます。外国籍の者が国内居住する資格には、3か月以内の短期滞在者を除けば、在留資格を持つ中長期在留者と、在留期間に制限のない永住者（及び特別永住者）があります。中長期在留者は期間の更新や在留資格を変更するときは、出入国管理事務所で手続をしますが、その際の審査基準である「在留資格の変更、在留期間の更新許可のガイドライン（令2.2改訂）」には、「納税義務を履行していること」があり、住民税の納税証明書の提出が求められます（出入国管

理事務所 HP)。また、法務省が出した「永住許可に関するガイドライン（令6.6改訂）」では、「公的義務（納税、公的年金及び公的医療保険の保険料の納付…）を適正に履行していること」があり、悪質な滞納者は永住許可を取り消すことが示されています。

(2) 滞納処分の国外執行

　税金も、貸金や売掛金と同じような金銭債権です。債権者が民間なのか、国や自治体なのか違いはありますが、本質的には同じものと考えられています。私債権であれば、国内債権であっても外国裁判所に訴えて、その国の強制執行手続により外国にある財産から債権を回収することが可能ですが（民執22六）、税金に関してはそれができません。なぜなら税金は、自ら滞納処分という自力執行ができるので、私債権と同じに裁判所に訴えて強制執行することが許されないからです（最判昭41.2.23）。

　そうなると、海外にある財産があっても、それから滞納税金を徴収できないのか、ということになりますが、滞納処分は国家権力の発動として行うものですから、それを海外でやってしまうと、その国の国家主権を侵害してしまうことになります。裁判所による強制執行も、国家主権の行使であることに違いはないのですが、それはお互い様ということで、外国の裁判所が発した強制執行してもよいという許可（債務名義）を互いに認めて、それを基に日本の裁判所が強制執行をできるようにしています。

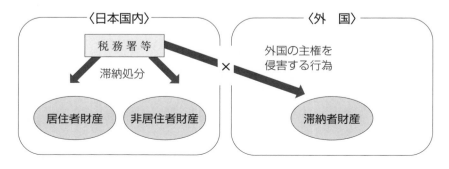

　ならば、国同士で互いに税金を徴収してあげましょうという協定（租税条約）を結べば道が開けますが、長らくそれはしていませんでした。というのは、税金といっても色々あります。所得税や消費税などの基幹税は各国とも共通性があるのですが、何をもって税＝Tax にするのかはその国の事情で決まります。国によっては税金という名前の懲罰的な課徴金があったりもします。特定の外国企業を狙い撃ちする高額な税金をかけて、それを相手国に徴収させるというような、はなはだ国益を失する事態も起こりかねません（石黒一憲『ボーダーレス社会への法的警鐘』（平成 3 年）中央経済社151頁）。

　しかし、国際間での滞納に関する弊害が大きいということで、平成23年に日本も OECD のモデル条約を批准し、国内法を整備して（租税条約等実施特例法）、外国にある財産から徴収できる方途（徴収共助）が開けました。

| 平22.12
税制改正大綱 | 平23.11
G20カンヌサミット
条約署名 | 平25.3
国内法整備 | 平26.7
相手国との
実施取決め |

（3）執行共助条約

　国際間で徴収共助を可能にする執行共助条約には、次の 2 種類があります。

イ　多国間マルチ（OECD モデル）条約

　条約の加盟国との間で、税に関する行政支援（情報交換・徴収共助・送達共助）を相互に行うものです。規定は加盟国間で共通で、いわば既製品のようなものです。令和 4 年現在で137の国・地域で発効しています。

ロ　二国間条約

　もともとは、二重課税を回避するために相手国と結ぶ租税条約です。相

手国により規定の内容は異なり、いわばオーダーメイドになっています。一般に、情報交換規定は入っていますが、現在、徴収共助について規定されている条約が発効しているアメリカ合衆国との徴収共助は、多国間マルチ条約ではなく二国間条約で行われます。従前は不当に条約の特典を得ている場合に限られていましたが、令和元年発効の改訂議定書（27条）により、一般的な滞納も対象になっています。ただし、徴収共助をする時点で個人の滞納者が米国市民の場合は、重加算税対象になった滞納税金に限られています。

　ドイツは長らく徴収共助に消極的でしたが、平成28年に二国間条約が発効し、その中で税目を限っていますが、徴収共助の規定（26条）があります。

　以下では、多国間マルチ条約を前提に説明します。

（4）執行共助で何をするのか

　執行共助条約とは、税に関する手続を条約国で互いに助け合うことです。その内容は、税の執行に関する文書の送達、税の執行に必要な情報の提供、そして条約相手国の税金の徴収です。

イ　文書の送達（共助条約 17 以下）

①　税に関する通知と主権侵害

　税に関する書類の送達は、「送達を受けるべき者の住所又は居所等」に送り（通12①）、例外として住所等が不明あるいは送達が困難な事情があるときに限り「公示送達する」となっています（通14①）。であれば、送達先が国外であっても、送達する場所が判明しているならば、万国郵便条約で郵送物は届くので、そこに送ればよいとなりそうです。しかし前記**（2）**の「滞納処分の国外執行」で述べたように、外国による国内への徴税権行使は条約で認めない限り阻止するのが原則です。その際に書類の送達を認めてしまうと、税に関する処分が確定し徴税権の行使がされるので、徴収

も含めて書類の送達はそれに抵触する。だから、税に関する処分通知を国外に送ることは、「送達に困難な事情がある場合」になるという考え方になります（この点に関して、旧版321頁の説明を修正します）。

　（注）　主権侵害を理由とする困難性は、「法令の規定等により書類を送達することができない」場合（通基通14- 2 ）に該当します。なお、滞納処分の書類には、第二次納税義務の告知や差押えといった国民の権利義務を形成するための通知がある一方で、権利者への差押通知や公売通知のように、事実を通知するだけのものが混在しています。書類の国外への送達が問題になるのは、相手国に対する主権侵害なので、それに抵触しない書類…処分性のない不服申立てができない通知は、直接に送っても問題はないと考えます。

②　国外に送達先がある場合

　こうした議論があって、平成24年度の改正で通則法施行規則 1 条の 2 （地方税法施行規則 1 条の 8 ）が追加されましたが、規定を見ても適用がよくわかりません。解説では、相手国が「主権侵害を主張しないとき」はそのまま送り、そうでないときは公示送達した上で、その旨を相手方に通知するとしますが（財務省 HP『平成24年度税制改正の解説』631頁）、具体的なケースが判然としません。

　ところで、税の他にも国家主権の発動があり、それが裁判権の行使になります。外国の裁判所で国内にいる者を被告で訴えられたとき、訴状などの書類をその者に送達することは他国による主権（裁判権）の行使になるので、その送達を認めるには日本国の事前同意が必要です。この同意を包括的に認めたのが送達条約（ハーグ送達条約） 10条 a の「直接送達」規定ですが、問題があって、日本は平成30年に同条項を拒否する宣言をしました（https://www.hcch.net/en/states/authorities/details3/?aid=261）。そうなると国際間ルールの相互主義が働いて、日本から外国への郵送による直接送達はできなくなります。

　税も一般の私債権も同じく金銭債権なので、同じに取り扱えないかとい

うことで、この直接送達に乗って書類を送達する考え方もありましたが、その途も塞がれました。相手国が主権侵害を実際に主張しなければ、送った者勝ちみたいな考え方もありますが、逆に外国がそれをしたときには日本も文句を言えなくなります。要するに「主権侵害を主張しない」ときは、現状では「ない」ということになります。書類の送達で執行条約がある場合はそれで対応しますが、条約がないときは（地方税は条約対象外なので、すべて）、国外の居所等が判明していても公示送達を行い、通則法施行規則1条の2の通知を別途に送ることになります。

 (注) 国内の裁判所での訴状の送達は、相手国に駐在する日本の在外公館に嘱託して行います（民訴108）。なお、居所の判明している非居住者への公示送達を認めなかった東京高判平28.4.21は、通則法施行規則1条の2が施行される前の事案です。

 (注) 課税通知書や差押通知書などは、行政庁の意思（処分）を通知するものなので、郵便法4条の「信書」に該当します。海外への郵送手段でこの信書を送れるのは日本郵便だけなので、それ以外で送ったときは、国外に出るまでの間が違法状態になります。

ロ　情報交換（共助条約4以下）

　情報交換とは、外国の税務当局との間で、課税及び徴収の調査に必要な情報をお互いに提供し合う仕組みです。この情報交換には、大きく分けて、①要請に基づく情報交換（共助条約5）、②自発的情報交換（共助条約7）、③自動的情報交換（共助条約6）の3類型があります。

要請に基づく情報交換

　要請に基づく情報交換は、国内で入手できる情報だけでは事実関係を十分に解明できない場合に、必要な情報の収集・提供を外国税務当局に要請するものです。具体的には、海外法人の決算書等、契約書、インボイス、銀行預金口座取引明細書などの他、外国税務当局の調査担当者が取引担当者に直接ヒアリングして得た情報など、幅広い情報が入手可能となってい

て、いわば反面調査に似ているものといえます。

自発的情報交換

　自発的情報交換は、国際協力の観点から、調査等の際に入手した情報で外国税務当局にとって有益と認められる情報を自発的に提供するものです。

自動的情報交換

　自動的情報交換は、法定調書から把握した非居住者等への支払等（利子、配当、不動産賃借料、無形資産の使用料、給与・報酬、株式の譲受対価等）についての情報を、支払国の税務当局から受領国の税務当局へ一括して送付するものです。これについては、次の2つが注目されています。

☞ **共通報告基準（CRS情報）**

　　国内にある金融機関の情報（口座保有者の個人情報、支払われた利子などの収入情報、口座の残高情報）のうち非居住者に係るものを税務当局間で相互に交換して、外国の金融機関で保有している預金情報を把握するものです。提供を受けた情報については、個人を識別する情報が国内納税者とマッチングできるかが重要になってきます。

☞ **国別報告事項（CbCR情報）**

　　多国籍企業に関するいわゆるBEPS（税源浸食と利益移転）に対応するため、国ごとの事業活動に関する情報については、多国籍企業グループの構成会社の居住地国の税務当局に、自動的情報交換により提供されます。

ハ　滞納処分（共助条約11以下）

　滞納者の財産が国外にある場合に、それぞれの国の主権侵害となり得る租税の徴収を条約国の税務当局が互いに行うというのが、執行共助条約にある「徴収共助」です。具体的には、条約の相手国（財産所在地国）の法令に基づき、相手国で租税の徴収を行う機関に依頼して滞納処分などを行い、そうして徴収した金銭を国内に送金してもらう制度です。

　平成25年10月の条約発効に伴い、相互に徴収共助を実施するための国内法の整備として、「租税条約等の実施に伴う所得税法、法人税法及び地

方税法の特例等に関する法律」（実施特例法）が制定され、同年7月に施行されています。

【事例】
海外に居住する邦人滞納者について、租税条約に基づき徴収共助の要請を行い、滞納国税の全額を徴収した事例

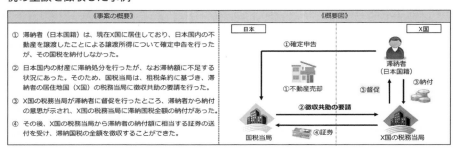

| 《事案の概要》 | 《概要図》 |

① 滞納者（日本国籍）は、現在X国に居住しており、日本国内の不動産を譲渡したことによる譲渡所得について確定申告を行ったが、その国税を納付しなかった。
② 日本国内の財産に滞納処分を行ったが、なお滞納額に不足する状況にあった。そのため、国税当局は、租税条約に基づき、滞納者の居住地国（X国）の税務当局に徴収共助の要請を行った。
③ X国の税務当局が滞納者に督促を行ったところ、滞納者から納付の意思が示され、X国の税務当局に滞納国税全額の納付があった。
④ その後、X国の税務当局から滞納者の納付額に相当する証券の送付を受け、滞納国税の全額を徴収することができた。

（出所：令和6年8月国税庁「令和5年度租税滞納状況の概要」報道資料から）

（5）相手国に対する徴収共助の要請

平成30年7月に「豪と協力　滞納8億円徴収」というマスコミ報道がありました。徴収共助による滞納税金の徴収は、旧英連邦諸国やフランス、韓国などとの間で実施がされているようです。日本で課税された税金について、国外の徴税機関に徴収共助を要請する場合を見てみます。

☞ 国税庁の発表によれば、令和5年度に外国の税務当局に徴収共助を要請した件数は11件（累計109件）です。また、外国の税務当局から要請を受けた件数は3件（累計24件）です。

イ　対象となる租税

徴収共助の対象となる租税は、所得税、法人税、復興特別所得税、復興特別法人税、相続税、贈与税及び消費税です（共助条約議定書2条1-a、b-Ⅲ）。わが国では地方税は対象から除外していますので、地方消費税は共助要請の対象になりません。

☞ 国際間の税務執行を助け合う徴収共助条約（OECDモデル）は、公開さ

れた条約では地方税も対象になっていますが（共助条約議定書 2 条 1 -b）、日本は批准する際に、他の締結国が除外していること、共助をする地方団体が対応できないこと等から、地方税は除外しています（平成25年 6 月 – 参院外交防衛委員会）。

ロ　要請の検討

滞納者の財産が国外にあるとの情報を得た場合や、国外に生活や事業拠点がある場合、国外の者が第二次納税義務者に該当する場合などで、国内にある財産では徴収不足と見込まれるときは、徴収共助の検討が行われます。

☞ 国内において、滞納国税を徴収するために通常用いるべき手段を用いていないときは、相手国は徴収共助の要請を拒否できるので（共助条約議定書21条 2 -g）、徴収不足であることが共助要請の要件になります。

ハ　相手国との実施取決め

徴収共助は相手国にお願いするものなので、一方的に依頼することは国際的なルールに反します。そのため、共助要請をする前提として、相手国との間で、対象とする税目、年間に受ける要請の上限数、要請する国税の最低金額、要請する際に添付する書類、徴収した金銭の通貨や為替に関する事項などを取り決めておきます。

ニ　相手国に対する要請

相手国との間で実施取決めがされていて、徴収共助の要請をすべき案件がある場合には、相手国に対して共助の要請を行います。相手国が要請を受ける場合にはその旨の通知が、拒否する場合はその通知が、要請国の徴税機関に対して行われます。

☞ 徴収共助の要請を相手国に行ったことは滞納者に通知されませんが、仮にそのことを知ったとしても、要請だけでは現実の不利益が生じないので、

不服申立ての対象にはならないと考えます（参考：東京高判平29.10.26）。

（6）相手国からの徴収共助の要請

　相手国から徴収共助の要請がされた場合には、実施特例法に基づき国内の徴税機関（国税局）が滞納処分等を行って、要請された相手国の税金を徴収します。

イ　対象となる税金と共助の実施決定

　要請を受ける外国租税は、①所得または利得に対するもの、②所得または利得に対する租税とは別に課される譲渡収益に対するもの、③遺産税、相続税または贈与税、④付加価値税、売上税等の一般消費税です。

　徴収共助の要請を受諾すること（共助実施決定）は、外国租税のために私人の財産権を制約することであり、租税法律主義の点からも、相手国の言うがままに自動的に徴収共助に応じるべきではありません。そのため、要請を受けた外国租税が相手国において争う機会を経ているかどうか、わが国の国益や法制に照らして適当かどうか、相手国の徴税機関が通常用いる徴収方途を尽くしているかどうかなどを検討した上で、要請を受ける実施決定を行います。これらの要件に該当しない場合には、要請を拒否することになります（実特法11①）。

　☞「共助実施決定」がされたときは、その旨が共助対象者に通知されます（実特法11②）。この通知は相手方に滞納処分を受ける不利益を決定する行為に当たるので、不服申立ての対象になると考えます。ただし、共助対象者は、徴収共助の対象となった外国租税の存否や額の違法を理由にした不服申立てをすることはできません（実特法11⑬）。

ロ　租税優先権の適用除外

　共助実施決定がされた外国租税は、自国の租税と同様に徴収しなければなりません（共助条約議定書11条1）。徴収法等の規定により滞納処分を行っ

て、要請された外国租税を徴収します（実特法11④）。

　しかし、自国の租税優先権により制約を受けている私債権が、それ以上に外国租税で制約を受ける理由はないので、租税優先権の適用はありません（共助条約議定書15条）。したがって、共助対象者の財産について無益な差押え等を判断する際も、優先権がないことを前提に配当見込みを計算します。

　☞　相手国から徴収共助の要請を受けて、国内にある財産を差し押さえた場合に、その財産について日本の国税及び地方税で交付要求がされたときは、外国の税金には優先権がないので、先に日本の税金に配当します。

ハ　外国租税に関する納税義務の成立、消滅等

　要請を受けて徴収法等を適用して徴収する外国租税ですが、納税義務の確定や金銭債権としての消長は、要請国の法律により規律されます。したがって、徴収権の時効に関することは要請国の法令に準拠しますし、わが国固有の制度である第二次納税義務は適用されません。

　なお、共助対象者において納付が困難な事情がある場合の納税緩和措置については、納税の猶予及び換価の猶予は適用がされますが、滞納処分の停止に該当する場合は、共助の終了事由（実特法11⑪三）になるので適用はありません。

　☞　徴収共助条約は、要請を受けた側で徴収権の時効中断になるものは、要請国の法律に関係なくその効果は相手国に及ぶとしています（共助条約議定書14条2項）。したがって、要請を受けて国内財産を差し押さえた場合には、要請を受けた外国租税の時効は中断するので、その旨を相手国に連絡します。

ニ　滞納処分の手続

　共助実施決定がされ、その通知を発してから10日を経過しても納付がないときは、共助対象者の財産について滞納処分を行います。財産の差押

えが行われ、徴収法の規定により換価がされた場合には、要請を受けた外国租税に配当する金銭は、要請国との実施取決めによる通貨に換算した上で、相手国に送金します（実特法11⑦、11の2④で東京国税局長に送金窓口が一元化されています）。

（7）徴収共助の限界

最近は、国際間を利用した税源浸食や利益移転に対応して、BEPSといわれる行動計画、各国税務局による口座情報自動交換制度などにより、世界的な"課税包囲網"ができつつあるといわれています。徴収共助もその一環として語られていますが、必ずしも万能ではありません。

イ　条約が発効している加盟国が限られていること

多国間マルチ（OECDモデル）条約の発効国は137か国ですが、二国間条約も含めて、日本との間で徴収共助の要請ができるのは、令和5年10月1日現在、米国や英国、ドイツ、フランス、オーストラリア、韓国など80の国・地域です。他方で、東南アジア圏などには日本と強い経済的関係があっても、徴収共助ができない国もあります。中でも経済的なウェイトが大きい中国は、条約に署名はしていますが未発効です。

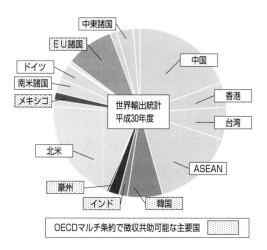

ロ　滞納処分のできる範囲が限られていること（相互主義）

　先に紹介した「豪と協力　滞納8億円徴収」というマスコミ報道ですが、おそらくこの記事を読んだ人のほとんどは、「預金の差押え」をしたと思っているはずです。しかし、オーストラリアを含めたイギリス法の下では、このような滞納処分はできません。もちろん、私債権による強制執行をするときは預金の差押えができますが、税金に関してはその税金が課せられた財産にしか滞納処分ができない原則が、イギリス法にはあります。贈与税（イギリスでは相続税）ならば、相続した財産にしか滞納処分ができないのです。

> 〈英国徴収法(Tax Management Act1970) **61条1項**〉
> 　収税官の催告によっても、納税者が課税された税額の納付を怠りまたは納付を拒否する場合には、収税官は課税の基礎となった物品（goods）や家畜（chattels）を差し押さえ（distrain）なければならない。

　では、どうして預金の差押えという報道がされたかというと、オーストラリアには2015年にできたDRD（Direct Recovery of Debts）という制度があり、強制的に滞納相当額の預金を国庫に振り替えるという、日本には存在しないやり方で徴収したのだと思われます。差し押さえて取り立てる滞納処分とは違うものですが、似ているのでオーストラリア当局は相互主義の範疇として適用したのだと思います。

　☞　ドイツのように不動産からの租税の徴収を民事執行でする制度もありますが（AO-322）、方法が違うだけで不動産を換価して租税を徴収できることに変わりはなく、相互主義から見ても対等の関係にあります。しかし、租税が徴収できる対象財産が制限されれば、やはり相互主義の問題が生じます。

　ここで、相互主義という言葉が出てきました。外交や通商の世界では当

然のことなのですが、相手国の自国に対する待遇と同様の待遇しか相手国に対して付与しないという、国際法上の原則です。要するに、相手国ができる範囲でしか、こちらもしませんということなのですが、そうなると徴収共助をする国同士の滞納処分の方法が同じならば、互いに同じやり方で相手国の税金を徴収することができます。しかし、相手国の滞納処分の方法が違っていたならば、その共通する範囲でしかお互いに協力できないことになります。

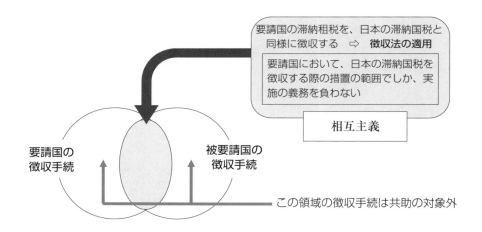

そうなると、先ほどのオーストラリアの例でいえば、日本は贈与税の滞納で預金の差押えができます。オーストラリアでは贈与税（相続税）の滞納で預金の差押えはできませんが、一定の悪質性が証明されれば、その悪質性という共通項に基づいて、DRDという預金の差押えに似た方法で共助ができます。しかし、もし滞納者がこうした共通項のない財産しか持っていなければ、共助はできないことになります。これが徴収共助の万能ではないこと、限界の一つになります。

［著者紹介］

三木 信博（みき のぶひろ）

国税庁徴収課、東京国税局徴収課課長補佐、税務大学校専門教育部教授、国税不服審判所審判官、東京国税局特別整理総括第二課長、大和税務署長、東京国税局徴収課長、東京国税局徴収部次長、渋谷税務署長等を経て、令和元年7月退官。同年8月税理士登録。

現在、千葉商科大学大学院会計ファイナンス研究科客員教授、自治大学校税務専門課程講師、税務大学校総合教育部講師、日本年金機構徴収分野専門研修講師を努める。

新版 詳解 国税徴収法〈滞納処分〉解体新書
（しんぱん しょうかい こくぜいちょうしゅうほう たいのうしょぶん かいたいしんしょ）

2024年12月5日　発行

著　者　　三木 信博 ©
（みき のぶひろ）

発行者　　小泉 定裕

発行所　　株式会社 清文社

東京都文京区小石川1丁目3－25（小石川大国ビル）
〒112-0002　電話 03（4332）1375　FAX 03（4332）1376
大阪市北区天神橋2丁目北2－6（大和南森町ビル）
〒530-0041　電話 06（6135）4050　FAX 06（6135）4059
URL https://www.skattsei.co.jp/

印刷：亜細亜印刷㈱

ISBN978-4-433-73224-0